新 时 代
人工智能学校建设方案

华领-长水人工智能教育实验室 编著

中国水利水电出版社
www.waterpub.com.cn
·北京·

内 容 提 要

本书聚焦人工智能与教育深度融合的时代命题，系统阐述新时代人工智能学校的建设理念、实施路径与实践成果，为教育数字化转型提供全景式解决方案。全书共分为16章及附录，以政策解读为起点，以场景应用为核心，以区域实践为支撑，构建了"理论框架 — 技术应用 — 管理创新 — 典型案例"的完整体系。

本书兼具理论前瞻性与实践指导性，适合教育管理者、一线教师、教育科技从业者及关注教育数字化转型的读者参考，旨在为智能时代的学校变革提供可复制、可迭代的行动指南。

图书在版编目（CIP）数据

新时代人工智能学校建设方案 / 华领 – 长水人工智能教育实验室编著 . -- 北京：中国水利水电出版社，2025.6. -- ISBN 978-7-5226-3501-9

Ⅰ . G43

中国国家版本馆 CIP 数据核字第 2025C2E207 号

书　名	新时代人工智能学校建设方案 XINSHIDAI RENGONG ZHINENG XUEXIAO JIANSHE FANG'AN
作　者	华领 – 长水人工智能教育实验室　编著
出版发行	中国水利水电出版社 （北京市海淀区玉渊潭南路 1 号 D 座　100038） 网址：www.waterpub.com.cn E-mail：zhiboshangshu@163.com 电话：（010）62572966-2205/2266/2201（营销中心）
经　售	北京科水图书销售有限公司 电话：（010）68545874、63202643 全国各地新华书店和相关出版物销售网点
排　版	北京智博尚书文化传媒有限公司
印　刷	河北文福旺印刷有限公司
规　格	185mm×260mm　16 开本　19.75 印张　292 千字
版　次	2025 年 6 月第 1 版　2025 年 6 月第 1 次印刷
印　数	0001—6500 册
定　价	80.00 元

凡购买我社图书，如有缺页、倒页、脱页的，本社营销中心负责调换

版权所有·侵权必究

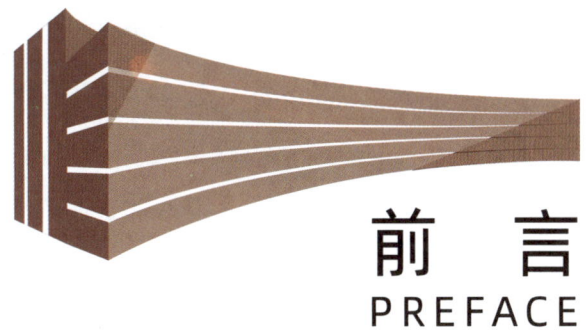

前言 PREFACE

在全球教育数字化转型的浪潮中,人工智能(AI)正以颠覆性力量重塑教育的底层逻辑。当生成式人工智能、物联网、大数据等技术渗透到教学、管理、评价的每个环节时,传统学校的形态与功能正经历着前所未有的重构——这既是挑战,又是构建更公平、更高效、更具创造力的教育新生态的历史机遇。

本书的编写,源于对教育本质的深度思考与技术赋能的实践探索。我们始终坚信,人工智能不是教育的替代者,而是"教育进化"的催化剂——它解放重复劳动,让教师回归育人本质;它突破时空限制,让优质资源触达每个角落;它捕捉个体差异,让教育真正实现"因材施教"。本书试图构建一个"技术—教育—人"三位一体的框架,既回答"人工智能如何改变学校"的现实命题,又探索"学校如何驾驭人工智能"的未来路径。

本书以人工智能与教育深度融合为主线,系统呈现智能时代学校变革路径,涵盖政策解析、标杆校建设、德育创新、课堂重构、教师转型、健康护航、美育劳动创新、平台赋能、资源升级、生涯规划、拔尖人才培养、家校共育、特色发展、管理革新及智慧校园生活等核心领域,融合前沿理论、实践案例与学术支持,为教育工作者提供从顶层设计到落地实施的全景指导,助力学校实现"数据驱动"与"个性化成长"的跨越式发展。

政策与理论基础： 深入解读《中国智慧教育白皮书》《中小学人工智能通识教育指南》等国家级政策文件，明确人工智能教育的培养目标、课程体系与技术规范，提出"学人工智能、用人工智能、创人工智能、护人工智能"的全链条教育理念。

智能化学校生态构建： 围绕德育、课堂、教师、体育、美育、劳动教育等核心场景，详细阐述人工智能技术在教学管理、学生成长、校园生活中的创新应用。例如，通过"'311'实效教学法"重构课堂流程，利用人工智能心理陪伴系统守护学生心理健康，依托数字图书馆与博物馆拓展跨学科学习场景。

管理与服务创新： 提出"数据资产化""智能管理中台""智慧校园生活"等创新模式，涵盖招生报名、教学评价、后勤服务、安全防控等全流程数字化管理方案，实现教育资源的精准配置与动态优化。

区域实践与案例： 收录北京、上海、广州、长沙等多地中小学及高校的实践案例，展示人工智能技术在分层教学、生涯规划、跨校协同等场景中的落地成效，呈现"人工智能＋教育"的多元化应用范式。

全书以"政策解码 — 场景重构 — 管理创新 — 实践验证"为主线，力求做到：

（1）**政策落地有深度：** 紧扣国家智慧教育战略，解读政策内核，细化实施路径，确保方案的合规性与前瞻性。

（2）**场景应用有温度：** 拒绝技术堆砌，聚焦真实教育需求，从课堂互动到心理辅导，从作业批改到生涯规划，让技术真正服务于人的成长。

（3）**管理创新有逻辑：** 提出"数据驱动治理"理念，通过数据资产化、智能决策模型、跨校资源协同等机制，破解传统管理的效率与公平难题。

（4）**实践案例有价值：** 收录不同区域、不同学段的典型实践，既有一线城市的前沿探索，也有县域学校的创新突围，展现人工智能教育的多元可能性。

教育的变革从来不是单一个体的孤军奋战，而是政府、学校、企业、家庭的协同进化。我们深知，人工智能教育仍处于"实验场"向"常态化"过渡的关键阶段，书中观点难免存在局限性。但我们确信，唯有以开放心态拥抱变化，以实证精神探索规律，以人文情怀坚守初心，才能在技术浪潮中锚定教育的本质价值。愿本书成为一块"铺路石"，激发更多教育工作者在智能时代的"课堂革命"中勇毅前行，共同书写"人工智能赋能教育"的中国方案。

有关商务合作咨询，请联系电话：18611102320。

编者

2025 年 5 月

目 录
CONTENTS

第一章　人工智能教育相关文件部分内容摘录　1
　　第一节　《中国智慧教育白皮书》…………………………………… 2
　　第二节　《中小学人工智能通识教育指南》………………………… 3
　　第三节　《中小学生成式人工智能使用指南》……………………… 4
　　第四节　教育部等九部门《关于加快推进教育数字化的意见》…… 5
　　第五节　《教育部办公厅关于加强中小学人工智能教育的通知》… 6

第二章　人工智能重新定义学校，打造区域性示范校　/ 9
　　第一节　人工智能重新定义学校……………………………………… 10
　　第二节　人工智能对德智体美劳的深度重构………………………… 13
　　第三节　基础教育数据资产化解决方案……………………………… 17
　　第四节　华为AI水手智能终端：人工智能教育的重要载体……… 23
　　第五节　智谱AI赋能北京市中小学人工智能教育应用…………… 27
　　第六节　常用的人工智能教育软件介绍……………………………… 35

第三章　AI德育：大中小学思政一体化　/ 49
　　第一节　思政课教育教学中心建设…………………………………… 50
　　第二节　VR虚拟仿真中心软硬件建设……………………………… 51
　　第三节　AI升级经典德育活动………………………………………… 53

第四章　AI 课堂："331"实效教学法重新定义课堂与教学　/ 57

第一节　传统课堂和人工智能课堂的区别 ······ 58
第二节　"331"实效教学法 ······ 58
第三节　以学定教四步骤教学法 ······ 61
第四节　自适应学习 ······ 65
第五节　《诱思探究学科教学论》 ······ 68
第六节　AI 数字名师 ······ 72

第五章　AI 教师：教书育人角色的转变　/ 75

第一节　备课：从经验型设计者到数据驱动的课程架构师 ······ 76
第二节　授课：从知识讲授者到人机协同教学引导者 ······ 77
第三节　作业批改：从重复劳动到智能批改监督与学情分析师 ······ 79
第四节　课后辅导：从重复讲解到精准干预 ······ 79
第五节　考试测评：从传统命题与监考者到智能测评设计者与学习监控者 ······ 80
第六节　教学评价：从分数裁判到成长导航员 ······ 81
第七节　教学研究：从经验教研到数据科学家 ······ 82
第八节　组卷：从机械操作执行者到智能组卷策略规划师 ······ 83

第六章　AI 体育与心理健康　/ 85

第一节　人工智能助力校园体育 ······ 86
第二节　人工智能在校园体育各环节的应用及对体育的影响 ······ 86
第三节　人工智能在校园体育领域的应用成果 ······ 89
第四节　人工智能驱动的心理健康服务体系构建 ······ 89

第七章　AI 美育与劳动研学教育　/ 103

第一节　"AI+ 美育" ······ 104
第二节　"AI+ 劳动研学教育" ······ 106

第八章　教育部国家中小学智慧教育平台　/ 109

第九章　AI 数字图书馆　/ 119

第一节　数字图书馆的主要功能 ······ 120

第二节　智能终端与设备 …………………………………………… 122
　　第三节　新时代人工智能学校建设方案优势 …………………… 124

第十章　AI 数字博物馆　/ 127
　　第一节　数字博物馆的功能 ……………………………………… 128
　　第二节　数字博物馆的优势 ……………………………………… 131

第十一章　AI 贯通培养与生涯管理　/ 133
　　第一节　政策背景：新高考改革与教育立法双驱动 …………… 134
　　第二节　高中生涯教育的四个核心痛点 ………………………… 135
　　第三节　业务定位：打造"政策—数据—生态"三位一体生涯管理
　　　　　　平台 ……………………………………………………… 136
　　第四节　e 水手生涯管理平台解决方案差异化亮点 …………… 141
　　第五节　e 水手生涯管理平台解决方案内容与功能 …………… 142

第十二章　AI 书院中心　/ 147
　　第一节　人工智能书院中心产品理念与定位 …………………… 148
　　第二节　目标用户、使用场景与解决问题 ……………………… 149
　　第三节　产品功能、亮点与差异化 ……………………………… 149
　　第四节　核心课程体系与内容设计 ……………………………… 152

第十三章　AI 数字家长学校　/ 157
　　第一节　为什么选择数字家长学校 ……………………………… 158
　　第二节　数字家长学校的核心功能 ……………………………… 159
　　第三节　数字家长学校的科学管理机制 ………………………… 160

第十四章　学校特色发展　/ 163
　　第一节　学校特色发展的实践路径 ……………………………… 164
　　第二节　多语种——日语 ………………………………………… 164
　　第三节　多语种——俄语 ………………………………………… 166
　　第四节　多语种——法语 ………………………………………… 167
　　第五节　特色型学校：航空、科学、理工 ……………………… 168
　　第六节　技术赋能学校特色发展，全链条生态构建 …………… 170

第十五章　AI 学校智能管理　/ 173

- 第一节　产品介绍 …………………………………………………… 174
- 第二节　方案优势 …………………………………………………… 174
- 第三节　功能模块 …………………………………………………… 175

第十六章　AI 智慧校园生活　/ 183

- 第一节　智慧宿舍管理方案 ………………………………………… 184
- 第二节　幸福餐厅管理方案 ………………………………………… 191

附录一　北京师范大学教育学部人工智能教育实验室：AI-GLC　/ 199

附录二　人工智能教育在各省市的应用案例　/ 219

- 第一节　全国人工智能校长局长专题培训班精选案例 …………… 220
- 第二节　以人为本，打造未来学校智慧新生态 …………………… 221
- 第三节　分层走班制下智慧校园建设的实践研究——以北京亦庄实验中学为例 ……………………………………………… 226
- 第四节　育英中学数字化赋能研教一体化治理新模式应用实践 … 234
- 第五节　人工智能赋能中学教育数字化转型的探索与实践——以天津市汇文中学为例 …………………………………………… 242
- 第六节　建设以师生需求为导向的分层分类教学平台助力广州人工智能教育普及 ……………………………………………… 249
- 第七节　智慧教育在课堂教学中的应用实践 ……………………… 258
- 第八节　数字化赋能五育并举智慧升级的"蒸湘"模式 ………… 266
- 第九节　教育数字化转型中"因材施教"精准教学的学校实践 … 274
- 第十节　融合 AIGC 的区域教研转型创新——历下区数字化协同教研实践探索 ………………………………………………… 282
- 第十一节　利用国家中小学智慧教育平台，助推精准教学项目研究体系建设 …………………………………………………… 290
- 第十二节　基于数据的人工智能教学工具应用，赋能区域数字化课堂教学变革 …………………………………………………… 298

后　记　/ 305

第一章

人工智能教育相关文件部分内容摘录

交流答疑

第一节 《中国智慧教育白皮书》

当前，大力推进教育数字化，发展包容和公平的优质教育，让全民终身享有学习机会，已经成为世界各国的普遍共识。

中国教育部积极拥抱智能时代的教育变革，围绕"学人工智能、用人工智能、创人工智能、护人工智能"主动布局、超前谋划，促进人工智能与教育深度融合。同时积极践行人类命运共同体理念，以数字教育作为教育高水平对外开放的重要内容，打造系列数字教育国际交流合作品牌。

一、深化人工智能人才培养，强化人力资源支撑

中国教育部积极推进人工智能全学段教育和全社会通识教育，提升学生数字素养与技能，为学生适应智能时代奠定基础。

基础教育阶段推动普及人工智能教育。印发《关于加强中小学人工智能教育的通知》，明确 2030 年前在中小学基本普及人工智能教育。相关机构发布《中小学人工智能通识教育指南（2005 年版）》《中小学生成式人工智能使用指南（2025 年版）》，引导学生科学使用人工智能。

职业教育阶段培养智能时代高素质技能人才。修订发布 758 项《职业教育专业教学标准》，将数字化和人工智能纳入教育教学内容，开设职业教育类人工智能通识课程、"人工智能+"专业课程。建设高质量数据集、教学智能体等，构建人工智能赋能教学的内容基座。

高等教育阶段培养人工智能领域高层次人才。统筹人工智能相关学科专业布局，2018 年起，支持浙江大学、上海交通大学、山东大学等一批高校首批设立人工智能专业；2022 年，设置"智能科学与技术"一级学科；2024 年，支持北京航空航天大学、首都医科大学、佳木斯大学等高校增设一批人工智能交叉学科专业布点，培养人工智能复合型人才。在智慧高教平台新设人工智能通识课程专题版块，上线 47 所高校优质人工智能公共课、专业基础课 104 门，选课人数达 177 万人。

终身教育阶段支撑建设智能时代的学习型社会。面向社会大众推出人工

智能课程体系，组织高校、企业联合打造 133 个人工智能精品资源，通过新媒体向全社会开放学习，服务人次达 5000 万。

二、促进人工智能广泛应用，助力教育创新发展

中国教育部积极推动智能技术在教育领域的深入广泛应用，从学习形式到教学方式、从治理服务到科研创新，中国教育系统正在经历一场深层次的系统性变革。

三、健全智慧教育机制建设，构建良好教育生态

中国教育部健全标准规范体系、完善工作指导机制、精心组织各类试点示范项目，全方位、多层次为教育数字化发展营造优质、高效发展生态。

四、强化智慧教育设施保障，筑牢教育数字基座

中国教育部持续推进教育新型基础设施建设升级，优化网络环境，建设国家教育大数据中心和各类型数字校园，筑牢教育数字化安全防线，为智慧教育发展构建高质量支撑体系。

第二节 《中小学人工智能通识教育指南》

一、中小学人工智能通识教育的培养目标

中小学人工智能通识教育通过构建分层递进、螺旋上升的教育体系，旨在培养学生适应智能社会的核心素养。小学阶段注重兴趣培养与基础认知，初中阶段强化技术原理与基础应用，高中阶段注重系统思维与创新实践，通过知识、技能、思维与价值观的有机融合，培育四位一体的人工智能素养。

二、社会企业深化产教资源融合

一是健全融合机制。完善产教合作育人体系，鼓励企业与学校联合开发人工智能通识教育课程，共同设计体验式学习项目，将产业前沿技术与教育

资源有机整合。二是共享优质资源。积极履行社会责任，向公众开放公益性人工智能通识教育资源，为师生提供免费、普惠的学习资源，推动人工智能通识教育的公平普及。三是优化产品服务。鼓励人工智能领军企业与教育科技公司，依托先进技术与教育经验，依据中小学生认知特点和人工智能课程要求，研发适配性强、科学性高的教学工具与课程产品，加快构建高质量、专业化的人工智能教育产品与服务。四是开放实践基地。鼓励高校、科研院所及企业依托其先进的人工智能实验室、展厅、实践基地等资源，按照有序开放、互利共享的原则，为中小学提供沉浸式、易实操的人工智能实践活动，切实提升中小学生人工智能素养，激发其创新意识和创造潜能。

第三节 《中小学生成式人工智能使用指南》

生成式人工智能在中小学教育中的三大类核心应用场景如下。

第一类应用场景是促进学生成长。一是通过智能学伴系统生成多维诊断报告，精准匹配分层学习资源，支持学生自主规划学习路径、优化学习进程管理，提升学生自主学习能力。二是依托生成式人工智能构建交互式学习环境，开展互动式探究学习活动，切实增强学生逻辑推理能力与创新思维水平。三是发挥人工智能伴读系统的功能优势，精准追踪和分析阅读轨迹、提供交互式导读服务，并通过动态绘本、多方言有声书等多元载体，深入推进优秀传统文化传承。四是在教师与家长监督下，学生可借助人工智能助手倾诉情绪困扰，获取心理健康疏导。五是特殊需求学生则通过触觉反馈模型、手语动画转译及双语讲义等功能，获得平等学习机会。

第二类应用场景是辅助教师教学。一是教师可利用生成式人工智能自动生成教学设计，为不同层次和能力的学生提供量身定制辅导方案和资料列表，实现大规模个性化教学。二是教师可利用生成式人工智能工具开展互动性教学，打造沉浸式教学体验，开展实时学情监测分析，提升课堂教学效果。三是教师可利用生成式人工智能辅助课后作业生成与批改以及学情分析，提升教学效率和降低教学负担。四是教师在教学评价与协作环节中引入多智能体协同机制，通过模拟教师、学生等不同角色，智能体可参与小组讨论、作品评价等教学活动，为教师提供多维度评估支持。五是教师可依托生成式人工智能构建教学智能体，根据学生的学习进度、认知水平和兴趣偏好，动态生成适配的教学内容与练习题目，实现个性化教学与智能辅导。

第三类应用场景是支撑教育管理。一是助力校务智能化，基于生成式人工智能技术优化学校行政部门的日常管理与协同办公流程，在严格遵守数据隐私保护的前提下，辅助事务处理与资源整合。二是助力教育资源均衡化，为偏远地区学校自动生成适配本地课程大纲的教案、习题及多媒体素材，支持多语言与无障碍格式。利用基于生成式人工智能的数字人教师，为师资紧缺地区提供教学辅助。三是创新教育评价，将生成式人工智能作为评价体系设计的辅助工具，实现人机协同教育评价，但杜绝直接使用 AI 输出作为评价结论。四是智能驱动科学决策，结合生成式人工智能的模拟推演能力与人类经验，构建"人机协同"决策机制，提升管理科学性。五是建立智能数据库，利用生成式人工智能挖掘学校积累的档案信息，推动档案的智能分类和动态管理。

中小学校是生成式人工智能教育应用的重要实施主体。在应用环境与素养培育方面，精心打造适配的校园应用环境，通过举办科普活动、设立人工智能社团等方式，营造积极探索、科学使用的校园文化氛围；开展分层分类培训，提升师生对技术的理解与运用能力。在管理机制建设方面，建立严格的进校审查机制，从功能适用性、数据安全性等多维度评估引入的技术产品；针对不同学段学生，制定精准的应用策略，实施常态化监管和多元化评估，根据技术发展动态灵活调整管理政策，使技术应用与教育教学深度融合。在数据安全管理方面，主要是基于教育行政部门的标准和要求，落实校园内的数据安全管理工作，明确校内数据使用权限、规范数据存储与传输流程等。

第四节 教育部等九部门 《关于加快推进教育数字化的意见》

加强人工智能等前瞻布局。加快建设人工智能教育大模型。完善教育领域多模态语料库，构建高质量自主可控数据集。强化算法安全评估，确保正确价值导向。布局一批前瞻性研究课题，有序开展人工智能应用试点，探索"人工智能＋教育"应用场景新范式，推动大模型与教育教学深度融合。推动思政、科学教育、美育、心理健康等领域及数学、物理等基础学科专题大模型垂直应用，培育应用生态。

推动课程、教材、教学数字化变革。完善知识图谱，构建能力图谱，深化教育大模型应用，推动课程体系、教材体系、教学体系智能化升级，将人工智能技术融入教育教学全要素全过程，推动科技教育和人文教育融合。统筹推进大中小学人工智能教育一体化，建设"通用＋特色"高校人工智能通识课程，建设一批高校智慧课程，开好中小学信息科技相关课程，鼓励开设人工智能特色课程。制定数字教材建设和管理指导意见，分领域分专业研发一批示范性精品数字教材，支持地方、学校和企业开发数字教材。探索建设云端学校、智造空间、未来学习中心，建设"人工智能＋X"国家级实验教学中心，构建新型教学组织形态，促进学习方式变革。构建"一站式"数智学生社区。通过智能学伴、数字导师等探索人机协同教学新模式，实现人工智能驱动的大规模因材施教，提高教育教学效率和质量。

第五节
《教育部办公厅关于加强中小学人工智能教育的通知》

构建系统化课程体系。研究制订中小学人工智能通识教育指南和普及读本，结合学科特点和学生发展特点，进一步完善信息科技、科学类、综合实践活动、劳动等课程中人工智能教育要求，落实跨学科学习、大单元教学、学科实践等教学模式，鼓励将人工智能教育纳入地方课程和校本课程。小学低年级段侧重感知和体验人工智能技术，小学高年级段和初中阶段侧重理解和应用人工智能技术，高中阶段侧重项目创作和前沿应用。注重人工智能教育应用伦理，引导中小学生科学合理使用各类人工智能工具，特别是生成式人工智能工具。鼓励各地各校将人工智能教育纳入课后服务项目和研学实践，推动产学研用结合，联合人工智能企业、高校、研究机构、行业协会等，研发一批人工智能教育学习类课程和教学案例，为教学提供支持。

实施常态化教学与评价。中小学校在实施人工智能教育时，要统筹信息科技、科学类、综合实践活动、劳动等课程和课后服务，一体化实施，防止重复交叉；要结合人工智能技术的特点，注重培养解决实际问题的能力，大力推进基于任务式、项目式、问题式学习的教学。

建设泛在化教学环境。各地要把建设多元化、高水平的中小学人工智能教育实验室作为数字校园建设的重要方向，统筹布局、均衡配置；要依托学校现有的数字化教学环境和设施设备，按人工智能教学要求升级优化，为学生提供人工智能体验、学习、探究、实践的空间。鼓励高校、科研院所、高科技企业等参与中小学人工智能实验室建设和区域人工智能体验中心、实训基地建设。中小学校要加强校际间教学场所和教学资源共享，积极依托校外人工智能体验中心、实验室等开展实地教学。

第二章

人工智能重新定义学校，打造区域性示范校

交流答疑

第一节　人工智能重新定义学校

人工智能的迅猛发展正在颠覆传统教育的根基，重塑学校的形态与使命。从高等教育到基础教育，从课程设计到评价体系，一场以"思维培养"为核心的教育革命已悄然展开。以下将从多个维度探讨人工智能如何重新定义学校的本质与价值。

一、教育目标的转向：从"知识容器"到"思维孵化器"

传统教育体系以知识记忆和技能训练为核心，但这种模式在人工智能时代面临根本性挑战。随着 Deepseek 等生成式 AI 工具的普及，重复性知识记忆和计算能力的重要性被大幅削弱。专家指出，未来教育的核心目标应转向培养想象力、批判性思维、跨学科整合能力以及伦理判断力等，这些是机器难以替代的人类优势。例如，美国斯坦福大学通过跨学科课程设计，将人工智能与人文、商科、工程等领域深度融合，不仅教授技术原理，更强调技术应用中的伦理责任与社会影响。这种模式凸显了教育从"传递知识"向"激发思维"的转型。

二、教学场景的重构：AI 工具赋能个性化与沉浸式学习

人工智能正在重构教学场景，推动"标准化课堂"向"个性化学习生态"转变。例如，北京市推出的"AI学伴"和"京娃"系列智能体，覆盖备课、作业批改、心理健康辅导等场景，通过动态学情分析与个性化资源推荐，为学生提供定制化学习路径。"京小师"能辅助教师优化教学设计，而"京小健"则通过情感识别技术实时监测学生心理状态，提供早期干预建议。图 2-1 为青少年心理守护系统结构图。

在高等教育中，人工智能工具的应用更加强调深度探究。华东师范大学顾小清教授提出，借助多智能体系统（如"计划狮""情感狮"等），学生可在编程学习中实现"测评→诊断→干预"的闭环，通过实时反馈与情感支持，提升学生的自主学习能力。此外，沉浸式虚拟实验室和数字孪生社区让学生

得以在高度仿真的环境中开展跨时空的探究式学习。例如，模拟原子运动或历史事件，从而深化学生对知识的具身体验。

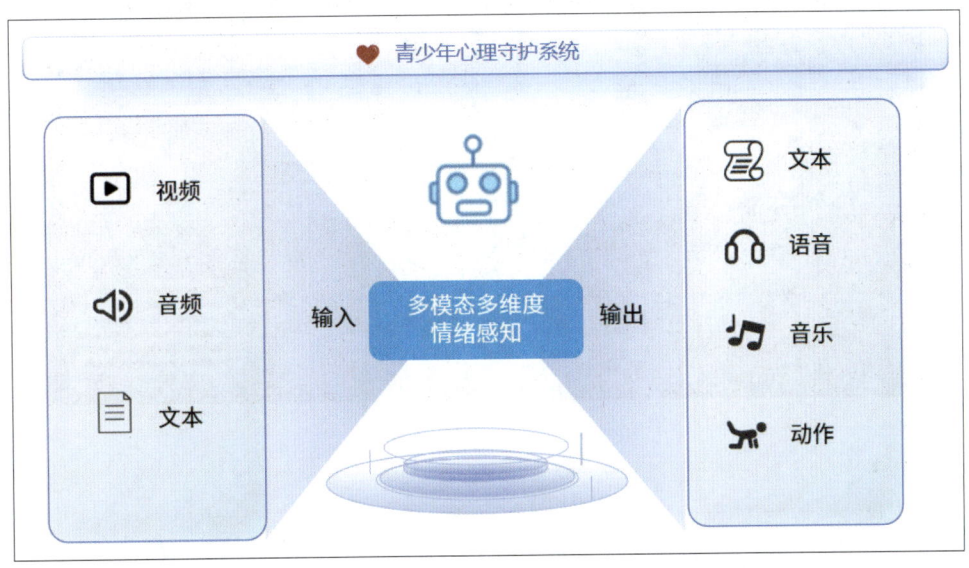

图 2-1　青少年心理守护系统结构图

三、评价体系的革新：从"分数竞争"到"成长追踪"

以考试为核心的传统评价体系正在被动态化、多维度的数据追踪取代。人工智能通过采集学习过程中的行为数据（如思考路径、合作表现、情绪变化等），构建学生的"数字成长轨迹"。这种模式不再依赖标准化考试，而是通过持续分析学生的知识掌握度、创新能力及情感发展，为学生提供个性化发展建议。

例如，北京市的"智慧综合素质评价"系统整合了德智体美劳全要素数据，结合 AI 算法生成学生发展报告。其中，图 2-2 所示的学生成长画像可以帮助教师和家长更全面地了解学生潜能。这一变革不仅缓解了学生的应试压力，也为高校录取提供了更科学的依据——学生无需与他人竞争，只需在自我迭代中证明成长。

图 2-2　学生成长画像

四、教师角色的转型：从"知识传授者"到"学习设计者"

　　人工智能并未取代教师，而是推动其角色向更高阶的领域延伸。教师需从知识传授者转变为学习活动的设计者、思维发展的引导者以及伦理价值的守护者。新加坡国立大学副教务长陈西文指出，教师的核心任务应转向培养创造力、跨文化沟通能力等"软技能"，这些是人工智能无法复制的核心竞争力。例如，北京市启动"百千种子计划"，通过三级培训体系提升教师人工智能素养，鼓励教师将人工智能工具融入教学设计，同时关注技术应用中的伦理风险。上海交通大学则通过重构专业课程，培养教师成为"人机协同"教育模式的设计者，以确保技术服务于人的全面发展。

五、结语：学校的未来是"人机共生"的思维共同体

　　人工智能重新定义的学校，不再是封闭的知识堡垒，而是开放的学习生态。在这里，技术解放了重复性劳动，师生得以聚焦于创造性与批判性思维的培养；评价体系从单一分数转向多元成长；教育公平通过技术协同与国际合作得以深化。未来的学校，终将成为一个以人为核心、以 AI 为助力的"思维孵化场"，帮助每个个体培养适应未知挑战的终身学习能力。

第二节　人工智能对德智体美劳的深度重构

人工智能技术的介入，正在从底层逻辑上重塑教育体系。其核心在于通过数据感知、智能分析和动态干预，将"五育并举"的育人目标转化为可量化、可操作、可迭代的技术方案。

一、德育：从模糊评价到全息画像的品格培育体系

人工智能通过多模态数据融合与动态建模，构建了"认知 – 行为 – 情感"三位一体的德育干预系统。下面详细介绍德育培育体系的建设过程。

1. 行为数据的无感化采集

依托校园物联网（如智能摄像头、可穿戴设备等）与数字平台（如在线学习系统、社交网络等），实时捕捉学生的行为轨迹。

- **物理空间行为**：课堂专注度（如通过眼动追踪与姿态分析等）、社交互动频率（如通过蓝牙信标定位等）、公共场合礼仪（如垃圾分类行为识别等）；

- **数字空间行为**：网络言论情感倾向（如自然语言处理技术等）、协作学习贡献度（如在线文档编辑轨迹分析等）、虚拟社区责任感（如游戏化任务完成质量等）。

2. 品德发展的量化建模

基于德育目标（如社会主义核心价值观等）建立评价指标体系，通过机器学习构建动态评估模型。

- **核心素养映射**：将"责任担当""家国情怀"等抽象概念转化为可观测变量（如参与公益服务次数、历史事件讨论深度等）；

- **成长轨迹预测**：利用时序神经网络分析行为数据，识别品德发展拐点（如集体意识觉醒期、价值观冲突期等）。

3. 精准化干预策略

根据个体特征生成定制化德育方案：

- **认知矫正**：当系统检测到极端言论时，自动推送思辨性阅读材料与开放式讨论议题；
- **行为引导**：针对社交退缩学生，设计渐进式合作任务（如从两人小组到团队项目等）；
- **情感支持**：通过情感计算识别心理状态，触发虚拟导师介入（如压力疏导对话机器人等）。

二、智育：从知识传递到认知进化的学习革命

人工智能重构了知识生产、组织与内化的全过程，形成"诊断—建构—迁移"的闭环学习系统。下面详细介绍学习系统的构建过程。

1. 知识网络的动态构建

- **知识图谱生成**：通过学科大模型解构教材，建立概念节点间的多维关联（如数学公式与物理现象的跨学科链接等）；
- **认知缺陷诊断**：基于眼动轨迹、答题时长、草稿演算等数据，定位知识盲区（如立体几何的空间想象薄弱点等）。

2. 个性化学习的路径设计

- **能力适配**：根据维果茨基的最近发展区理论，通过强化学习算法动态调整任务难度；
- **模态优化**：分析学习风格偏好（如视觉型、听觉型、动觉型等），自动转换内容呈现形式（如将文本公式转化为3D动画等）；
- **元认知培养**：生成学习过程反思报告，可视化展示思维跃迁路径（如论证逻辑的完善过程等）。

3. 高阶思维的训练机制

- **批判性思维**：部署辩论型AI代理，通过立场反转训练提升论证深度；
- **创造性思维**：利用生成式AI构建悖论情境，激发非常规问题解决方案；

- **系统性思维**：开发虚拟沙盘系统，模拟复杂系统演变（如生态链崩溃的连锁反应等）。

三、体育：从经验教学到生物智能驱动的科学训练

人工智能通过生物信号解析与运动力学建模，实现"监测—分析—优化"的全周期体质管理。下面将详细介绍智慧体育方案。

1. 运动能力精准评估

- **生物特征监测**：惯性测量单元（Inertial Measurement Unit，IMU）捕捉动作轨迹（如游泳划水角度等）；肌电传感器分析肌肉激活模式（如短跑起跑时的腓肠肌发力序列等）；红外热成像检测运动损伤风险（如膝关节异常温度分布等）；
- **代谢状态分析**：通过可穿戴设备持续监测血氧饱和度、心率变异性等指标，构建能量消耗模型。

2. 个性化训练方案生成

- **动作优化**：对比专业运动员运动模式数据库，生成针对性矫正建议（如调整铅球投掷的出手角度等）；
- **负荷调控**：根据疲劳累积模型，动态调整训练强度（如基于心率恢复速率的间歇训练设计等）；
- **营养匹配**：结合代谢特征与训练目标，推荐个性化膳食方案（如爆发力训练期的肌酸补充策略）。

3. 虚拟融合训练场域

- **增强现实指导**：通过AR眼镜叠加标准动作轮廓，实现实时姿态校正；
- **虚拟对手模拟**：生成自适应难度水平的AI陪练，提升对抗性项目的应变能力；
- **神经生物反馈**：利用脑机接口训练专注力（如射击运动员的 α 波调控训练等）。

四、美育：从技能训练到创造力的数字觉醒

人工智能解构艺术创作规律，构建"感知—表达—批判"的美育新范式。下面详细介绍智慧美育方案。

1. 审美感知的维度拓展

- **跨模态转换**：将文学意象转化为视觉图形（如《荷塘月色》的色温映射模型等）；

- **文化基因解析**：通过风格迁移算法解构传统艺术（如敦煌壁画色彩体系的数字化谱系等）；

- **情感共鸣增强**：利用生理信号反馈（如皮肤电反应、微表情等）来优化艺术作品感染力。

2. 创造力的算法赋能

- **创意激发系统**：基于对抗生成网络（Generative Adversarial Network，GAN）产生创作原型（如融合秦汉纹样与赛博朋克风格的设计草图等）；

- **智能协作创作**：人机协同完成艺术表达（如 AI 生成音乐动机、人类发展主题变奏等）；

- **多维评价体系**：构建包含形式创新度、文化传承性、情感传达力的量化评估模型。

3. 数字文化遗产的再生

- **破损文物修复**：通过 3D 扫描与深度学习复原残缺部分（如青铜器纹样的拓扑补全等）；

- **非遗技艺传承**：开发数字孪生系统指导传统工艺（如虚拟紫砂壶制作训练平台等）；

- **跨时空艺术对话**：构建历史艺术家数字孪生体，实现创作理念的古今碰撞。

五、劳育：从体力付出到智慧创造的范式跃迁

人工智能重新定义劳动教育的内涵，构建"工具—过程—价值"三位一

体的新型劳育体系。下面详细介绍智慧劳育方案。

1. 劳动工具的智能化升级

- **物联网系统**：部署智慧农场监控网络（如土壤湿度、光照强度、病虫害识别的多传感器融合等）；
- **机器人协作**：设计人机分工方案（如工业机械臂完成重复劳动，人类负责创造性调试等）；
- **数字孪生平台**：建立虚拟工厂系统，模拟真实生产流程（如芯片制造的全工艺仿真等）。

2. 劳动过程的认知深化

- **技术伦理渗透**：在编程劳动中嵌入价值判断训练（如算法偏见检测与修正等）；
- **系统思维培养**：通过供应链管理模拟系统理解劳动的社会网络属性；
- **失败价值挖掘**：利用强化学习环境模拟工程事故，训练危机处理能力。

3. 劳动价值的维度拓展

- **数字劳动认知**：开展数据标注、算法优化等新型劳动形式实践；
- **创造性劳动**：组织 AI 辅助产品设计竞赛（如基于生成式 AI 的可持续包装设计等）；
- **社会价值实现**：搭建技术公益平台（如为视障群体开发智能辅具的跨学科项目等）。

第三节 基础教育数据资产化解决方案

一、行业背景与挑战

（一）教育行业数字化转型趋势

1. **政策推动**：教育信息化与数据整合的国家战略

（1）**政策落地**：教育部《教育信息化 2.0 行动计划》明确提出"三全两

高一大"目标（"三全"即教学应用覆盖全体教师、学习应用覆盖全体适龄学生、数字校园建设覆盖全体学校，"两高"即信息化应用水平和师生信息素养普遍提高，"一大"即建成"互联网＋教育"大平台），要求教育机构建立统一数据标准，推动跨平台资源共享。

2023年《智慧校园建设指南》进一步细化要求，明确数据中台为校园基础设施标配，需实现教务、学工、后勤等系统互联互通。

（2）**政策影响**：全国85%以上的学校已完成基础信息化建设，但仅30%的学校实现跨系统数据融合。区域教育云平台覆盖率从2020年的45%提升至2025年的78%，推动了区域教育数据集中化管理。

2. 数据爆炸：教育数据的规模与价值失衡

（1）**数据量级**：单所学校日均产生数据量超500GB（含教学视频、在线作业、考勤记录等），但结构化存储率不足40%，非结构化数据利用率不足5%。

（2）**典型案例**：某学校通过物联网（Internet of Things，IoT）设备采集实验室使用数据后，发现设备闲置率高达60%，通过动态排课实现利用率翻倍。

（3）**数据价值困境**：仅12%的教育机构将数据用于决策支持，多数数据仍停留在"存储—归档"阶段。

3. 需求升级：从经验驱动到数据驱动的范式转变

精准教育需求体现在两个方面。一是个性化教学，基于学生行为数据（如课堂互动、作业正确率、学习时长等）构建动态知识图谱，实现分层教学。例如，某中学通过分析学生的错题数据，将复习效率提升35%。二是科学管理，学校需实时监测招生完成率、师资配比、经费使用等核心指标，传统人工统计误差率高达15%~20%，应采用科学管理，以提高精准性。

（二）当前痛点，数据资产化的四个核心瓶颈

1. 数据孤岛：系统割裂与协同低效

（1）**现状剖析**：典型学校运行20+独立系统（如学籍管理、MOOC平台、

科研系统等），数据接口兼容性不足 30%，跨部门数据调用需手动导出再导入，耗时占比超过 50%。

（2）**案例**：某学校财务系统与教务系统数据未打通，导致资金发放延迟 2 个月，引发投诉。

2. 低效利用：数据"沉睡"与价值流失

资源浪费：超过 90% 的非结构化数据（如课堂录像、实验日志等）未被标签化处理，无法关联分析。

在某区教育局存储的 10 年历史数据中，仅 5% 被用于年度报告生成，其余数据则成为"数字化石"。

3. 安全风险：合规与隐私的双重压力

安全隐患：2024 年教育行业数据泄露事件中，78% 的数据泄露事件是由内部权限管理不当引发（如教师账号越权访问学生家庭信息等）。

欧盟《通用数据保护条例》、中国《个人信息保护法》要求教育数据留存周期不超过 3 年，但多数机构缺乏自动化清理机制。

4. 分析能力弱：工具落后与人才缺失

技术短板：67% 的学校仍依赖 Excel 处理数据，无法实现实时预警（如学生心理健康风险识别延迟超过 1 周等）。

机器学习、自然语言处理等技术在教育场景渗透率不足 15%，导致数据价值挖掘深度有限。

二、方案概述

（一）方案定位

图 2-3 和图 2-4 分别详细展示了数据资产化整体方案及解决的核心问题。

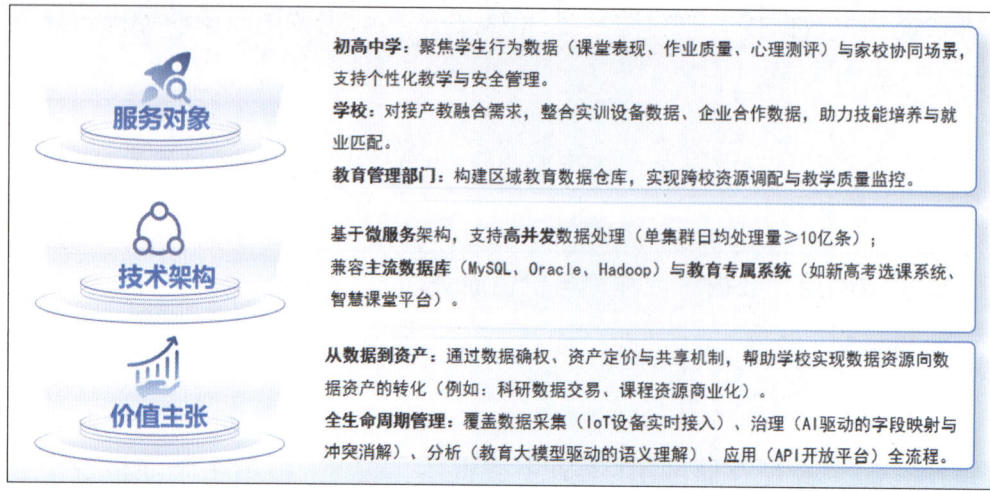

图 2-3 数据资产化整体方案

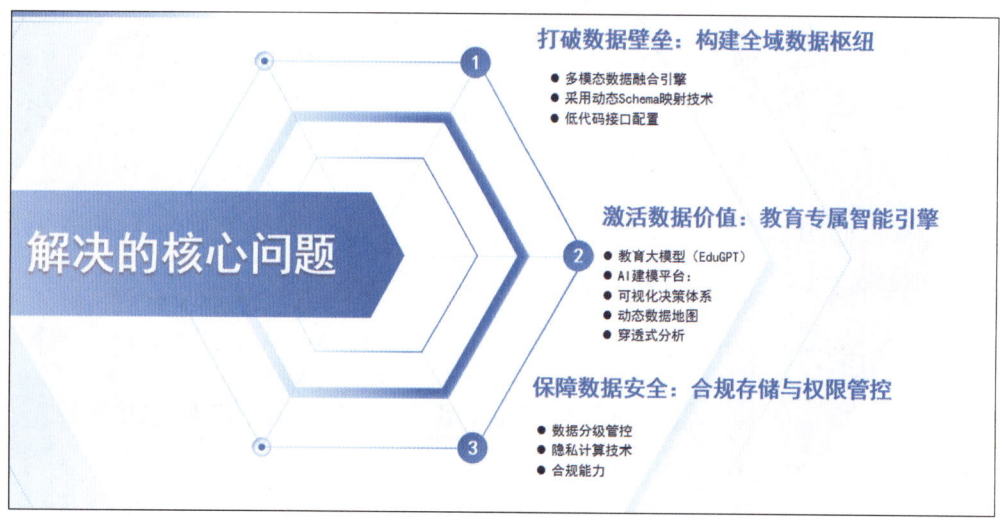

图 2-4 数据资产化解决的核心问题

（二）数据资产管理流程框架

数据资产化既需要技术层面的支撑，也需要管理和业务的管控和深度参与。图 2-5 所示为数据资源化继而资产化的管理流程框架。

第二章　人工智能重新定义学校，打造区域性示范校

图 2-5　数据资源化继而资产化的管理流程框架

三、核心功能与产品优势

（一）核心功能

核心功能模块如图 2-6 所示。

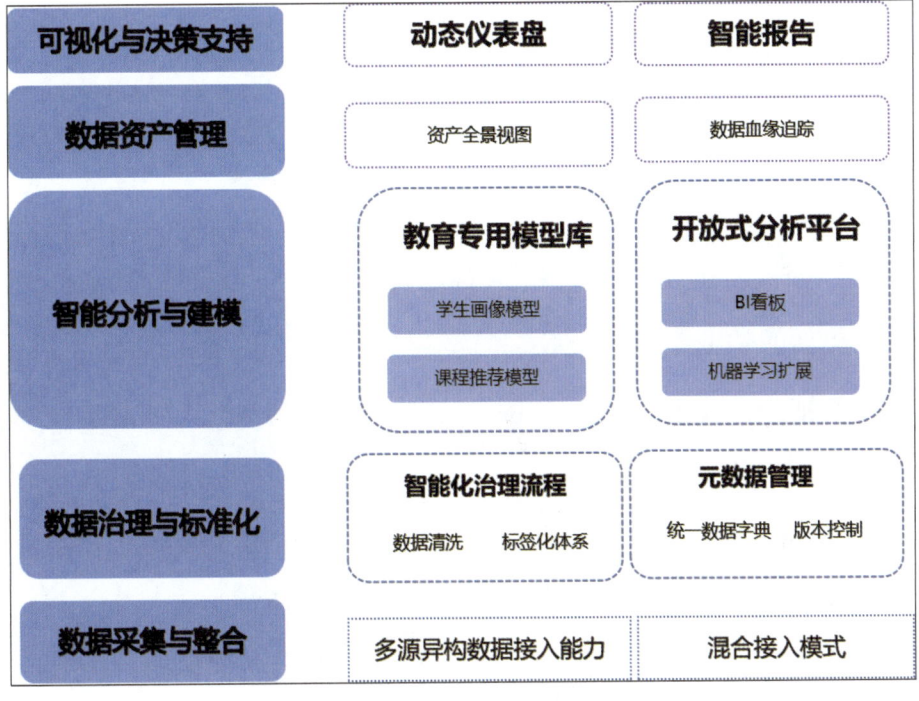

图 2-6　核心功能模块

21

（二）产品优势

表 2-1 详细描述了产品优势。

表 2-1　产品优势

优势维度	差异化能力	对比传统方案
行业专注	预置 20+ 教育专用模型（如新高考选科预测、实训安全预警等），开箱即用	通用型工具需二次开发，成本高、周期长
灵活部署	支持公有云（阿里云/腾讯云）、私有云（本地化部署）、混合云（敏感数据本地留存，非敏感数据云端存储），适配不同规模机构需求	仅支持单一部署模式，扩展性差
安全合规	采用国密算法加密、隐私计算技术（如联邦学习等），满足跨国教育集团合规需求	仅基础权限管控，缺乏隐私保护深度
高扩展性	模块化架构支持快速接入 AI 插件（如 DeepSeek 教育助手等）、第三方系统（如一卡通、智慧食堂等），适应未来 5 年技术演进	封闭式架构，功能迭代依赖供应商

四、应用场景与价值

（一）学生全周期管理：从数据画像到精准育人

（1）**多维度数据融合**：整合学籍数据（如成绩、考勤等）、行为数据（如课堂互动、图书馆借阅记录等）、心理测评数据（如 SCL-90 量表结果等），构建动态更新的学生数字孪生体。

（2）**智能预警模型**：基于 XGBoost 算法预测学习风险（如辍学概率、偏科趋势等），准确率不小于 92%。

（3）**自动触发干预机制**：高风险学生推送至班主任工作台，并同步生成个性化辅导建议（如推荐补习课程、心理咨询师对接等）。

（4）**场景案例**：某市重点中学通过分析 3000 多名学生的行为数据，识别出"隐性辍学倾向群体"（日均课堂参与度小于 40%）。经针对性干预后，辍学率同比下降 58%。

（5）**差异化价值**：对比传统人工观察，风险识别效率提升10倍，干预响应时间从周级缩短至小时级。

（二）教学资源优化：数据驱动的教育供给侧改革

（1）**课程评价智能分析**：通过NLP情感分析通过解析10万+条学生评教文本（如课程内容陈旧、教师互动不足等），提取高频改进建议。

（2）**关联分析模型**：挖掘课程评分与教师职称、教学年限、班级规模的相关性（如带小班课评分平均提升15%等）。

（3）**基于遗传算法优化排课**：兼顾教室容量、设备需求、教师偏好，某课程冲突率下降73%。

（4）**师资能力矩阵**：通过教师授课数据（如学生成绩提升率、课堂活跃度等）构建能力标签，匹配精品课程开发任务。

（三）行政管理提效：从经验决策到智能运营

（1）**财务－资产－能耗联动分析**：物联网传感器实时采集教学楼水电消耗，AI识别异常模式（如假期高耗能教室自动告警等）。

（2）**资产生命周期预测**：基于设备维修记录、使用频次，提前6个月预警报废需求，采购成本降低22%。

（3）**智能报销系统**：光学字符识别（Optical Character Recognition, OCR）自动识别发票信息，规则引擎校验合规性，财务审核时长从3天缩短至20分钟。

（4）**场景案例**：某教育局通过能耗数据优化空调调度策略，辖区学校年均电费减少120万元，碳排放量下降18%。

第四节　华为AI水手智能终端：人工智能教育的重要载体

作为人工智能教育的重要载体，AI水手智能终端和华为联合定制，共同推动教育智能化进程。通过整合智能硬件、软件生态及数字化教育资源，构建了覆盖学、练、测、评、考全流程的自主学习体系。华为 AI 水手智能终端架构图如图 2-7 所示，产品终端形态如图 2-8 所示。

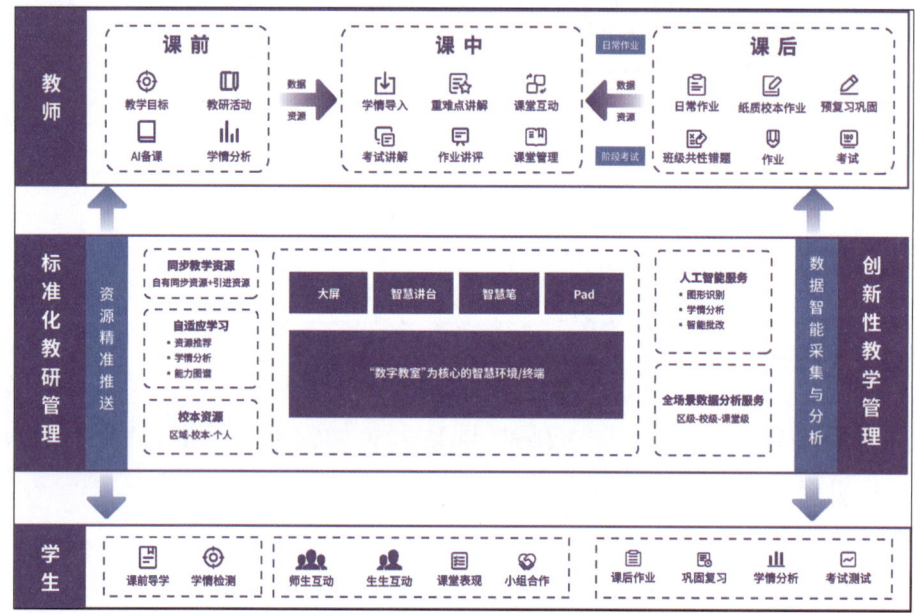

图 2-7　华为 AI 水手智能终端架构图

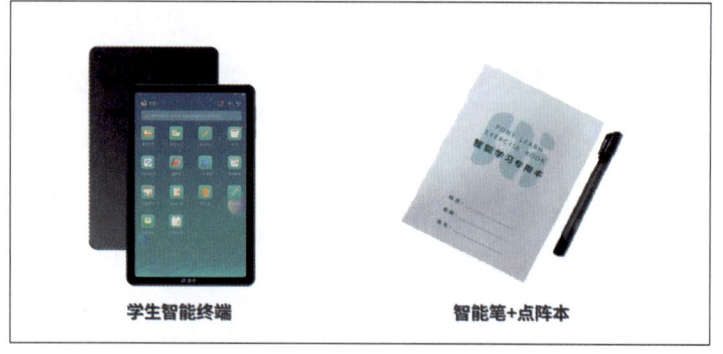

图 2-8　产品终端形态

一、产品力矩阵

（一）智能学伴

（1）**产品特色**：7×24h1v1 陪伴课前预习、课后针对性复习、课中高效学习、个性化学习路径、适应性数字资源。

（2）**素质教育升级**：多学科随时在线答疑讲解，支持课前预习、课后复习、作业辅导等多场景学习；支持调用多模态能力，提供互动式、游戏式、沉浸式学习。

（3）**个性化学习**：依据学生学习数据定制个性化学习路径，推荐适配数字资源与练习，适应性引导学练评。

（4）**学情分析**：收集学习数据，跟进学习进度，评估学习效果，及时调整学习计划；生成学情报告，助力教师及家长了解学生情况。

（二）智能助教

产品具有教师备课助手、课堂教学助手、答疑辅导助手、作业管理助手、知识图谱、学情分析助手等智能助教。

二、教师教学全流程升级

（一）学情分析

收集学生的学习数据，形成可视化分析报告，助力教师调整教学策略。

（二）课堂辅助

实现 AI 自动出题和批改，开展互动教学，实时收集课堂数据。

（三）智能备课

生成个性化教案、课件，配备丰富教学资源、案例与拓展资料。

三、身心健康

涵盖量表测评、对话筛查、情绪筛查、辅助访谈、干预聊天、心理健康评估、心理小屋等。

产品特点体现在四个方面。一是全场景数智化管理，统筹心理健康服务工作；二是大模型驱动的 AI 访谈，提高工作的针对性、精准度和覆盖率，减负提质；三是 24 小时伴随式陪伴，让心理健康服务工作深入日常；四是阶段和日常结合，实现全过程的危机监测和预警。

（一）定期评估、筛查

（1）**量表测评和 AI 访谈**：通过量表测评和 AI 访谈，实时分析、诊断报告、群体解读、个案报告。

（2）**分段预警**：分级预警、预警分析、个案概念化、群体报告。

（二）日常陪伴、干预

（1）**陪伴和干预**：陪伴支持、情绪疏导、风险干预、干预练习。

（2）**日常预警**：实时监测、延迟预警、自助资源、分层干预。

（三）分析、预警

（1）**综合管理**：组织架构管理、用户、角色管理。

（2）**多维分析**：情绪、测评、练习数据分析，群体、个体数据分析。

（3）**预警管理**：预警数据管理、分析。

（四）个性化服务

学校特色：特色智能体，主题课程、讲座，主题设施、空间。

四、智能工具箱

智能工具箱如图 2-9 所示。智能工具箱包括智能教案、文档解读助手、AI 学伴、手写识别、文生图、文生视频、数据分析、论文解读、论文写作、英文写作、提示词优化、AI 搜索等。

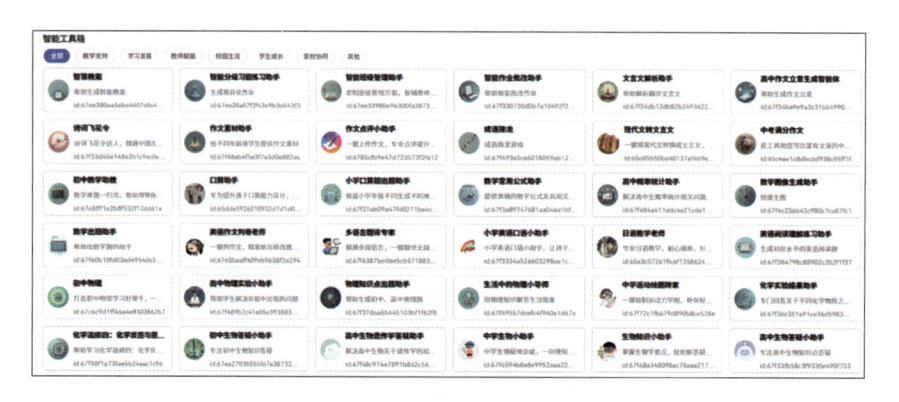

图 2-9　智能工具箱

五、AI 智能体

华为 AI 水手智能终端内嵌智能体如图 2-10 所示。

图 2-10　AI 智能体

第五节　智谱 AI 赋能北京市中小学人工智能教育应用

一、智谱关于北京市中小学 K12 教育现状洞察

（1）**学生学习与发展**：学生在学习中面临诸多难题，如理解文学作品创作背景、短期内提升薄弱学科成绩、系统学习历史知识等。这些问题反映出学生缺乏有效的学习方法和个性化的学习指导，难以快速掌握知识要点，满足自身学习需求。

（2）**教师教学方式变革**：教师在教学中面临备课、辅导、课堂互动设计等挑战，且优质教师资源稀缺、分布不均，收费较高，无法为每个学生提供一对一实时沟通和个性化辅导，导致教学效果不佳。

（3）**家校社协同育人**：家长在接收孩子学习成绩、获取学习资源等方面存在困难，家校之间信息沟通不畅，难以形成有效的教育合力，共同促进学生成长。

（4）**学生身心健康**：学生面临考试压力、情绪调节等心理健康问题，学校心理服务资源不足，心理老师配备少、工作量大，难以满足学生群体的需求，对学生心理健康的监测和干预存在短板。

（5）**教育治理模式创新**：学校和教育部门管理者在获取考试数据、了解政策文件等方面需要耗费大量精力，信息流通和管理效率低下，不利于做出科学的教育决策。

二、智谱关于 K12 教育产品力解析

（一）人工智能教室

人工智能教室的建设目标如图 2-11 所示。

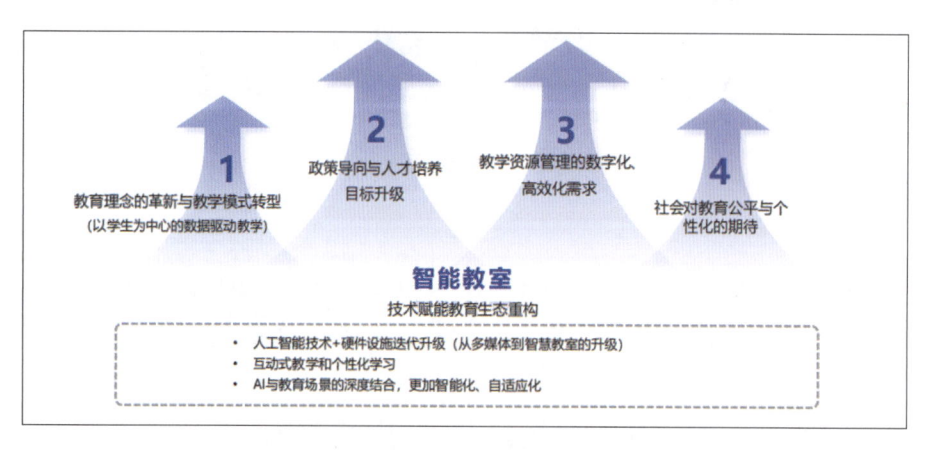

图 2-11 人工智能教室的建设目标

（1）**硬件设施升级**：线下智能教室为每位学生配备 pad、耳机，实现自主学习各环节。智能黑板可进行数据统计分析，辅助教师教学。教室布局合理，智能化无死角覆盖，为教学提供良好硬件基础。线下智能教室硬件设施如图 2-12 所示。

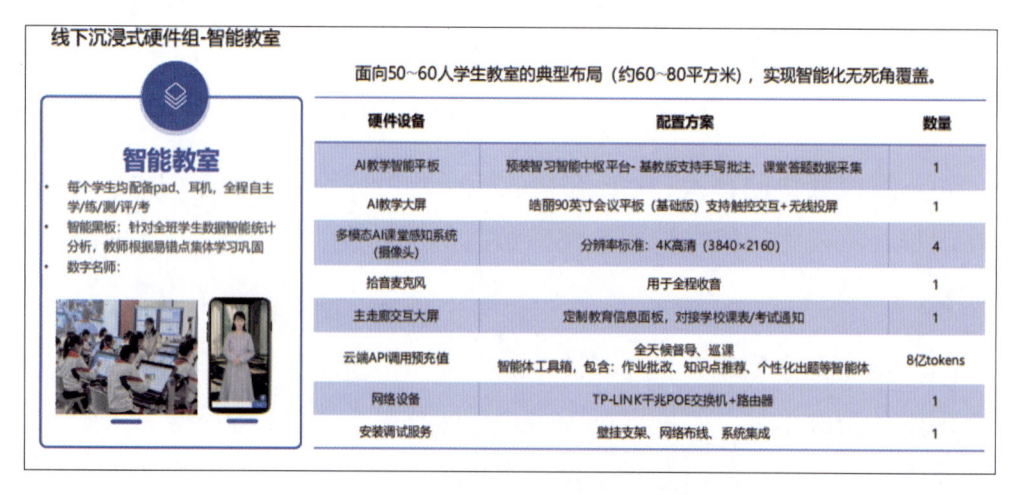

图 2-12 线下智能教室硬件设施

（2）**教学功能强化**：预装智习智能中枢平台，支持手写批注、答题数据采集；教学大屏支持触控交互和无线投屏；多模态AI课堂感知系统和拾音麦克风确保教学信息全面采集；云端API调用预充值提供丰富智能体服务，满足多样化教学需求。

(二) 人工智能英才实验室

（1）**关注拔尖学生培养**：聚焦拔尖学生深度学习、创新能力和科研素养培养，实践区配备先进硬件设备，支持多种前沿AI实验，让学生在实践中探索创新。

（2）**特色优势及预期显著**：采用模块化架构，结合本地部署和云端算力；实行双导师制，整合校内外优质教学资源；建立成果转化机制，激励学生积极参与科研项目，为未来发展奠定基础，使学生能力得到显著提升，教学范式实现创新，并形成区域辐射效应，带动周边学校构建AI教育联盟，如图2-13所示。

图2-13 人工智能英才实验室特色优势

(三) 学习和教学资源

学习和教学资源如图2-14所示。

图 2-14 学习和教学资源

（1）**丰富课程体系**：构建涵盖不同阶段的人工智能通识课，配套课程课件、视频、作业等，为学生提供系统学习资源，同时整合全科目题库和公共教育资源，解决资源碎片化问题。

（2）**助力教师发展**：设立教师赋能培训中心和 AI 教学认证体系，提升教师教学能力和专业素养，使其更好地适应人工智能教育环境。

（四）智能学伴

智能学伴如图 2-15 所示。

图 2-15 智能学伴

（1）**满足多元学习需求**：针对学科学习、多维能力发展、个性化学习和家长辅导时力不从心等方面，提供多学科在线答疑、个性化学习路径规划和学情分析等服务。

（2）**创新学习体验**：支持多模态互动学习，通过游戏式、沉浸式学习方式，激发学生学习兴趣，提高学习效果。

（五）智能助教

智能助教如图 2-16 所示。

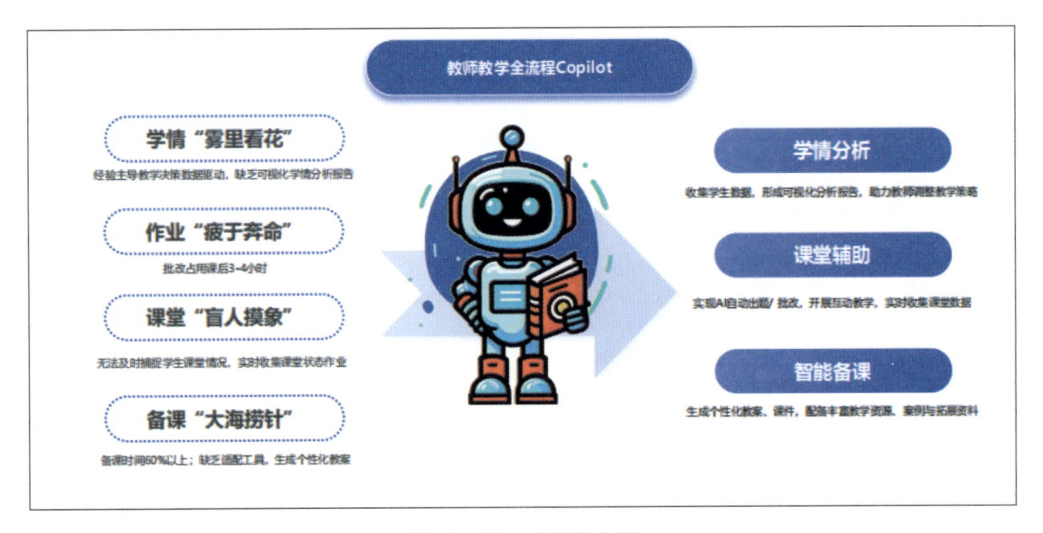

图 2-16　智能助教

（1）**解决教学流程痛点**：针对教师学情分析难、作业批改耗时、备课效率低等问题，提供全流程辅导。智能助教能生成可视化学情报告、自动出题批改作业、智能备课，节省教师时间和精力。

（2）**提升教学效率数据**：使用智能助教可使教师备课时间减少 50%~70%，跨学科案例调用效率提升 90%，作业批改耗时下降 80%，学情分析效率提升 20 倍，显著提高教师教学效率。

（六）数字名师

数字名师如图 2-17 所示。

图 2-17　数字名师

（1）**应对教育挑战**：针对优质师资分布不均、教学标准不一、应急教学困难等问题，打造"真人＋数字人"双师协作课堂。

（2）**推动教育变革**：实现经验数字化传承，帮助教师转型，为学生提供标准化、高品质的教学内容，促进教育公平，激发学生学习兴趣。

（七）身心健康

心理健康建设方案如图 2-18 所示。

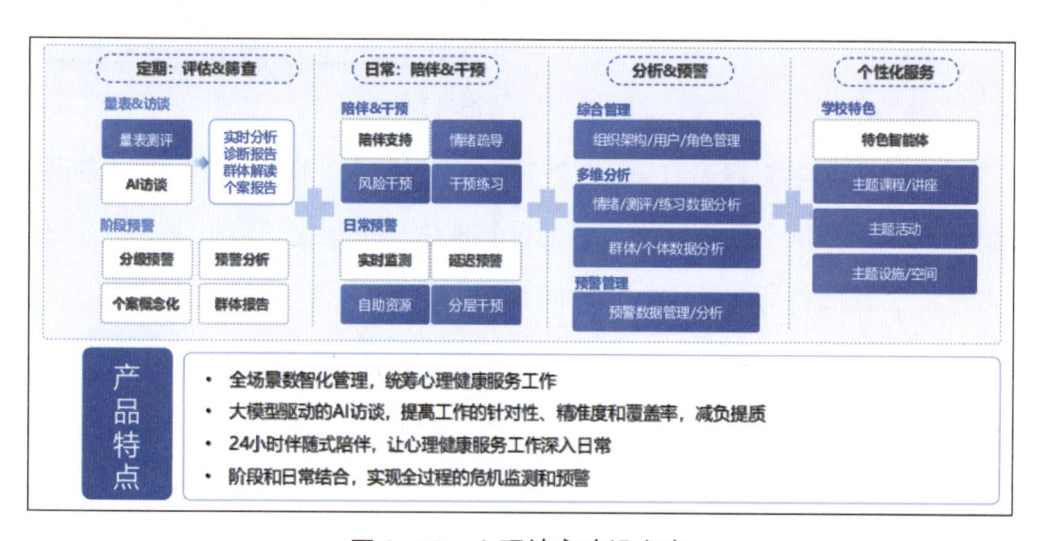

图 2-18　心理健康建设方案

（1）**学生心理健康现状**：青少年抑郁风险高，心理服务需求大，但现有心理服务无法满足。学校在心理健康教育方面存在统筹难、师资少、监测预警体系不完善等问题。

（2）**全方位解决方案**：利用大模型进行心理评估筛查与陪伴，提供定期评估、日常陪伴、个性化服务。建设心理小屋，开展课题研究申报，涵盖多领域课题，助力学校心理健康教育发展。

(八) 智能工具箱

智能工具箱如图 2-19 所示。它提供海量教学场景智能体，包括智能教案、文档解读助手、AI 学伴等多种功能，满足教师和学生在教学和学习过程中的多样化需求，提升教学和学习效率。

图 2-19　智能工具箱

三、101 中学公开课示例剖析——以高二语文课《老人与海》为例

（一）课前准备

如图 2-20 所示，课前准备可智能生成个性化教案、课程大纲、课件等教学资料，发放预习资料和作业。利用多媒体让学生与 AI 海明威对话，了解课文角色，为课堂学习做充分准备，培养学生的自主学习能力。

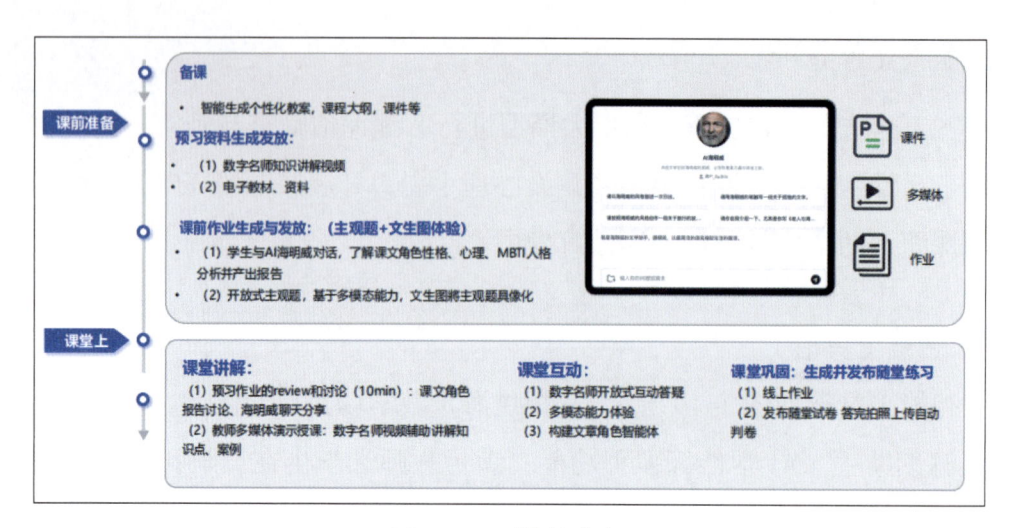

图 2-20　课前准备

（二）课堂教学

课堂上进行作业讨论，设计开放式主观题和文生图互动环节，构建文章角色智能体，生成并发布随堂练习。数字名师辅助讲解，实现多样化教学方式，提高学生参与度和学习效果。

（三）课后跟进

如图 2-21 所示，课后跟进可发布问卷调查进行课堂评价，利用 AI 智能布置课后作业，上传课堂录屏视频，分析学情。教师根据反馈调整教学策略，形成教学闭环，不断优化教学过程。

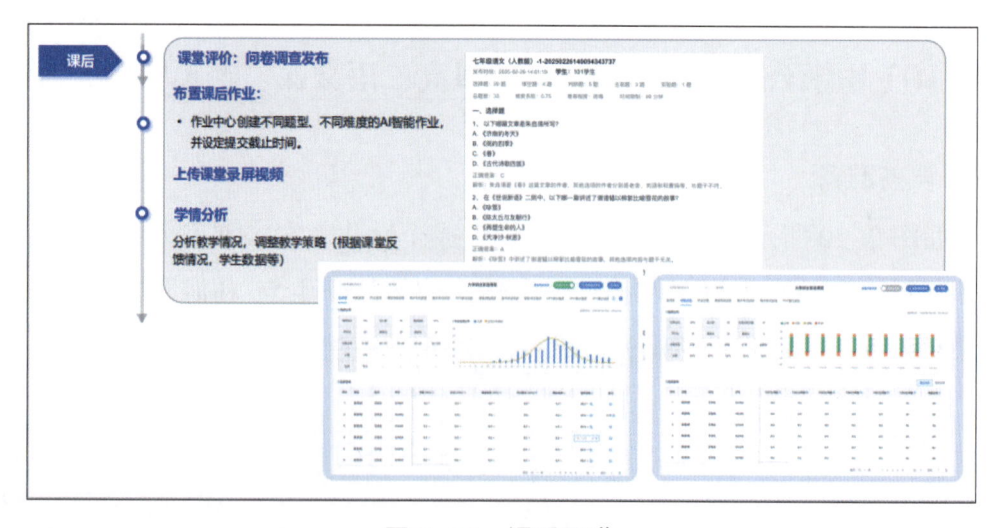

图 2-21　课后跟进

第六节　常用的人工智能教育软件介绍

一、教师教学支持类

（一）DeepSeek

通过智能化备课（如自动生成教学目标、重点难点分析、教学设计优化等）帮助教师高效准备课程。例如，DeepSeek 可提供个性化备课建议、智能答疑、课堂互动支持等功能，减轻教师负担，优化教学体验。DeepSeek 界面如图 2-22 所示。

图 2-22　DeepSeek 界面

（二）豆包

豆包为教师提供智能备课工具与教学资源库，支持 AI 课件生成、学情数据看板和多模态互动素材调用。依托双师系统实现分层教学，豆包能够自动批改高频题型作业，沉淀教学过程数据，助力精准教研与个性化指导，提升教学效率与课堂质量。豆包界面如图 2-23 所示。

图 2-23　豆包界面

（三）文心一言

文心一言是百度推出的 AI 教育工具，支持智能备课生成教案、个性化学习计划、智能辅导等。依托于百度强大的文字储备和多年积累的自然语言处理技术，文心一言能够生成海量优质内容和精准语言生成能力。文心一言界面如图 2-24 所示。

图 2-24　文心一言界面

（四）夸克 AI

夸克 AI 通过智能解题、作业批改与课件生成工具，辅助教师高效完成教学准备与课后反馈；内置学情数据分析模块，支持分层教学决策；结合题库资源与多模态素材库，助力精准教研与课堂互动优化，提升教学效率。夸克 AI 界面如图 2-25 所示。

图 2-25　夸克 AI 界面

（五）通义千问

通义千问是阿里云 AI 大模型，辅助教师智能备课（如生成教案、课件等）、出题批改、学情分析；支持多模态资源开发（如图文、代码案例等），提供分层教学建议与课堂互动问答,优化教学效率,助力个性化教育。通义千问界面如图 2-26 所示。

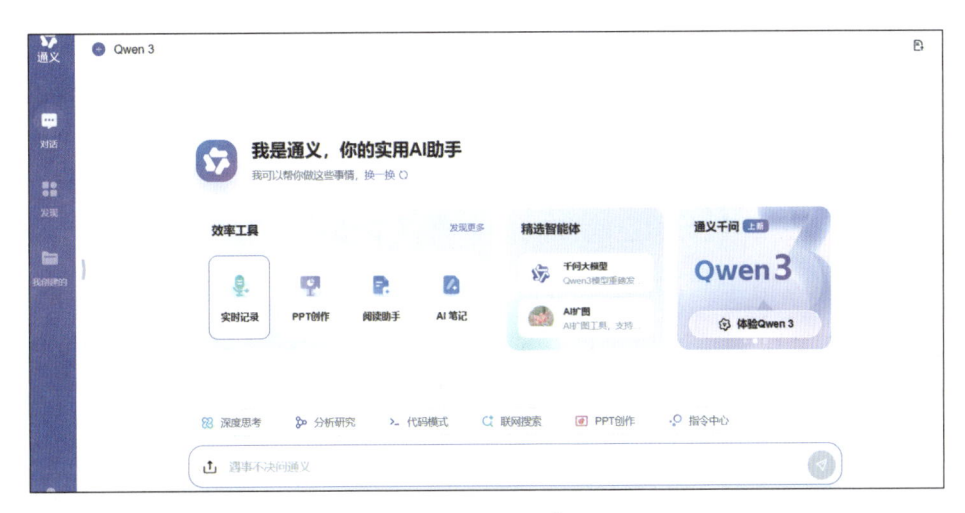

图 2-26 通义千问界面

(六) AI 小博士

AI 小博士是学科网股份有限公司推出的智能教学系统,深度融合教育资源库与 AI 技术,支持教师快速生成适配教材的课件与教案,自动调用学科网题库、视频、实验等百万级资源。基于知识图谱智能诊断学生薄弱点,AI 小博士能够生成分层习题与学情热力图,同步提供作业批改、错题归因与个性化辅导建议,助力教师实现精准教学与减负增效。AI 小博士界面如图 2-27 所示。

图 2-27 AI 小博士界面

（七）秘塔 AI

秘塔 AI 是一个极具专业性的 AI 搜索工具，专注文档智能处理与学术辅助，支持教案自动生成、课件结构化排版、文献多语种翻译；内置 PDF、图片解析工具，快速提取教材图表数据，辅助教师制作讲义，浏览器插件一键整理网页资料，安全加密确保教学数据合规流转。

秘塔 AI 通过"今天学点啥"功能，将复杂知识转化为个性化教学资源，支持多种讲解风格（如课堂、小说、故事等），帮助教师减轻备课负担，提升教学效率。其可视化网页生成功能可直观展示知识点，降低学生理解难度，适用于数学、语文等多学科教学场景。秘塔 AI 界面如图 2-28 所示。

图 2-28　秘塔 AI 界面

（八）Kimi

利用人工智能大模型，Kimi 可以为教学准备工作提供智能化的解决方案，有效提高教学准备的效率和质量。利用自然语言处理技术，Kimi 可以分析教学目标和课程内容，帮助教师制定符合学生需求和课程要求的授课计划。Kimi 的"一键生成 PPT"功能，可让教师输入课程主题和关键点后自动生成包含精美图表、动画效果的 PPT 课件，大大节省了备课时间。Kimi 界面如图 2-29 所示。

图 2-29　Kimi 界面

（九）即梦 AI

即梦 AI 是由北京字节跳动科技有限公司开发的集成式人工智能创作平台，支持网页端与移动端同步操作，提供文生图、图生视频、智能画布编辑、故事创作等核心功能。教师可以利用即梦 AI 生成创意教学内容，如动画、视频等，使抽象的知识更加生动形象。即梦 AI 界面如图 2-30 所示。

图 2-30　即梦 AI 界面

（十）讯飞星火

讯飞星火是由科大讯飞股份有限公司推出的一款多功能 AI 智能助手。基于星火大模型，讯飞星火通过强大的人工智能技术为教师提供了强大的教学支持，如教案生成、课件制作、教学设计等，显著提高了备课效率。数据显示，使用讯飞星火后，教学设计效率提升超过 56%，课件制作效率提升超过 64%。讯飞星火界面如图 2-31 所示。

图 2-31　讯飞星火界面

（十一）小鸿助教

小鸿助教是由世纪天鸿教育科技股份有限公司开发的一款专注于服务教师的 AI 智能体，通过人工智能技术提升教师在备课、批改作业和处理日常工作事务中的效率。从教案和课件生成到作业批改，再到文档处理和联网搜索，它不仅减轻了教师的重复性工作负担，还为教师提供了更多时间去关注学生的个性化发展。推动教育向智能化、个性化的方向发展。小鸿助教界面如图 2-32 所示。

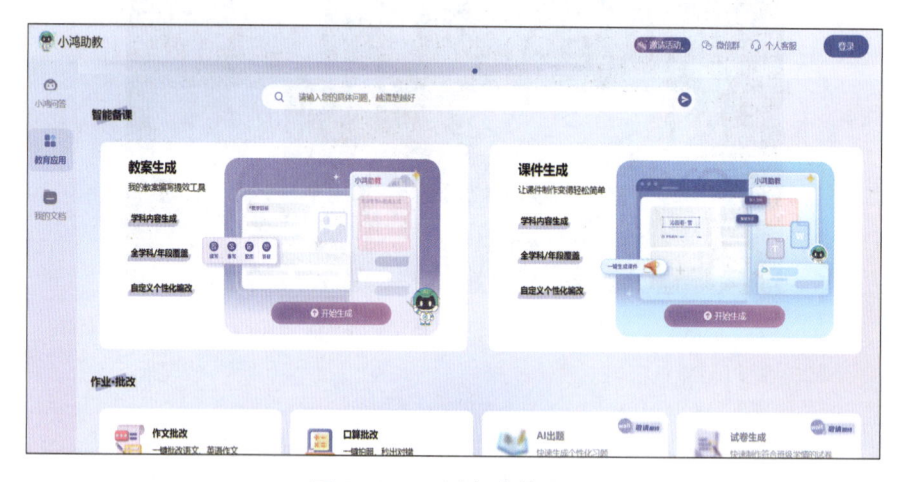

图 2-32　小鸿助教界面

（十二）飞象智能作业系统

飞象智能作业系统是专为公立校教师研发的智能作业布置及批改系统，通过人工智能技术实现作业全流程的智能化管理，提升教学效率和质量。其核心功能包括个性化作业布置、智能作业批改和数字化作业管理。飞象智能作业系统如图 2-33 所示。

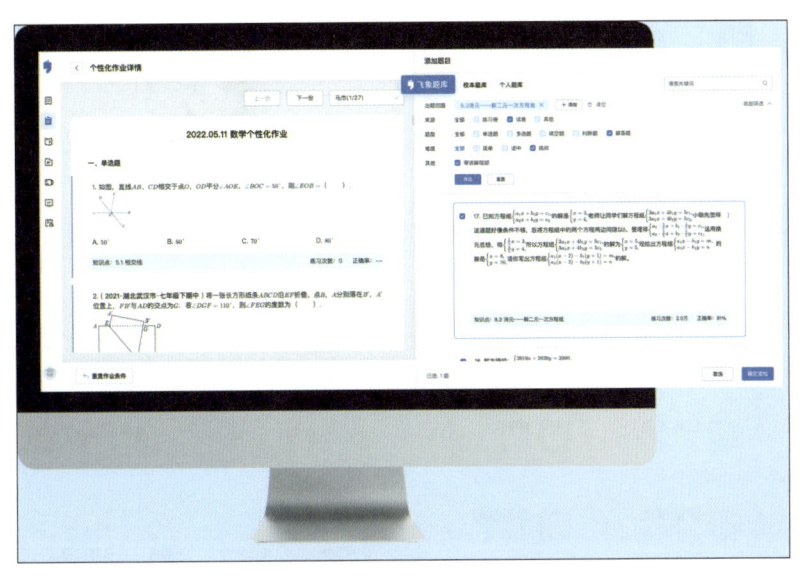

图 2-33　飞象智能作业系统

二、K12 学科辅导类

(一) 小猿 AI

小猿 AI 是由猿辅导推出的教育 AI 解决方案，整合了"软件应用＋智能终端＋通识课程"生态体系，包含 AI 学习机、AI App 及通识课程，通过错题溯源功能拆解知识链薄弱点，实现家校联动式个性化学习。

(二) 豆包爱学

豆包爱学是北京字节跳动科技有限公司基于豆包大模型 1.5Pro 研发的 AI 教育产品，覆盖 K12 学科辅导、拍题答疑、作业批改与个性化学习路径规划。它的核心技术包括多模态交互（如支持文本、语音、图像识别等）和动态资源分配引擎，可精准分析学情并推荐错题巩固方案，已应用于学生自主学习、教师备课及家长学情监控场景。豆包爱学界面如图 2-34 所示。

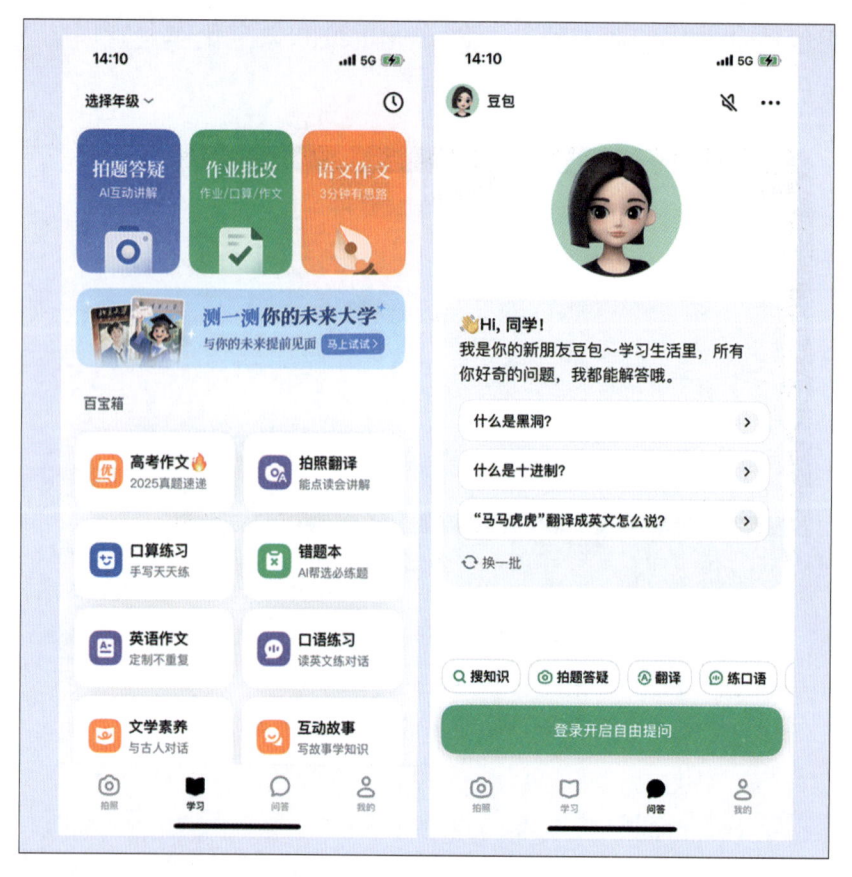

图 2-34　豆包爱学界面

（三）海豚 AI 学

海豚 AI 学是北京字节跳动科技有限公司推出的智能教育平台，基于豆包大模型 1.5Pro 研发，集成多模态交互与自适应学习引擎，覆盖 K12 全科智能辅导、作业批改及个性化学习规划。它的核心功能包括错题智能归因、AI 作文润色与实时语音答疑，通过动态学习路径优化和学情可视化报告，适配学生自主学习、家长监督及教师精准教学场景，已通过国家教育类 App 备案认证。海豚 AI 学界面如图 2-35 所示。

图 2-35　海豚 AI 学界面

（四）飞象 AI 作文星

飞象 AI 作文星是猿辅导集团旗下的飞象星球依托自研大模型推出的一款面向基础教育领域的 AI 作文辅导产品，通过人工智能技术为学生提供全流程的写作辅导，并为教师提供高效的作文批改助手。无论是校内教学还是校外辅导，飞象 AI 作文星都能为学生和教师提供强大的支持，让写作学习变得更加轻松、高效。

（五）多邻国 AI

多邻国 AI 通过其自研的 Birdbrain 模型，利用深度学习技术分析用户的学习行为和进度，预测用户对知识点的掌握程度，并据此调整学习内容的难度和顺序，能够为学生提供个性化的学习体验，帮助学生在语言学习中获得即时反馈和互动练习。多邻国 AI 界面如图 2-36 所示。

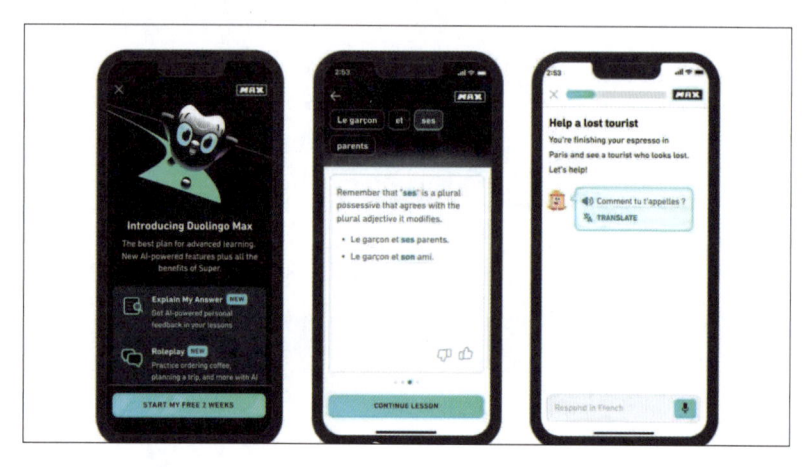

图 2-36　多邻国 AI 界面

（六）学而思九章大模型

学而思九章大模型是好未来教育科技集团自主研发的教育大模型，是一款面向全球数学爱好者和科研机构的大模型。作为国内首批通过备案的教育大模型，它以解题和讲题算法为核心，具有数学学科的自动解题、复杂应用题的批改、语文英语的作文批改，以及个性化的 AI 分步骤讲题等核心功能。九章大模型在教育场景的应用已积累显著优势，其全科解题、全科批改能力处于行业领先水平。此外，学而思九章大模型还获得了中国信通院 4+ 级证书。

（七）子曰大模型

子曰大模型是网易有道信息技术有限公司推出的教育领域垂直大模型，包含基于子曰大模型研发的六大创新应用——"LLM 翻译""虚拟人口语教练""AI 作文指导""语法精讲""AIBox""文档问答"。该模型在教育领域的应用已取得显著成果，其翻译能力、口语对话能力和知识问答能力处于行业领先水平。

三、权威平台与政策支持

（一）国家智慧教育公共服务平台

国家智慧教育公共服务平台界面如图 2-37 所示。

（1）**核心功能**：整合全国优质教育资源，开设"人工智能教学服务开放应用专区"，提供腾讯混元课程、编程猫等工具。

（2）**技术亮点**：2025 年升级为 2.0 智能版，支持 AI 学情分析和跨平台资源共享。

（3）**适用场景**：适用于全学段师生，尤其适合获取免费或低成本的 AI 教育资源。

图 2-37　国家智慧教育公共服务平台界面

（二）北京中小学智慧教育平台

北京中小学智慧教育平台界面如图 2-38 所示。

（1）**核心功能**：入驻 23 款 AI 工具，如科大讯飞口语宝、腾讯教育 AI 助手等。覆盖作文辅导、心理健康等领域。

（2）**技术亮点**：通过试点校来筛选优质产品，以确保工具的实用性和安全性。

（3）**适用场景**：适用于北京中小学，尤其适合教师快速获取教学辅助工具。

图 2-38　北京中小学智慧教育平台界面

（三）上海中小学智慧教育平台

上海中小学智慧教育平台界面如图 2-39 所示。

（1）**核心功能**：涵盖 AI 虚拟教学助手、个性化学习路径规划、课堂互动与实时反馈、双师课堂、个性化作业、课堂实时测评与反馈以及综合素质评价等。

（2）**技术亮点**：通过深度学习、自然语言处理、多模态交互和大数据分析等技术亮点，为师生提供智能化教学支持。

（3）**适用场景**：适用于课堂教学、个性化学习、教学管理、特殊教育以及家校社共育等场景，助力教育的智能化和个性化发展，推动教育公平与质量提升。

图 2-39　上海中小学智慧教育平台界面

(四) 之江汇教育广场

之江汇教育广场界面如图 2-40 所示。

（1）**核心功能**：之江汇教育广场是浙江省教育资源公共服务平台以云计算为基础，通过信息技术与教学过程深度融合，搭建涵盖核心应用的教育云平台。平台汇聚海量优质资源，包括学科资源、微课、名师视频等，支持线上线下混合式教学。其核心功能包括智能化资源推荐、精准化数据支持、个性化学习路径规划等。

（2）**技术亮点**：探索基于多模态交互的教育应用新范式，提升教学互动的便捷性和有效性。以"云能力＋数据中台＋开放平台＋多元应用"的思路，构建全网互通、学段贯通的"互联网＋教育"一站式服务平台。

（3）**适用场景**：适用于课堂教学、个性化学习、教学管理、家校社共育等。

图 2-40 之江汇教育广场界面

第三章

AI 德育：
大中小学思政一体化

第一节　思政课教育教学中心建设

一、全景思政教学资源

全景思政教学资源选取与党建、思政教育结合的"爱国主义教育示范基地、红色旅游经典景区"为内容，利用全景技术，通过实景720度拍摄，展示与景区历史、精神文化的结合，让学生在观看红色景点的同时获得"精神食粮"，实现线上思政教育实践"游学之旅"。该资源可建立校本资源库，学生与老师可通过账号登录，随时随地观看、体验、学习。

二、思政课程

针对思政课教学，结合习近平新时代中国特色社会主义思想、社会主义核心价值观和中华民族优秀文化传统等课程提供教学资料、辅助影视资料及延伸阅读材料。

三、VR思政资源

VR思政资源包括党史、新中国史、改革开放史、社会主义发展史、工匠精神、社会主义核心价值观、党的二十大精神展馆、习近平新时代中国特色社会主义思想、中华民族伟大复兴、国家安全教育馆、法安天下、德润人心、真理的力量、沙盘上的红军长征等。

四、沉浸式3D教学资源

沉浸式3D教学资源包括长征系列—长征第一渡、长征系列—血战湘江、长征系列—飞夺泸定桥、长征系列—胜利会师、站起来挺直脊梁、富起来赶上时代、强起来走向复兴等。

第二节　VR 虚拟仿真中心软硬件建设

一、VR 一体机

VR 技术拓展了思政实践实训范围和深度，实现了虚拟与现实的互补。图 3-1 所示为 VR 一体机样式。

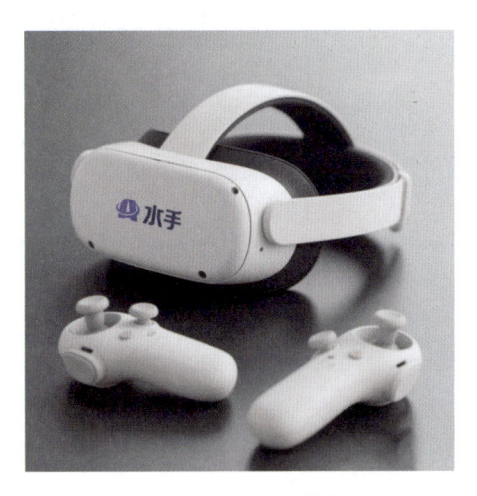

图 3-1　VR 一体机

二、VR 思政红色单车

如图 3-2 所示，VR 思政红色单车把思政教育与运动健身相结合，通过 Pad 直接启动或关闭，操作方便。同时支持 PC 和 VR 两种模式，如果不戴头盔，可以直接通过 PC 模式看屏幕骑行体验即可。

图 3-2　VR 思政红色单车

三、VR 思政交互体验台

如图 3-3 所示，VR 思政交互体验台采用高端的 VR 头盔，搭配高性能的计算机；通过 VR 技术还原党的重要历史事件，如长征系列，把长征的重要节点（如爬雪山、过草地、强渡大渡河等）通过 VR 技术还原，让学生可以穿越到长征时期，和红军进行亲密接触和互动。

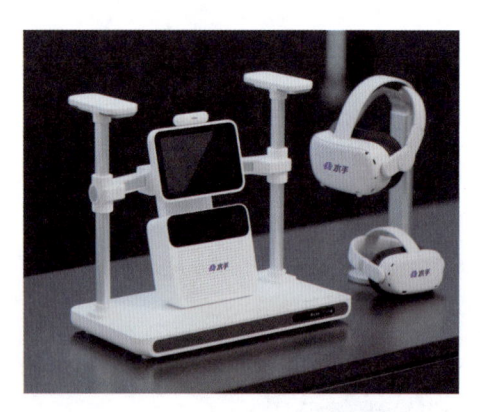

图 3-3　VR 思政交互体验台

四、AR 互动魔屏

如图 3-4 所示，AR 互动魔屏通过 AR 增强现实、动作骨骼追踪、空间扫描等高新技术，以酷炫的 AR 体感交互方式，寓教于乐进行思政、党建学习。极大地提升学生学习兴趣，快速吸收思政课程、党建知识，全面加强党的思想建设、组织建设，开启红色教育新模式。

图 3-4　AR 互动魔屏

五、3D 交互沙盘

如图 3-5 所示，3D 交互沙盘，主要用于思政教育学习、党建培训，利用有限的面积体验无限的数字展厅，虽占地只有两三平方米，但仍可以浏览几十万平方米的数字展馆，不受空间约束。

图 3-5　3D 交互沙盘

六、3D 交互大屏

如图 3-6 所示，3D 交互大屏是一款双屏互动数字产品，专门用于思政教育学习、党建培训。

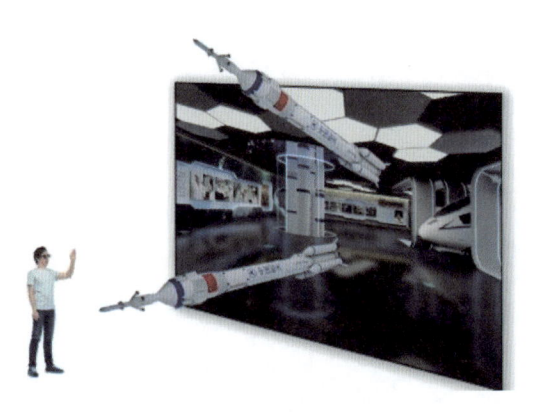

图 3-6　3D 交互大屏

第三节　AI 升级经典德育活动

在组织各类德育活动时，AI 技术可以为活动的形式和内容注入新的活力。

一、AI 光影秀和升旗仪式

在升旗仪式中，融入 AI 光影秀。通过先进的光影技术，AI 可以将祖国的发展成就、重大历史事件等内容以生动的影像和光影效果展示在校园广场上。在升旗仪式进行过程中，AI 光影秀与国旗下讲话相结合，让学生在庄严的氛围中感受到祖国的伟大和时代的进步。图 3-7 所示为 AI 光影秀的应用场景。

（a） （b）

图 3-7 AI 光影秀的应用场景

二、"周恩来班"的红色旅游研学

在"周恩来班"的红色旅游研学活动中（图 3-8 所示），AI 导航导览系统可以为学生提供更加便捷和丰富的学习体验。在研学过程中，AI 导航导览系统不仅可以为学生提供路线规划和景点介绍，还能通过语音讲解和图片展示，详细介绍革命事迹和历史背景。例如，当学生参观周恩来故居时，AI 导航导览系统会自动播放周总理的生平事迹和革命精神介绍，让学生在参观过程中深入了解革命先辈的伟大事迹。

图 3-8 "周恩来班"的红色旅游研学活动

三、远足、成人礼活动

在远足、成人礼活动中（图3-9），AI可以记录下每一个精彩的瞬间。通过智能摄像头和图像识别技术，AI能够自动捕捉学生的精彩表现，并生成专属的纪念视频。这些纪念视频不仅记录了学生的成长历程，还能成为他们人生中珍贵的回忆。同时，AI还可以对纪念视频进行智能剪辑和特效处理，让视频更具观赏性和纪念意义。

（a） （b）

图3-9 远足、成人礼活动

四、校园文化活动

在学科文化节和校园心理剧等活动中，AI可以发挥其创意策划和宣传推广的作用。通过大数据分析和智能算法，AI可以为活动提供创意灵感，设计新颖的活动形式和内容。例如，在校园学科文化节中（图3-10），AI可以根据不同学科的特点，设计有趣的竞赛、展览和互动活动，吸引学生积极参与。同时，AI还可以利用社交媒体和校园网络平台，为活动进行全方位的宣传推广，扩大活动的影响力和参与度。

图3-10 校园学科文化节

第四章

AI课堂：
"331"实效教学法重新定义课堂与教学

第一节　传统课堂和人工智能课堂的区别

图 4-1 详细描述了传统课堂和人工智能课堂的区别。

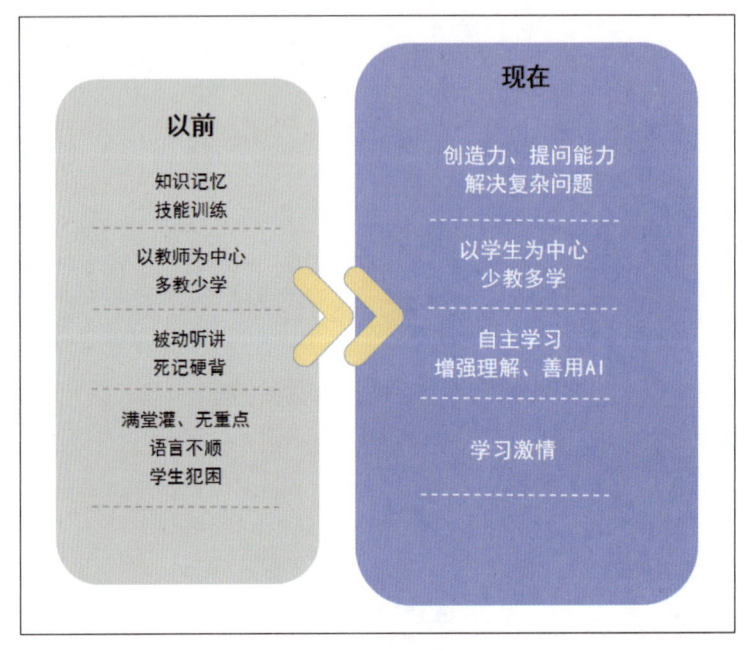

以前
- 知识记忆
- 技能训练
- 以教师为中心
- 多教少学
- 被动听讲
- 死记硬背
- 满堂灌、无重点
- 语言不顺
- 学生犯困

现在
- 创造力、提问能力
- 解决复杂问题
- 以学生为中心
- 少教多学
- 自主学习
- 增强理解、善用AI
- 学习激情

图 4-1　传统课堂和人工智能课堂的区别

第二节　"331"实效教学法

"331"实效教学法将传统课堂的"满堂灌"转变为学生在教师的引导下进行的自主协作探究学习，有效落实师生积极互动、共同发展的教学理念，对于转变教师教育教学观念、提高学生自主学习能力、提升课堂效率与教学质量具有重要意义。

"331"实效教学法将教学过程分为**导、思、议、展、解、达、学**七大环节，如图 4-2 所示。这种教学法符合学生由浅入深、循序渐进的认知规律，既充分体现学生的主体地位，又发挥出教师的主导作用，让学生真正学懂并应用知识，掌握生存生活本领，学以致用，从而保证课堂教学高效率、高质量完成。

"331"实效教学法的含义：

3——**教师层面**：引导、解惑、达标；

3——学生层面：善思、互议、展示；

1——学会会学：学以致用，学生在课后自习中进一步达标。

图 4-2 "331"实效教学法

一、学生为主体

在新教材、新课标的指引下，教师在课堂教学中通过情景化的导入、新颖的环节设计、精良的多媒体课件充分调动学生的学习主动性和积极性，在独立思考、小组讨论、成果展示等环节充分发挥了学生的主体作用。如图 4-3 所示，课堂上，学生通过小组讨论认真梳理课程内容、积极参与交流互动、主动提出疑问与困惑，在相互释疑中加深印象，在由浅入深中探索新知，课堂气氛活跃、教学效果显著。

图 4-3 学生小组讨论

二、教师为主导

课程导学是课堂教学的重要环节，教师带领学生在对之前所学知识进行系统性回顾的同时，帮助学生明确本堂课的学习目标和重难点，能够使学生的自主学习更有实效性。如图4-4所示，通过精心设计教学环节、引导学生探究学习、帮助学生解惑答疑、逐一检验课堂效果，教师成为教学活动的组织者和引导者，切实保证了课堂教学质量。

图 4-4　引导式教学

三、思维为主线

在授课中不断开拓学生思维、培养学生独立思考能力，是十分重要的课堂教学内容。教师通过问题导入，引领学生逐项分析，在回答学生疑问的同时培养学生的思辨能力，能够帮助他们在思考中快速成长，在学习中不断进步。图4-5展示了学生自主学习的场景。

图 4-5　学生自主学习的场景

"331"实效教学法具有快速转变教师教育教学观念、促进教师队伍快速成长、促进学生学习能力快速提升、快速提高课堂效率四大优势。学校持续地把该教学法融入课堂，充分发挥"331"实效教学法的优势，满足课堂特色化发展的需求，展现教育的新魅力，凸显教学教育范式多元化，为教育的发展注入新的活力。

第三节 以学定教四步骤教学法

一、精准备课

赋能教师精准施教，支持按需调用模块化微课资源，所有资源均预置配套学习目标及分层训练题库。平台提供智能化教学管理功能，可一键向指定学生、班级定向推送个性化学习任务，实现教学流程的数字化闭环，有效提升课堂效能。图4-6和图4-7分别展示了教师备课和一键分配个性化学习任务的界面。

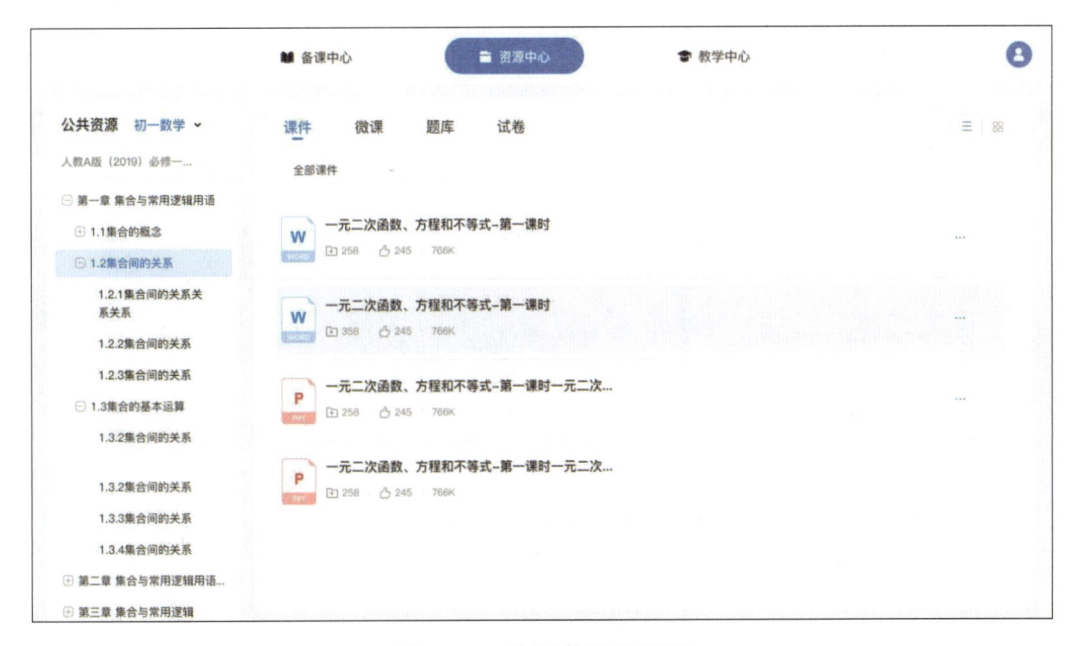

图4-6 教师备课的界面

图 4-7　一键分配个性化学习任务的界面

二、学生自学

学生依托教师预设的智能学习任务，按个性化学习路径开展自主学习。当知识理解出现断层时，可即时单击"标记疑点"控件，系统通过智能诊断引擎实时生成学情报告同步至教师端。在复习阶段，基于前期标记形成的个性化错题图谱，系统智能推送靶向强化资源，实现从问题发现到补偿教学的全流程学习支持。图 4-8 展示了学生端看到的教师分配的学习任务的界面。

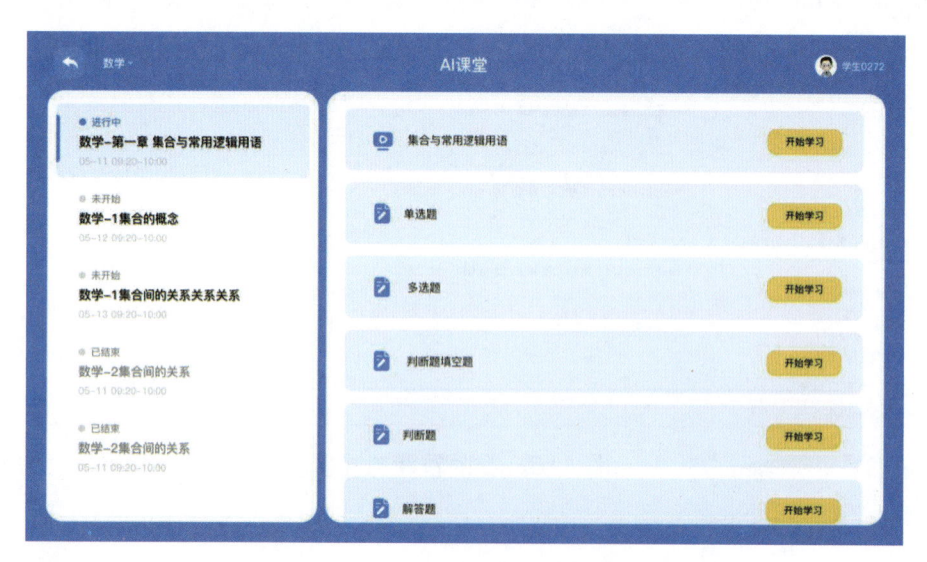

图 4-8　学生端-教师分配的学习任务的界面

三、实效课堂

（1）平台基于深度学习算法自动聚类高频错题，生成智能归因分析报告，指导教师开展精准教研，图 4-9 所示为教师端的任务统计分析界面。针对群体性认知盲区，平台提供靶向干预工具包，包含微课重构模板与分层变式题库，支持教师快速构建补偿性教学方案，从而实现从数据洞察到教学转化的闭环管理。

图 4-9 教师端 - 任务统计分析界面

（2）实时追踪学习者认知发展轨迹，借助知识掌握度热力图精准定位群体性认知薄弱点。平台搭载 AI 错题归因引擎，自动聚类高频错误模式并生成多维诊断报告，同步推送包含智能讲解脚本与自适应变式题的靶向纠错资源包，图 4-10 为教师端的学生答题情况统计界面。教师可一键发起群体补偿教学，系统将自动调取微课切片与分层训练体系，实现"数据洞察→精准干预→效果验证"的教学优化闭环。

图 4-10 教师端 - 学生答题情况统计界面

（3）教师根据学生作答情况和任务的数据反馈，对学生进行针对性提问，让教师和学生的每次互动变得更有效。学情分析界面如图 4-11 所示。

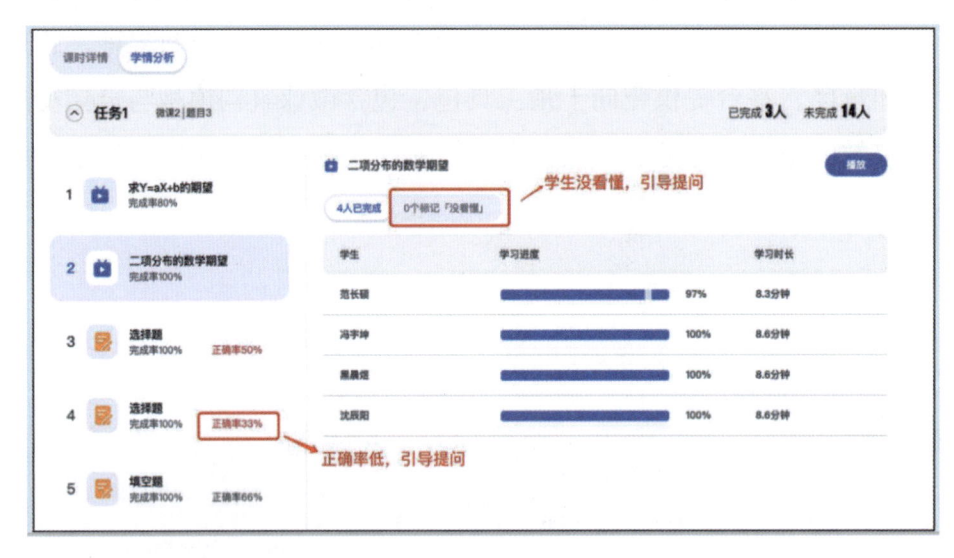

图 4-11 学情分析界面

四、AI 讲解

对于学生的共性问题可以当堂解决，对于个性化问题，学生可与 AI 互动答疑，如图 4-12 所示。

图 4-12 与 AI 互动答疑

第四节　自适应学习

自适应学习根据学生的学习习惯和知识掌握情况，灵活调整学习内容，以更好地满足学生的需求，始终使学生保持良好的学习状态，推动其内在学习动机的转变，如图4-13所示。

（1）从"要我学"到"我要学"的转变：激发学生的内在学习动力，帮助学生从被动学习转变为主动学习。自适应学习确保学习内容既符合学生的理解能力，又切合他们的需求，增强他们的学习兴趣和积极性。

（2）从"学会知识"到"会学知识"，再到"学会学习"的转变：从单纯掌握知识点，到学习方法的掌握，再到学习能力的全面提升，最终实现"教是为了不教"，使学生能够独立思考和自主学习，培养终身学习的能力。

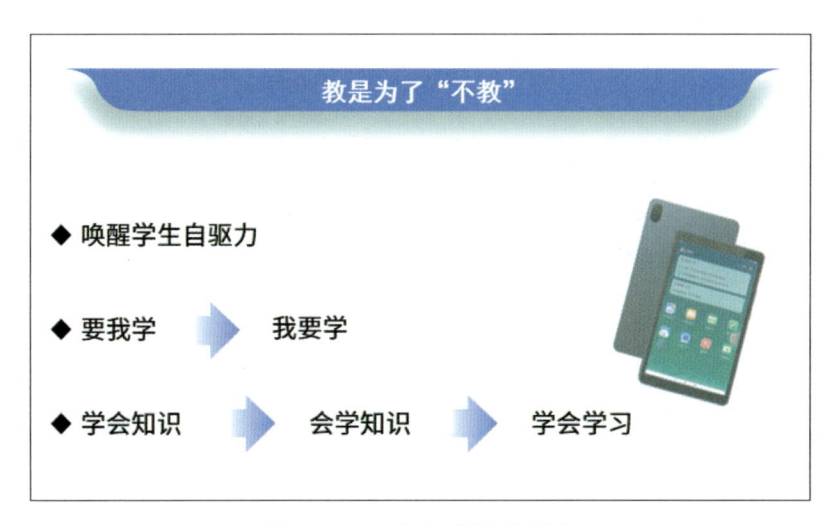

图4-13　内在动机的转变

一、自适应学习教学模式

基于自适应学习的教学模式根据学生学习的个性化心理特点给予有针对性的技术支持，进而提高学生的个性化学习效果。据此，围绕因材施教的目标要求，结合自适应学习系统的特点，构建形成自适应学习教学模式的基本框架，如图4-14所示。

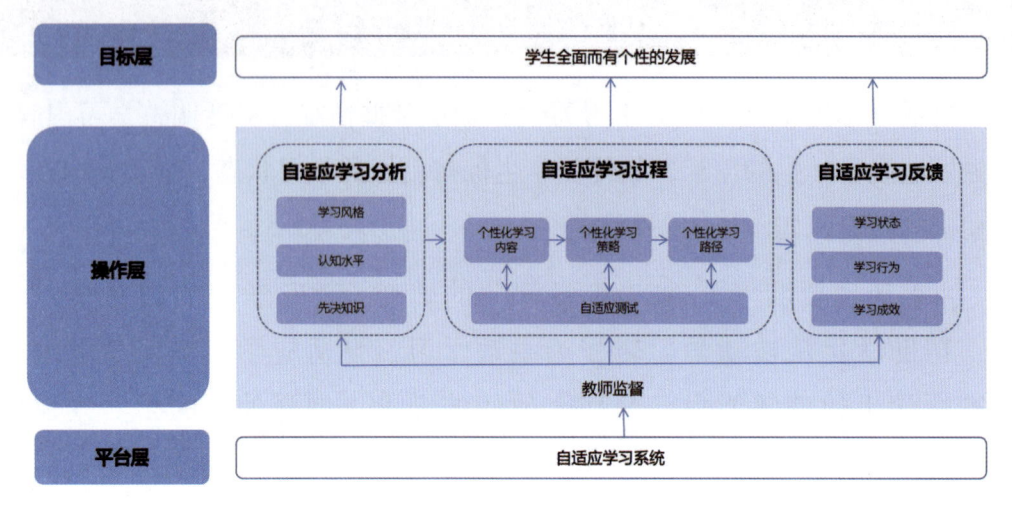

图 4-14　自适应学习教学模式的基本框架

二、自适应学习教学模式的操作程序

自适应学习教学模式的操作程序如图 4-15 所示。

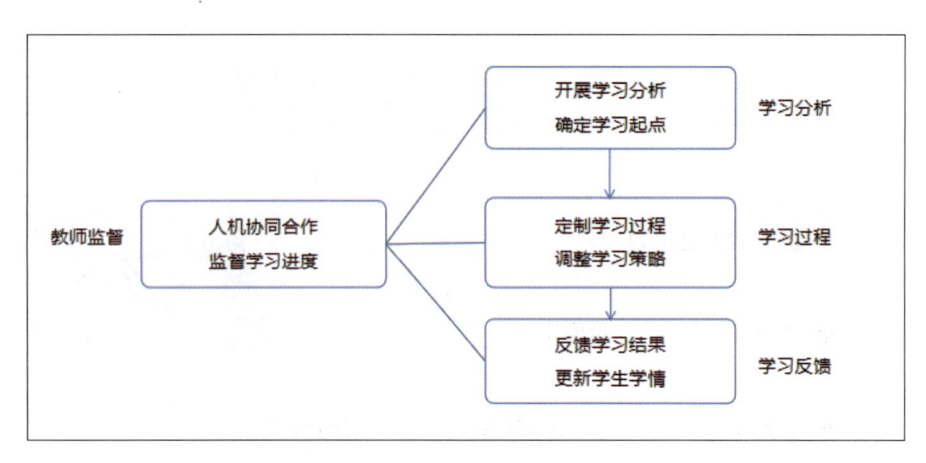

图 4-15　自适应学习教学模式的操作程序

（一）开展学习分析，确定学习起点

学习准备环节通过综合分析学习环境、学习者特征和学习目标，确定学生的个性化学习起点。

在基于自适应学习系统的因材施教教学活动中，学习环境分为线上和线下两大类。线上的自适应学习环境即虚拟的学习环境，是一种由信息技术构建起来的多媒体学习系统。线下的自适应学习环境即物理学习场所，指教室等场所。线上线下相融合的学习环境，可以满足不同学生的环境偏好。

学习者特征分析是自适应学习系统的关键。自适应学习系统主要从认知、情感和行为三个维度来分析学生，如学习风格、认知水平、先决知识、学习偏好、学习能力等。其中，学习风格反映了学生个体特有的学习方式；认知水平反映了个体从事学习活动所需具备的信息处理能力，主要包括专注力、判断能力、思维能力、记忆力等；先决知识反映了学生在当前学习内容上的必备知识基础；学习偏好反映了学生个体对学习方式和学习环境的偏爱；学习能力反映了个体从事学习活动所需具备的心理特征。

自适应学习系统可以根据学生的个性特征，分析推断出最适合学生当前学习水平的学习目标。教师也可以通过平时的教学观察以及对学生的了解，结合学生的自适应学习情况来干预学习目标的制定和学习内容的修改，以此提高学生学习的针对性。

（二）定制学习过程，调整学习策略

自适应学习过程是由推送学习内容、选择学习策略、匹配学习路径和自适应测试四个主要环节组成的一个操作循环，如图4-16所示。自适应学习系统根据学生的适应性练习结果，持续动态地更新学生的能力水平参数，并根据新的能力水平进行学习策略调整。

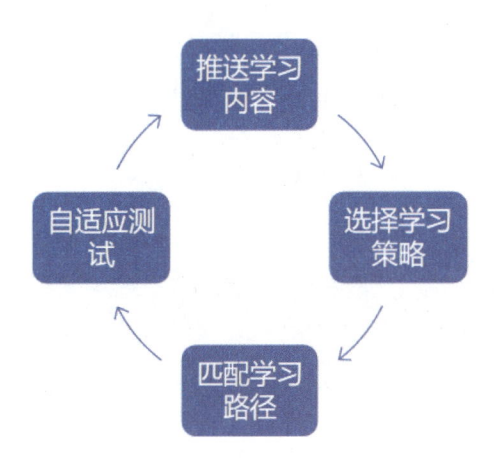

图 4-16　自适应学习过程

（三）反馈学习结果，更新学生学情

尽管自适应学习系统能够根据学生的个体差异以及对学习过程的动态评估来反馈学习效果，但是对于教师和学生而言，这个过程依旧是个"黑箱"。因此，在经过一段时间的自适应学习之后，自适应学习系统生成学习成效、学习行为和学习状态等方面的学习报告，提供给教师和学生作为下一步改进学习的依据。自适应学习系统可以实时记录学生与该系统之间的交互和反馈数据，如查阅学习资料的类型、学习时长、浏览及下载次数等学习行为数据。自适应学习系统可以将学生的学习行为数据进行可视化分析，形成学习报告反馈给学生，帮助学生进行自我判断，调整心态和学习进度。教师也可以根据反馈报告监督学生学习进度，发现需要帮助的学生，有针对性地为学生提供个别辅导与答疑。

（四）人机协同合作，监督学习进度

基于自适应学习系统的因材施教不仅要依靠"机器导师"，人类教师的作用也同样重要。目前，自适应学习系统还有一些需要改进之处，还需要通过教师的监督干预来提升学生的学习效果。教师并不是直接干预学生自适应学习中发生的自动推荐、学生学习和适应性学习诊断等过程，而是通过该系统监督学生学习的进度，判断系统的自动推送是否达到预期效果，如果有所偏移则采取措施为学生补充学习资源，甚至帮助优化推送策略和规则，助力实现有效学习。教师逐渐从教学主导者的角色转向教学监督者，监控学生的学习进度并提供支持。人类教师和"机器导师"之间的相互协作，逐渐形成一种双向赋能的生态支持机制，实现"机器导师"与人类教师协同发展，共同影响教学活动结果。

第五节 《诱思探究学科教学论》

《诱思探究学科教学论》为"课堂革命"构建了系统、完整的理论和实践体系。

《诱思探究学科教学论》走进核心素养，将在其内涵上认识教学发展观，并在外延上界定三维教学目标；将在课堂教学中充分发展教师的引导作用，真正实现学生的主体地位，保证和谐的师生关系，促进学生的自主发展，为终生学习打好基础；将重建课堂教学结构，保证学生在学习过程中亲身体验、主动探究、参与合作、实践创新。图 4-17 直观展示了《诱思探究学科教学论》的整体结构。

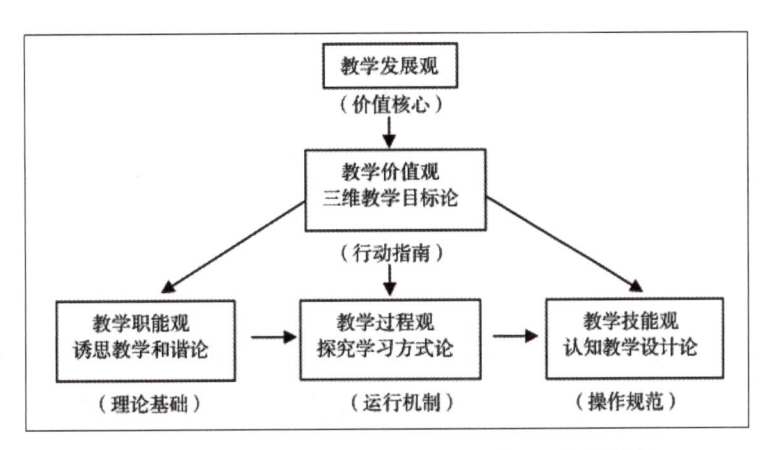

图 4-17 《诱思探究学科教学论》的整体结构

一、教学价值观：三维教学目标论

诱思探究学科教学强调学生发展的整体性。其终极目标是使每个人天生的禀赋在德智体美劳诸方面得到充分全面发展。人的全面发展，并非依靠外力使个体得到均衡发展，也并非智育中各学科成绩全部优秀。教学应该重视人才，重视人的自由发展，真谛在于道法自然，在于培育每个人的生命天性，使以核心素养为宗旨的素质顺其自然地获得全面和谐发展。

三维教学目标是教学系统科学发展观的具体化，也是每位学生核心素养的全面落实。请注意：不是三种目标，恰如立方体的长、宽、高，是教学目标的三个维度，因而是一个和谐的整体。因此，应保证知识、能力、品德的全面和谐发展，并以此作为评价教学的原则。

我们以"和谐图"的譬喻来理解"和谐发展"，如图 4-18 所示。分别以三个圆表示"知识""能力""品德"，走进核心素养的素质教育就是促进学生个性全面和谐发展的教育；素质教育的教学就是保证"掌握知识、发展能力、培育品德"三维教学目标获得全面和谐发展的教学。

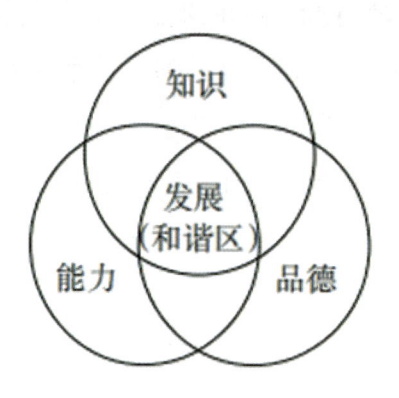

图 4-18　三维教学目标"和谐图"

二、教学过程观：探究学习方式论

探究学习方式要完整地反映学生的学习过程，应该构建成达标过程、情意过程、行为过程和认知过程的内在整合体，也就是目标学习、情境学习、体验学习、探究学习所反映的三个贯穿要素和三个层次要素的和谐统一体。于是，根据设计学习过程的四条基本原则，下面构建学生对于任意一个知识点的学习过程的基本思路，如图 4-19 所示。

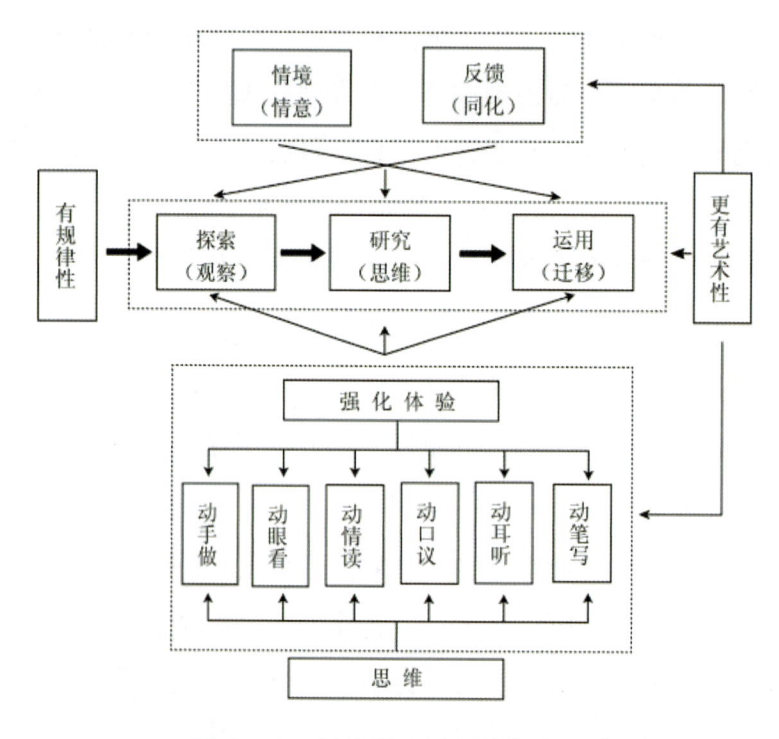

图 4-19　学生学习过程的基本思路

三、教学职能观：诱思教学和谐论

在教学系统中，学生作为获得全面和谐发展的主体，教师作为促进学生个性获得全面和谐发展的引导者，都是不会变化的。换言之，我们坚决反对教与学互为主体的"双主体论"，那是背离"和而不同"的二元调和论。我们认为教学系统只有学生一个主体，这是绝对真理，这正是教与学的二元和谐论的必然结果。但在具体教学时，引导作用和主体地位的外在表现形式，即"诱"与"思"却是可以相互转化的。

诱与思的相互转化表明：从功能方面来看，引导作用的本质是转化，使诱转化为思，使学生由知之甚少转化为知之甚多，由无知转化为有知，达到不复需教的境界，从而使一棵幼芽逐渐成长为参天大树。主体地位的本质是发展，一切为了学生健康成长，一切为了学生个性全面和谐发展。在学科教学领域，促进学生个性全面和谐发展才是硬道理。

诱思教学和谐论的实质在于：以教师引导作用的积极转化，促进学生主体本身不断地全面和谐发展；以和谐的教学职能，保证教学价值的实现，使学生主动地成为一代具有自主发展的人才。

四、教学技能观：认知教学设计论

理论创新必须以实践创新来落实，这就要进一步认识"教学技能观"，解决许多具体教学过程的技能问题。教学技能的范围十分广泛，各学科又有自身特殊要求的教学技能。

教师的课堂教学设计能力，不是一种静态的能力，而是一种动态的能力，是一种现场诊断和决策的能力。

设计教学流程是撰写教学设计的核心部分，是学生在整个教学过程中逐步开展学习活动的设计蓝图，整个教学过程都要按照这一流程展开。优质的教学流程图如图 4-20 所示。

在教学设计时，要考虑到学生群体和有代表性个体的特征；要突出研究学习目标和学习行为之间的关系，着重揭示学习目标和学习行为之间的一一对应关系。因此，要认真进行构思，以便使学生个性的全面和谐发展落到实处。

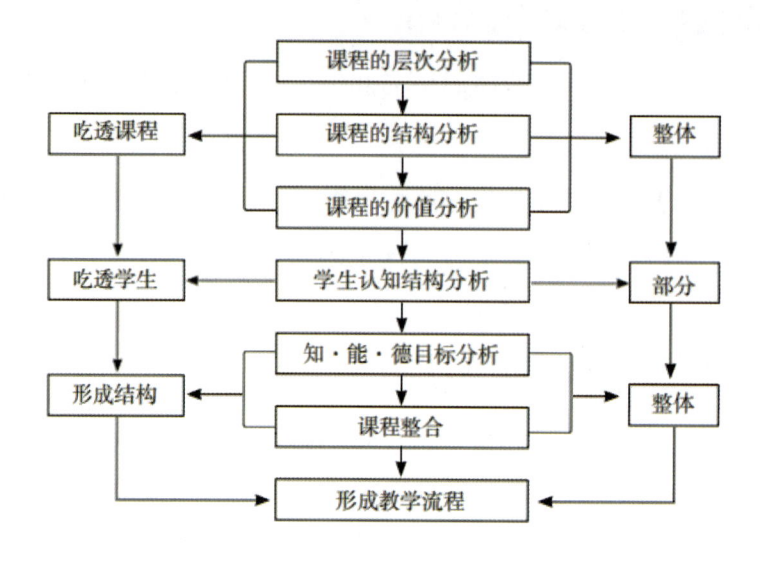

图 4-20　优质的教学流程图

第六节　AI 数字名师

AI 数字名师（图 4-21 所示），融合了先进 AI 技术与优质教育资源，为用户带来创新学习体验，助力知识获取与人才培养；打破时间与空间的限制，聚合顶尖教育智慧，为每位求知者打造专属的学习生态，让优质教育资源触手可及。

图 4-21　AI 数字名师

一、微课数字名师：定制专属知识短视频

依据课程教案与 PPT，强大的 AI 技术自动生成逐字稿，经专业教师精心编辑后，由教师数字人迅速转化为生动微课视频。无论是课堂预习、课后巩固，还是知识拓展，都能为翻转课堂教学提供有力支撑。用户可以按需随时观看，将碎片化时间转化为知识积累的黄金时段，轻松实现个性化学习节奏。

二、答疑数字名师：7×24 小时的知识守护者

答疑数字名师构建了庞大而精细的学科知识库，并深度融合 AI 大模型。无论何时，当用户在学习中遭遇难题时，无论是复杂的数理逻辑，还是抽象的文科概念，答疑数字名师都能瞬间"分身"为用户解惑。拥有答疑数字名师就如同拥有一位全时段私人学习顾问，为用户的学习之路扫除障碍，指引方向。

三、数字名校长：聚焦拔尖创新人才培育

紧跟教育部《关于加强新时代拔尖创新人才培养的意见》指引，以王殿军名校长数字人为核心，借助 AI 智能体，深度参与拔尖创新人才的发现、培养与评价。从学习策略到发展规划，为用户提供先进的教育理念与切实可行的成长路径。

第五章

AI 教师：
教书育人角色的转变

交流答疑

人工智能技术的深度渗透正在重塑教育全流程，教师角色正从传统的"知识传递者"向"育人生态构建者"转型，传统"以教师为中心"的教学模式逐渐向"人机协同"的教学模式转变，如图5-1所示。生成式人工智能作为教师的"智能替身"或"智能伙伴"，能够辅助教学设计、提供个性化学习支持，并通过数据分析优化教学策略。教师角色从"知识传递者"转变为"育人生态构建者"，更加注重学生的主动性和创造性。

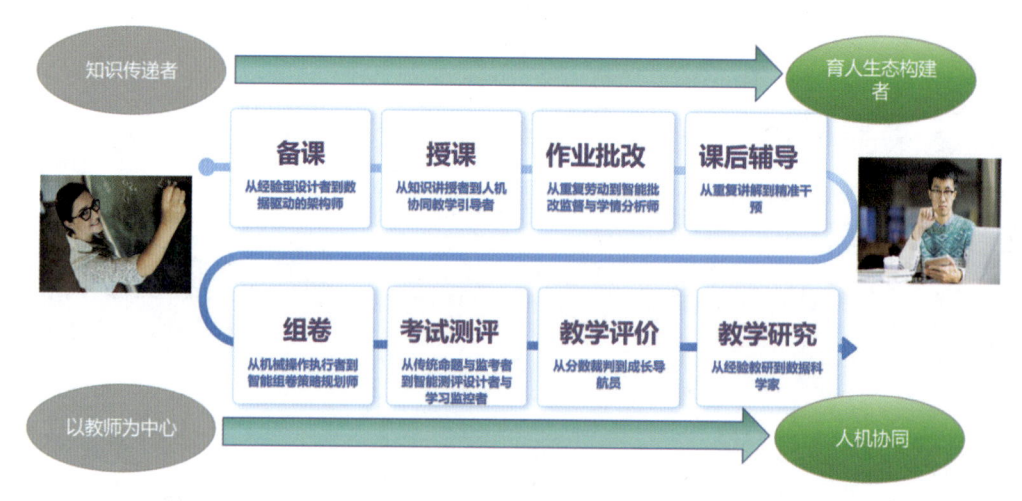

图 5-1 教师角色转变

第一节　备课：从经验型设计者到数据驱动的课程架构师

在传统备课模式中，教师主要通过查阅教材、教参以及有限的网络资源来整合教学内容，过程烦琐且资源的针对性和创新性不足。进入人工智能时代，教师角色转向"数据驱动的课程架构师"，重点进行创意性活动设计。

教师可以利用人工智能技术高效创制个性化且跨模态的教学资源。例如，借助智能备课软件，依据课程标准、教学目标以及学生的学习情况和兴趣偏好，快速生成包含文字、图片、音频、视频等多种形式的教学素材，使教学内容更加生动、丰富，贴合学生的实际需求。

教师还可以利用人工智能的多学科知识整合能力，开展跨学科主题设计与跨专业教学方案的制订。这意味着教师不再局限于单一学科知识的传授，而是能够引导学生从多学科视角理解和解决问题，培养学生的综合素养。例如，在设计《岳阳楼记》的课程时，教师可以运用人工智能工具，整合语文、地理学以及社会学等多学科知识，为学生构建一个全面、系统的知识体系。利用 AI 生成的课件大纲如图 5-2 所示，一键生成 PPT 的最终效果如图 5-3 所示。

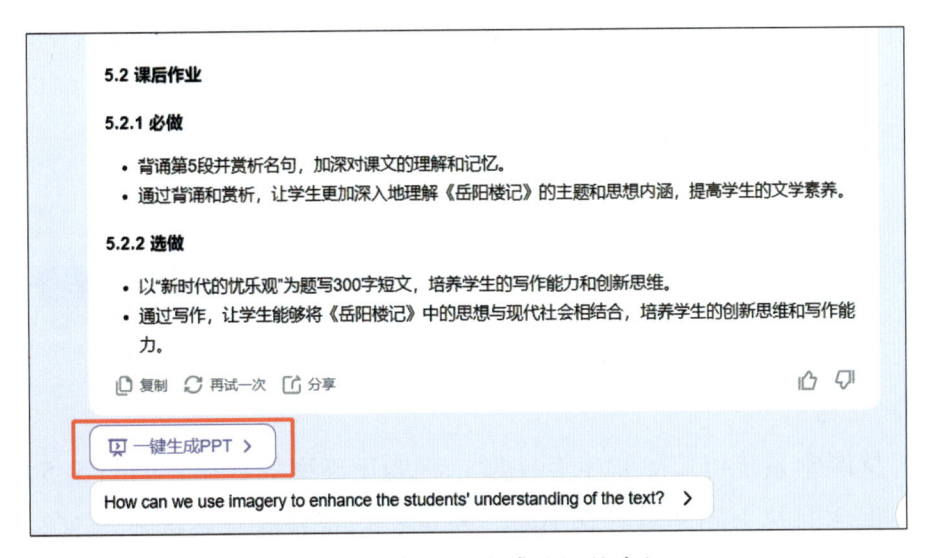

图 5-2 利用 AI 生成的课件大纲

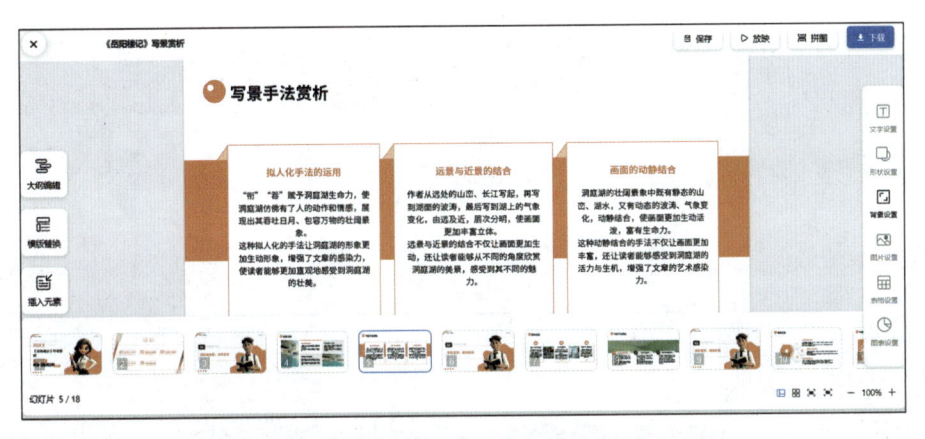

图 5-3 一键生成 PPT 的最终效果

第二节 授课：从知识讲授者到人机协同教学引导者

课堂从"以教师为中心"转向"以学生为中心"，如图 5-4 所示，AI 支持的智能教学系统可为学生提供个性化学习路径。教师需设计探究任务。例如，通过 VR 还原历史场景，引导学生开展跨学科项目式学习。

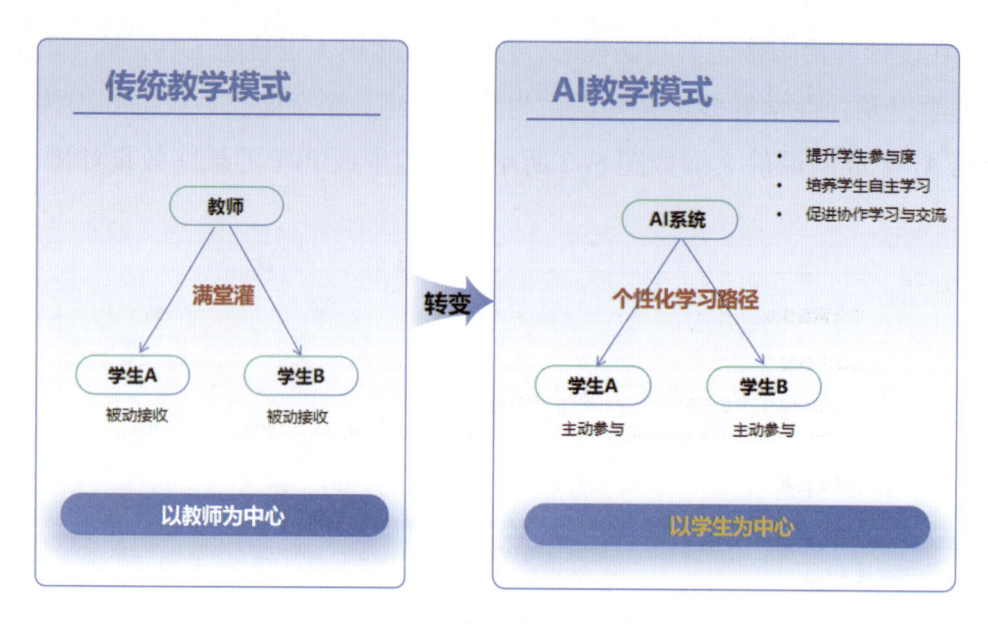

图 5-4　教学模式的转变

智慧课堂系统可监测学生专注度、答题正确率等数据，如图 5-5 所示，教师根据实时热力图调整教学节奏。例如，当智慧课堂系统显示 30% 的学生未理解概率概念时，教师可即时启动分组讨论活动。

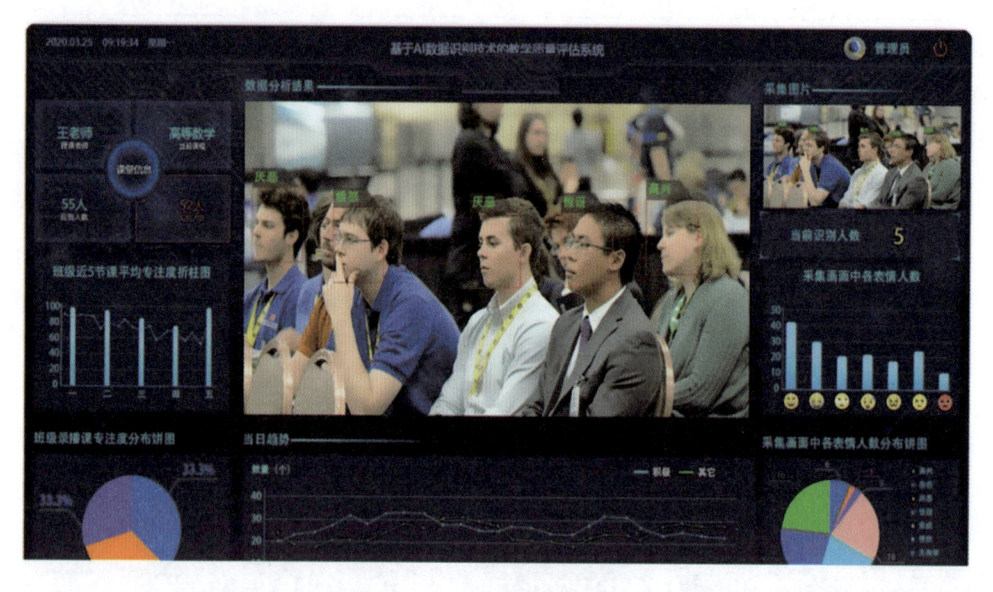

图 5-5　智慧课堂系统

教师与虚拟助教分工协作，双师协同教学，AI 负责知识点讲解，教师侧重思维引导。例如，在物理课堂中，AI 演示电磁场动态模型，教师组织实验设计竞赛，实现人机优势互补。

第三节　作业批改：
从重复劳动到智能批改监督与学情分析师

教师可以借助人工智能实现分层作业自动生成和学生作业自动批阅等工作。人工智能能够依据教学目标、学生的学习水平和能力差异，为不同层次的学生生成个性化的作业内容，满足学生的多样化学习需求。作业数字化流程如图 5-6 所示。

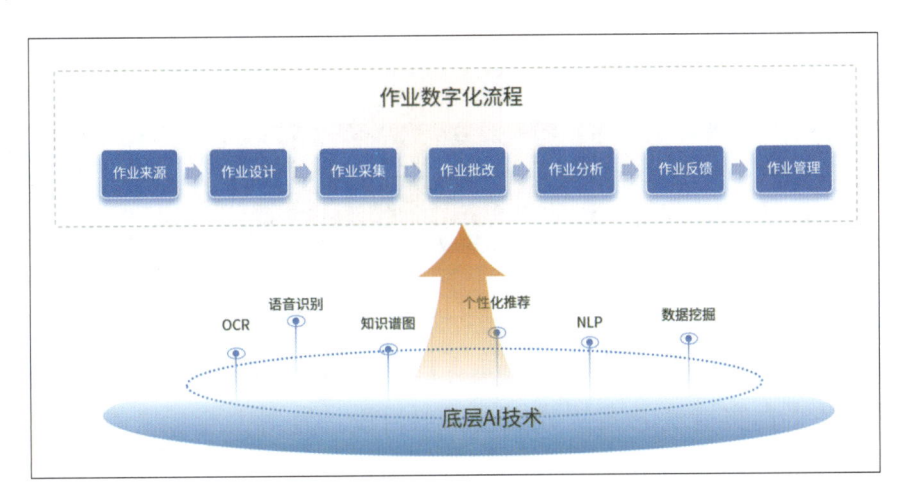

图 5-6　作业数字化流程

在作业批改方面，人工智能可以快速、准确地对客观题进行评分，还能够利用自然语言处理技术对主观题进行分析和评价，为学生提供详细的错因分析与诊断性反馈。这些个性化评价信息有助于学生清晰地了解自己所存在的学习问题，从而有针对性地进行改进。教师能够将更多精力投入对学生学习情况的深度分析和个性化指导上，实现从单纯的作业批改者的角色到智能批改监督与学情分析师的角色转变。

同时，AI 可自动生成个性化错题本，并推荐同类变式训练。教师可监控"错题重犯率"指标，动态调整教学重点。

第四节　课后辅导：从重复讲解到精准干预

在传统教学中，由于时间和精力有限，教师对学生的辅导往往采用统一的方式，因此难以满足每个学生的个性化需求。在人工智能时代，借助大数据分析和智能学习系统，教师能够深入了解每个学生的学习特点、兴趣爱好以及知识掌握程度，从而为学生提供更加精准、个性化的辅导。

教师成为学生个性化成长的陪伴者。根据学生在学习过程中暴露出的问题和需求，教师利用人工智能推送学习建议和任务，为学生量身定制辅导计划，帮助学生解决学习困难、突破学习瓶颈，并实时接收辅导反馈。在这个过程中，陪伴学生逐步提升学习能力，实现个性化成长。

第五节 考试测评：
从传统命题与监考者到智能测评设计者与学习监控者

人工智能可依据课程标准和教学目标，结合学生的学情，生成涵盖多种题型、考查不同能力层次的试卷。除了传统的选择题、填空题、简答题，还可以增加基于真实情境的案例分析题、项目设计题等，全面考查学生对知识的理解、应用以及创新思维能力。教师从烦琐的命题工作中解脱出来，将更多精力投入对测评目标和内容的精心设计上，以确保考试测评能够准确反映学生的学习成果和能力水平。

在考试实施过程中，借助人工智能的监控技术，教师不再局限于维持考场纪律，而是能够对学生的考试过程进行全面监控和分析。智能监控系统可以实时记录学生的答题时间、答题顺序、思考停顿等行为数据，通过对这些数据的分析，教师能够洞察学生的思维过程和学习状态，发现学生在知识掌握和应用方面存在的问题。对于在考试中表现异常的学生，教师可以及时进行关注和干预，了解学生的具体情况，为后续的辅导和教学调整提供依据。

考试结束后，人工智能能够快速、准确地完成试卷批改和成绩统计分析工作，并生成详细的测评报告，为教师提供关于学生整体学习情况、个体差异以及知识薄弱点等多方面的信息。基于这些信息，教师能够更有针对性地进行教学反思和教学计划调整，实现从传统命题与监考者到智能测评设计者与学习监控者的角色转变。

教育考试的变革要求在教育信息化技术侧提供新一代的产品和方案以达到新的目标。智慧平板的教育应用顺应时代，对于考试模式的转变提供了技术的基础支撑，其优势主要表现在以下几个方面，如图 5-7 所示。

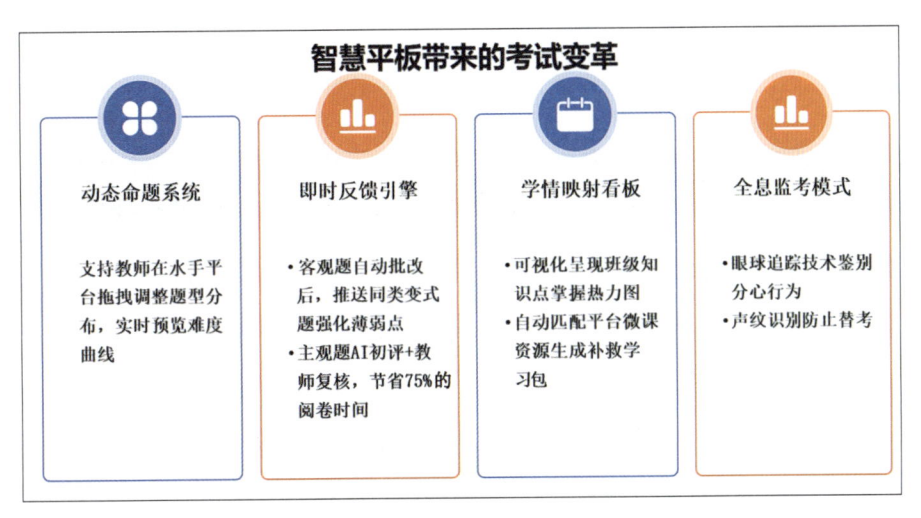

智慧平板带来的考试变革

动态命题系统
支持教师在水手平台拖拽调整题型分布，实时预览难度曲线

即时反馈引擎
- 客观题自动批改后，推送同类变式题强化薄弱点
- 主观题AI初评+教师复核，节省75%的阅卷时间

学情映射看板
- 可视化呈现班级知识点掌握热力图
- 自动匹配平台微课资源生成补救学习包

全息监考模式
- 眼球追踪技术鉴别分心行为
- 声纹识别防止替考

图 5-7　智慧平板的优势

第六节　教学评价：从分数裁判到成长导航员

通过人工智能实现过程性评价体系。AI 记录学生的每次课堂互动、作业修改过程，教师通过多维数据替代传统考试成绩单，实现对教育评价体系的重构，如图 5-8 所示。

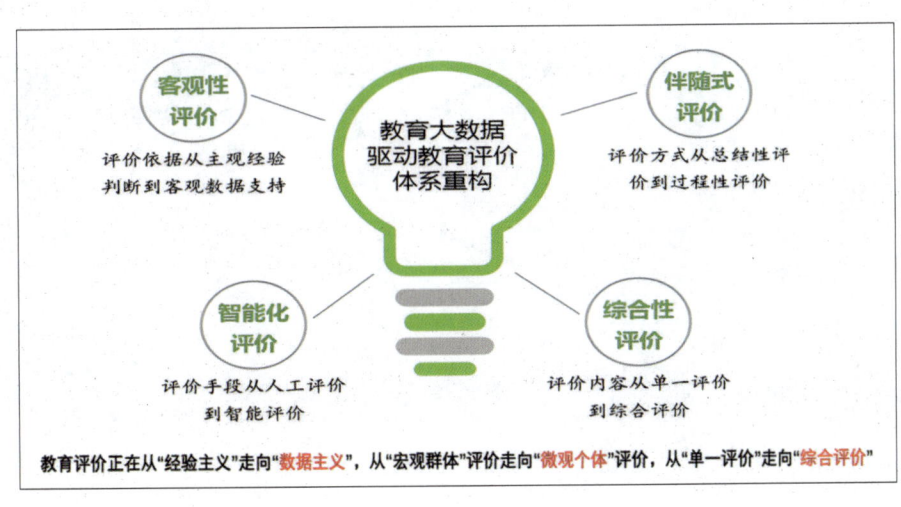

教育大数据驱动教育评价体系重构

- **客观性评价**：评价依据从主观经验判断到客观数据支持
- **伴随式评价**：评价方式从总结性评价到过程性评价
- **智能化评价**：评价手段从人工评价到智能评价
- **综合性评价**：评价内容从单一评价到综合评价

教育评价正在从"经验主义"走向"数据主义"，从"宏观群体"评价走向"微观个体"评价，从"单一评价"走向"综合评价"

图 5-8　教育评价体系的重构

借助人工智能技术，教师可以更便捷地收集和整合学生的学习成果、学习过程、学习态度等多个方面进行全面评价。除了传统的考试成绩，还包括课堂表现、作业完成情况、小组合作能力、项目实践成果等，实现多元评价。

第七节　教学研究：从经验教研到数据科学家

教学研究（简称教研）是促进教师专业发展的重要手段。基于智慧教育环境建立数据驱动的教学模式，对教师的工作数据进行全场景、全要素以及全过程的采集与处理，诊断、分析与预测教师的教学能力、管理能力、服务能力以及教学创新能力，以可视化的方式反馈给教师，促进教师的实践反思。图5-9展示了某位教师某一堂课的课堂行为分析数据。

利用人工智能、大数据、虚拟现实以及元宇宙等智能技术为教师搭建新型智能研修空间与平台，促使教师能够获得更多的优质教研资源、实现多主体跨时空参与教研和数字化管理教研等，进而促使教研的精准化与个性化发展。例如，虚拟教研室的建设通过数字化、信息化的载体形式搭建教研空间，具有人员组成灵活化、教研方式互动化以及教研内容多样化等特征，以更好地支持教师开展协同教研活动。

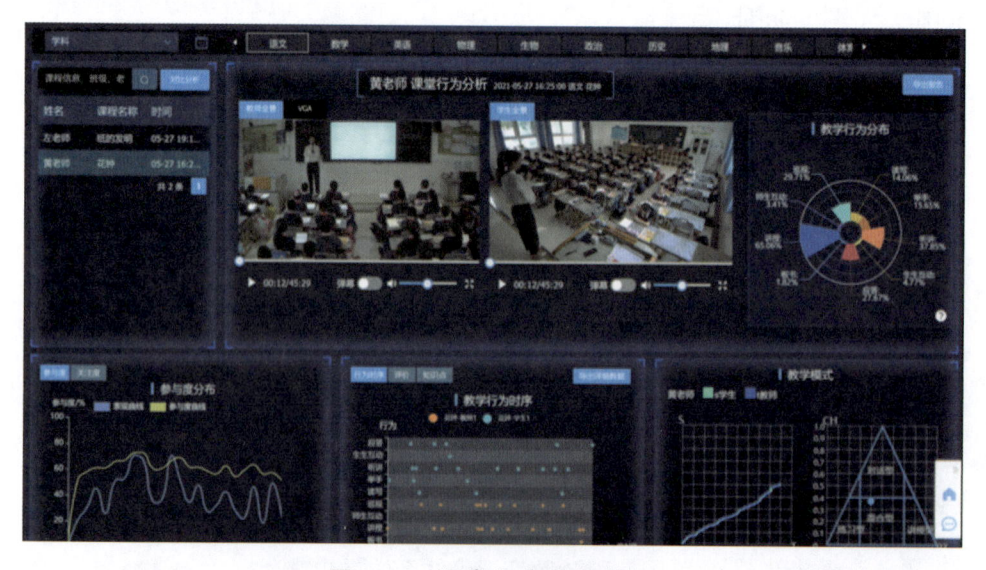

图 5-9　课堂行为分析数据

第八节　组卷：从机械操作执行者到智能组卷策略规划师

教师可借助智能组卷系统，根据教学需求设定参数，如考试时长、难度系数、知识点覆盖范围、题型比例等。智能组卷系统能够快速从庞大的题库中筛选出合适的题目进行组合，生成多套不同版本的试卷，如图 5-10 所示。这些试卷不仅在知识考查上更具针对性，还能满足不同班级、不同层次学生的测评需求。例如，针对基础薄弱班级，教师可通过智能组卷系统生成侧重基础知识考查、难度适中的试卷；对于学习能力较强的班级，则可生成包含拓展性、创新性题目的拔高试卷。

同时，智能组卷系统还能对试卷进行自动排版，优化卷面布局，节省教师时间。教师不再是机械的组卷执行者，而是转变为智能组卷的规划者和管理者，需要根据教学目标和学生学情，科学合理地设置组卷参数，审核智能组卷系统生成的试卷，以确保试卷质量和测评效果。

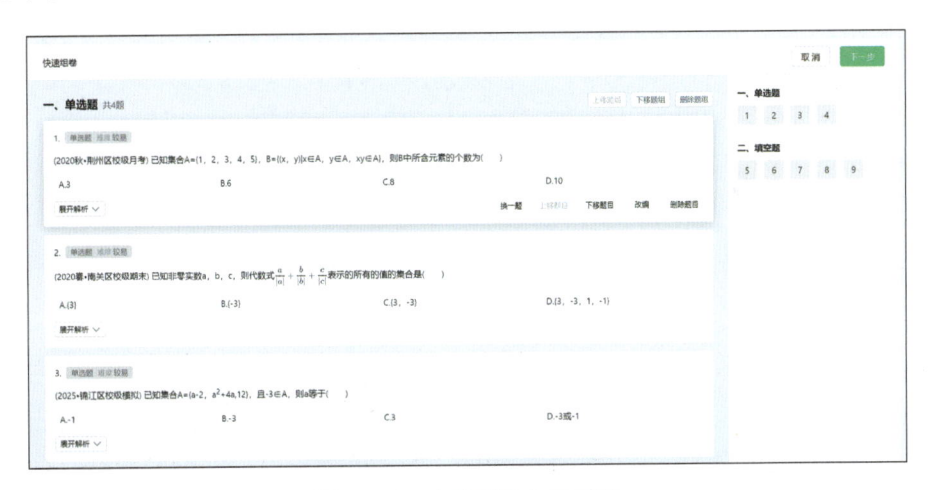

图 5-10　不同版本的试卷

第六章

AI 体育与心理健康

交流答疑

人工智能赋能体育与心理健康的数字化，将人工智能的推理能力转化为教学效能。深度整合教育硬件（如运动传感器、智能穿戴设备、心率监测等）智能化，探索人机协同的新模式，从"技能传授者"转型为"创新引导者"。

第一节　人工智能助力校园体育

在教育改革持续深化的当下，"五育融合"成为全面育人的重要理念。体育作为其中关键一环，对学生的身心健康、全面发展起着不可替代的作用。人工智能技术的蓬勃发展为校园体育带来新契机，其强大的数据处理、图像识别、智能分析能力，能有效解决传统校园体育面临的诸多难题，如学生运动兴趣不足、教学缺乏针对性、体测效率与公正性欠佳、体育管理与评价体系不完善等，有力推动校园体育向数字化、智能化、科学化迈进，促进学生在体育教育中实现全面成长，为实现"五育融合"目标提供坚实基础。

第二节　人工智能在校园体育各环节的应用及对体育的影响

人工智能赋能校园体育学科全流程环节，主要包括教学、锻炼、测试、管理和评价等环节。

一、教学环节：智能升级，提升教学质量

在传统体育教学中，"口述＋示范"模式存在学生参与情况难以量化、课堂反馈不及时、指导训练缺乏针对性和个性化等问题。人工智能技术的融入为体育教学带来变革。借助智能教学设备，可提供丰富多样的教学资源，涵盖理论知识讲解与标准化动作示范视频，帮助教师开展高效教学。例如，通过内置的动作库和课程资源，教师能根据教学目标灵活选择组合教学内容，满足不同教学需求。

在课堂上，人工智能的人体姿态识别技术可实时监测学生动作，对比标准动作进行智能分析，及时发现并纠正错误动作，实现个性化指导。同时，

人工智能还能自动收集学生运动数据，生成详细的课堂报告和个性化测评报告，为教师调整教学策略提供数据支持，使教学更具针对性，助力学生更好地掌握运动技能，提升教学质量。

二、锻炼环节：激发兴趣，培养运动习惯

校园体育锻炼面临学生主动运动兴趣和习惯欠缺、课间运动数据留存困难等问题。人工智能通过开发趣味化锻炼项目，将体育与跨学科元素融合。例如，设计"体育＋语数英"跨学科体感游戏挑战，让学生在锻炼中学习其他学科知识，寓教于乐，激发学生参与热情。

智能设备还提供丰富的锻炼项目选择，满足不同学生兴趣和体能训练需求。设备自动同步学生锻炼成绩至运动榜单，学生可随时查看自己和他人成绩，形成竞争激励机制，营造良好的校园运动氛围。此外，借助 AI 动作识别技术，学生无须穿戴复杂设备即可随时锻炼，方便快捷，有助于培养学生日常运动习惯，让运动成为学生校园生活的一部分。

三、测试环节：精准高效，保障测试公正

传统体测工具存在费时费力、过程缺乏视频回溯、人工裁判公平性受质疑等弊端。利用人工智能技术构建的体测系统，可实现体测过程全自动化。AI 自动计时计数，智能识别违规动作，确保测试结果准确可靠。例如，在短跑、跳绳等项目测试中，能精准记录成绩，减少人为误差。

体测成绩实时上传云端存档，方便学生、教师和家长随时查看。同时，提供视频存档追溯功能，若对测试结果有异议，可随时查看视频进行复核，保障测试公正性。此外，该体测系统可根据不同学龄段设置相应测试项目，满足国家体质健康测试、中考体育测试等多种测评要求，全面评估学生体质健康状况。

四、管理环节：数据驱动，优化管理决策

校园体育管理长期面临信息化管理工具匮乏、考试评测结果缺乏数据支撑、学科教学质量难以监测等困境。人工智能驱动的一体化数据管理平台，

可打通多端数据孤岛，自动收集和分析学生运动行为、体质档案、课堂表现、赛事成绩等海量数据。

通过构建校级和区域级体育数据驾驶舱，管理者能实时监测各类运动数据，生成可视化报表，直观了解学校体育工作整体情况和学生运动状况，如图 6-1 所示。基于这些数据，学校和教育部门可制定更科学合理的体育教育政策和教学计划，优化资源配置，提升体育教育管理水平，推动校园体育工作持续改进。

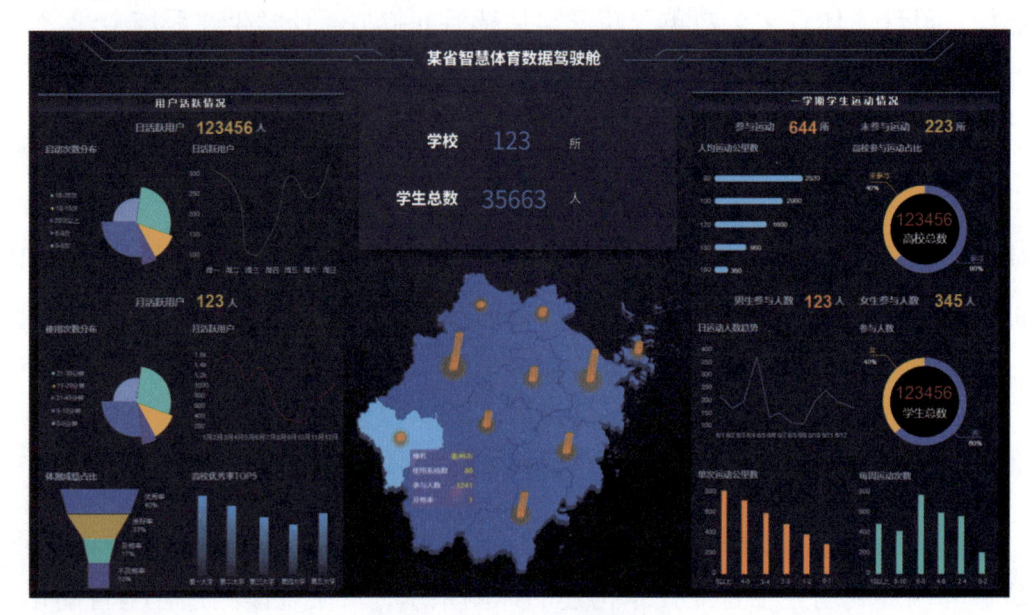

图 6-1　体育数据驾驶舱

五、评价环节：多维评估，促进全面发展

传统体育评价方式难以全面、准确评估学生运动素养、教师教学工作和学校体育工作。人工智能借助大数据分析和智能算法，对学生日常锻炼和体育测试数据进行深度挖掘，实现多维度评价。

通过分析学生运动数据，为每位学生生成个性化运动诊断报告，全面评估学生运动能力、进步情况和潜在问题，为教师教学和学生自我提升提供参考。同时，从教学成果、学生反馈等多个维度评估教师教学工作，从整体运动氛围、学生体质提升等方面评估学校体育工作，为教育质量提升提供有力支持，促进学生在体育教育中实现全面发展。

第三节　人工智能在校园体育领域的应用成果

在目前众多地区的校园体育建设中，人工智能技术已取得显著成效。在智慧操场建设项目中引入人工智能设备后，学生参与体育锻炼的积极性大幅提高，主动参与率提升了 56%。在体育教学方面，教师借助智能教学设备优化教学，学生体育技能考核通过率提高了 23%。体测工作效率显著提升，原本需要数天完成的全校体测，借助 AI 体测系统仅需 1 天，且测试准确性达到 99% 以上，有效减少了人工误差。

通过一体化数据管理平台，如图 6-2 所示，学校能够清晰掌握学生体质健康变化趋势，为个性化体育教学提供数据依据，这推动了区域校园体育教育质量整体提升。

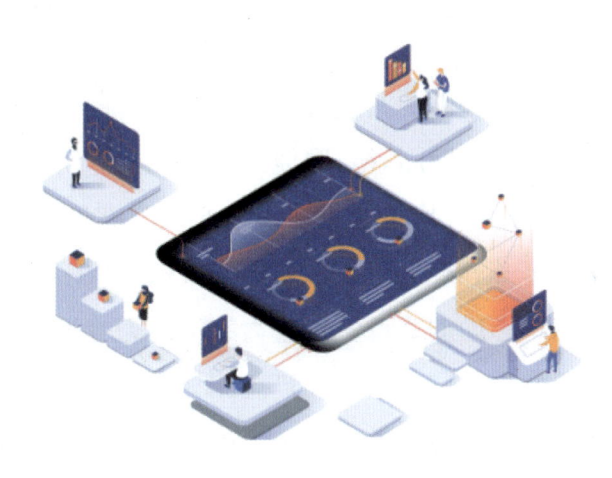

个人-班级-校级-区级多维度运动数据

图 6-2　一体化数据管理平台

第四节　人工智能驱动的心理健康服务体系构建

一、智能心理服务平台：全方位心理健康管理中枢

智能心理服务平台是针对教育领域心理健康工作的综合性管理平台、功能平台与数据中心。它以心理学研究成果为依据，运用多种技术手段广泛收

集学生心理数据，借助大数据分析预测和评估学生发展潜能与心理健康问题，为教育主管部门、学校、教师、学生及家长提供个性化心理健康筛查和解决方案，促进家校协同。

智能心理服务平台具有灵活的层级架构，可根据使用单位的不同，构建省市区校四级平台，满足从省级教育厅到基层学校的多样化管理需求。按使用终端划分，涵盖学生测评端、教师测评端、家长测评端、学校教育部门管理端和运营管理端。各终端功能各异又相互配合，全面采集数据，多维度分析学生心理健康状况，进行可视化展示与风险监控预警。

在测评功能上，支持学生、家长和教师通过 PC 端或移动端 H5 登录，完成各类测评。设置自动读题倒计时，有效避免无效刷题和假答，确保测评数据真实可靠。测评类型丰富，包括学生自评、家长他评与自评、教师他评与自评，从多个视角全面了解学生心理健康状况。

智能心理服务平台还提供一站式心理自助服务。用户可在线向专业心理咨询师免费提问，在心事互助圈子获取他人经验和专业解答。心理发展百科涵盖人生各阶段常见心理问题的专业知识，心理科普阅读提供通俗易懂的科普文章，帮助用户提升心理健康认知。冥想放松提供多种音乐节目，助力缓解压力、调整心态。心理训练设置专注力、沟通力等训练专题，提升用户心理能力。心理测评分为普测普筛类和自主测评类，提供 10 余类测评量表，满足不同需求。此外，平台还提供电话、视频、热线、线下和私人顾问等多种心理咨询服务，全方位保障用户心理健康。

二、AI 心理应用产品：创新心理健康服务模式

AI 心理评估借助数字人与学生互动问答，采集用户对心理咨询的偏好，智能推荐合适的咨询师。在初高中学生心理健康筛查领域，作为传统普测的补充手段，发挥着重要作用。通过虚拟人与学生语音交互，结合面部表情和声纹特征进行多模态分析，生成可视化评估报告，方便教师复核关键音频片段。相比传统量表筛查，AI 系统定量分析准确率大幅提升，筛查效率显著提高，有效减轻了心理教师的工作负担，提高了筛查的准确性和效率。

AI 心理陪伴依托强大的大模型和专业的心理知识库，提供 7×24 小时不间断的心理陪聊、情感支持和即时疏导服务。它具备多模态情感识别能力，能通过文字、语音及视频交互方式，以温暖共情的对话方式给予用户精准支持。当识别到自杀倾向、自伤行为等风险信号时，自动触发分级预警，将信息推送给相关心理教师，实现及时干预。经试点验证，该服务覆盖范围广，能有效减轻使用者的情绪困扰，延伸了传统心理咨询服务的边界，实现预防性心理健康管理。

三、智能心理服务硬件：打造个性化心理健康服务场景

智能心理服务硬件为用户提供了多样化、个性化的心理健康服务场景。智能心理服务硬件设备为学生营造安全、舒适、私密的空间，可布置在学校各处。该硬件设备内置心理平板，集成 AI 心理陪伴、AI 多模态心理评估等功能，以便学生进行自助服务，在私密空间中放松身心，享受个性化心理关怀。

图 6-3 所示，身心健康自助一体机融合人工智能技术和丰富的心理服务资源，集智能化与科普性于一体。它具备不同尺寸的触控大屏，提供横屏、竖屏展示方式，支持云部署和独立部署，硬件配置，包括高性能处理器、大容量内存和存储空间，运行稳定流畅。内置智能心理服务平台软件，涵盖心理测评、咨询、训练、课堂等多种功能，可以满足学校领导、教师、学生、教职工和家长等不同人群的需求。学校领导可通过数智大屏了解工作状况，展示成果；教师可开展心理测评和咨询工作；学生可进行自我调节和训练，提升心理健康水平。

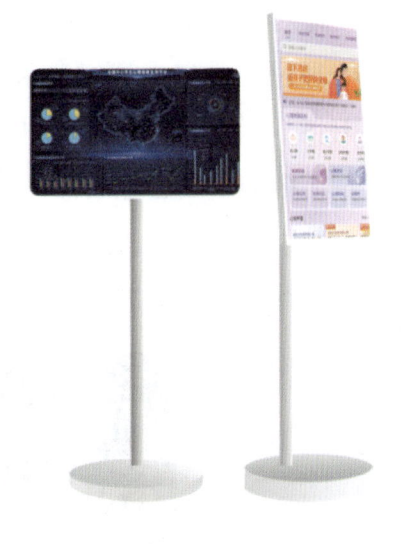

图 6-3 身心健康自助一体机

此外，针对低年龄段幼儿和小学生的智能心理玩具，具有 AI 心理陪伴功能，如图 6-4 所示。智能心理玩具通过与孩子实时对话，陪伴孩子成长，识别风险关键词并预警。同时，关注孩子身心发展状态，根据互动分析孩子的语言表达和情绪，定期向家长反馈报告。它不仅能识别孩子的情绪状态，

给予情感安抚，播放舒缓音乐、讲述温馨故事，帮助孩子调节情绪，还可模拟社交场景，让孩子在互动中学习社交礼仪和沟通技巧，提升社交自信，更好地融入集体生活。

图 6-4　智能心理玩具

针对初高中学生的智能心理平板，内置功能丰富的 App，提供 AI 多模态心理评估、AI 心理陪伴和心理自助一站式服务，如图 6-5 所示。AI 数字人陪伴学生成长，自动识别风险关键词预警。多维普测体系结合 AI 多模态评估，精准生成心理画像，守护学生心理健康。智能心理平板还提供丰富的心理健康自助资源，助力学生心理素养提升，并且一键触达专业服务，方便学生预约校内老师进行咨询。

图 6-5　智能心理平板

心悦小屋为学生营造一个安全、舒适、私密的暖心空间，如图 6-6 所示。可布置在学校各个空闲区域或心理中心相关角落。小屋内配备了心理平板，平板内置软件，能够实现学生自助服务。通过 AI 心理陪伴功能，学生可以获得贴心的情感支持；借助 AI 多模态心理评估，能够全面了解学生的心理健康状况，从而全方位守护学生的心理健康。

（a）　　　　　　　　（b）

图 6-6　心悦小屋

四、心理知识图谱资源：夯实心理健康服务基础

如图 6-7 所示，心理知识图谱资源包含多个重要组成部分，为心理健康服务提供了坚实的知识支撑。自研专业心理知识资源库涵盖基础心理学、认知心理学等多个领域，包含多种知识资源类别，如心理发展百科库、心理知识科普库等。资源形式丰富多样，有科普文章、视频、音频等。其中，心理百科知识库和科普文章库数量众多，心理测评量表库科学性强，整合了 14 个主题的丰富测评工具。后续还计划为不同学段学生和教师提供针对性内容。

集成专业心理垂类数据集整合了中英文开源数据集、学术期刊文献等多种数据资源，为心理模型训练和研究提供了丰富的数据基础，有助于提升人工智能在心理健康领域的应用效果和准确性。全国师资资源库汇聚了不少于 90 名涵盖各服务领域的专家师资，包括心理专业硕士、博士、资深心理咨询师等，为心理健康服务提供了专业的人力支持。全国机构资源库涵盖不少于60家各类心理咨询机构、心理诊所和医院等，可持续输出专业心理产品服务资源，实现资源的互联互通和共享。

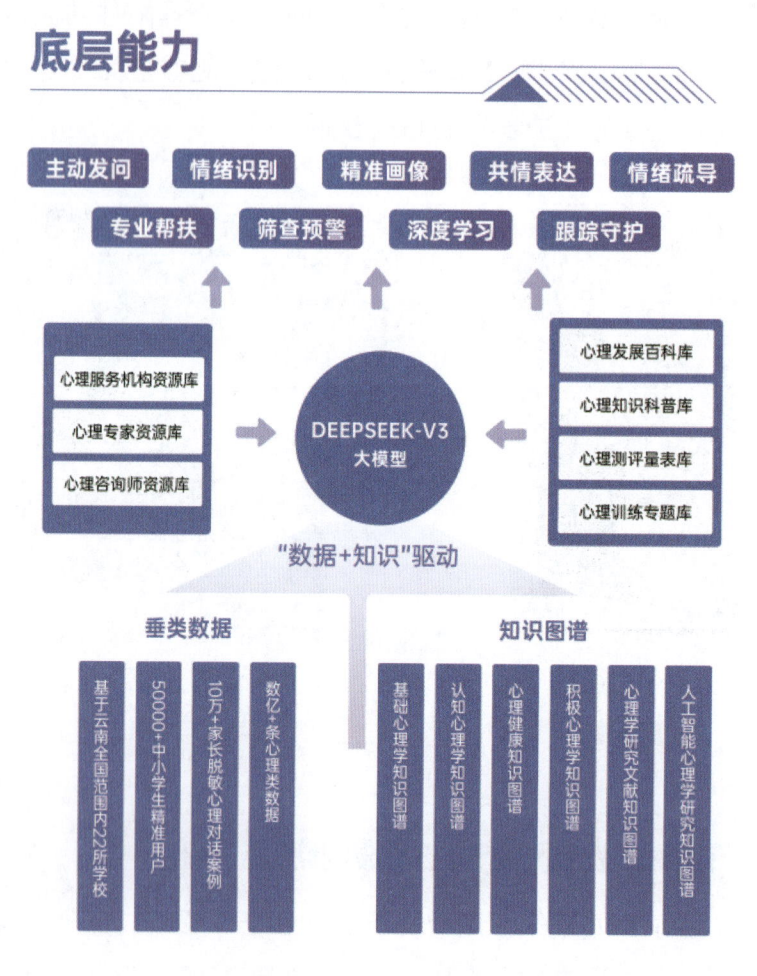

图 6-7　心理知识图谱资源

（1）平台支持多维测评与多层级风险管控，各端功能描述见表6-1。

表 6-1　各端功能描述

角色	入口	功能描述
学生端	PC端	1.支持学生在教室内使用手机登录、查询测评计划、完成答题。 2.支持自定义设置测评后学生是否可查看测评结果。 3.每道题设置自动读题时间倒计时，避免学生无效刷题、假答
	移动端H5	1.支持学生在教室内使用手机登录、查询测评计划、完成答题。 2.支持自定义设置测评后学生是否可查看测评结果。 3.每道题设置自动读题时间倒计时，避免学生无效刷题、假答

续表

角色	入口	功能描述
家长端	移动端H5	1.家长他评：支持家长使用手机登录、查询测评计划、完成答题；便于全方位了解家长视角学生心理健康状况，避免测评结果误差。 2.家长自评：支持家长用手机登录、查询测评计划、完成答题；便于全方位了解家长视角心理素养和家庭情况，促进家校共育，专业赋能家长。 3.每道题设置自动读题时间倒计时，避免家长无效刷题、假答
教师端	移动端H5	1.教师他评：支持班主任、心理老师用手机登录、查询测评计划、完成答题；便于针对个别学生了解老师视角学生心理健康状况，避免测评结果误差。 2.教师自评：支持教师用手机登录、查询测评计划、完成答题；便于全方位了解教师心理素养和心育能力，促进心育能力提升，专业赋能教师。 3.每道题设置自动读题时间倒计时，避免教师无效刷题、假答

（2）支持一站式访问小程序、登录账号后进行心理自助一站式服务，及时缓解压力、安抚情绪、提升心理健康水平，各个模块功能描述见表6-2。

表6-2　各个模块功能描述

一级功能	二级功能	功能描述
心理自助	免费答疑	用户可以在线提问，由国家二级心理咨询师或心理学硕士提供专业回复，帮助用户解答心理问题
	心事互助	将相似的用户提问问题归类到不同的圈子，用户可进入圈子查看相关内容，获取专业解答
	心理发展百科	提供幼儿期、小学期、青少年期、成年期、中年期、老年期等不同阶段常见心理问题的专业知识，包括术语解释、原因分析、影响评估、预防方法、干预措施及参考文献
	心理科普阅读	提供各年龄段心理学科普文章，内容专业、实用、通俗易懂，帮助用户提升心理健康认知
	冥想放松	提供情绪放松、正念冥想、助眠安睡等音乐节目，帮助用户缓解压力、调整心态
	心理训练	提供专注力、共情力、沟通力、表达力、人际交往能力等主题的心理训练专题，用户可自主练习，提升心理能力

续表

一级功能	二级功能	功能描述
心理测评	普测普筛类	可发起测评计划，筛选测评量表，提供心理健康、学业发展、人格性格、人际关系、家庭环境、压力应对、亲密关系、能力品质、自我认知、情绪情感、行为规范、生活适应、职业生涯、趣味测试等10余类测评量表，帮助组织开展全体心检普测，可查看全体成员测评团体报告
	自主测评类	提供心理健康、学业发展、人格性格、人际关系、家庭环境、压力应对、亲密关系、能力品质、自我认知、情绪情感、行为规范、生活适应、职业生涯、趣味测试等10余类测评量表，用户可根据需要自行完成测评并查看个人测评报告
心理咨询	电话咨询	用户可在线选择匹配的心理咨询师，预约线上电话咨询
	视频咨询	用户可在线选择匹配的心理咨询师，预约线上视频咨询
	心理热线	提供7×24小时心理热线服务，用户可随时拨打，获得专业心理咨询师的快速响应
	线下面询	提供覆盖全国范围的线下心理咨询中心，用户可预约线下咨询
	私人顾问	提供不同人群、不同议题的心理咨询解决方案套餐服务
心理课堂	音频课程	提供在线音频课程，主题包括但不限于心理健康、压力应对、人际交往、职业发展、管理赋能、个人成长、亲子关系、婚恋情感、家庭教育、红色党建等
	视频课程	提供在线视频课程，主题包括但不限于心理健康、压力应对、人际交往、职业发展、管理赋能、个人成长、亲子关系、婚恋情感、家庭教育、红色党建等
	名家讲座	定期邀请心理专家、教授通过直播方式授课，用户可观看直播或回放视频
	心理听书	提供精选心理自助成长的经典科普图书音频，帮助用户快速获取书中的精华内容与科普知识
危机干预	心理热线	提供7×24小时心理热线服务，用户可随时拨打，获得专业心理咨询师的快速响应
	危机热线	提供全国各地区心理危机热线电话查询服务，帮助用户获得更专业的心理援助
	医疗转介	提供全国各地区精神心理科三甲医院、心理诊所等诊疗机构的查询服务，方便用户获取医疗帮助

续表

一级功能	二级功能	功能描述
AI数智服务	AI咨询评估	通过AI互动问答方式收集用户咨询意向，智能推荐适合的咨询服务
	AI心理陪伴	内置心理大模型和数字人"悦悦老师"，提供7×24小时轻量心理陪伴及情绪安抚服务
管理者赋能	教育空间	为教育行业提供行业资讯、政策、行业报告、案例分析等内容，帮助管理者了解行业动态
	可视化大屏	动态实时呈现全国－省级－市级－区县－校级心理健康数据变化，帮助管理者掌握全体用户的心理健康工作状况
	管理者视野	为教育行业管理者提供所需的行业报告、案例分析、数据洞察等内容
	专业技能提升	为心理老师、班主任、教职工、学校领导提供各类型专业赋能课程，包括但不限于团辅沙龙讲座，可预约报名，帮助个人成长和专业提升

（3）支持教育局、学校、老师赋能，全面管理学生心理健康工作、提升心育管理能力，各级用户权限及支持的功能模块见表6-3。

表6-3 各级用户权限及支持的功能模块

用户角色	功能描述
教育局端PC版	1.支持为全省－市－区县各层级教育局开通相应权限，查看本级与下属层级心理测评工作进展、结果、可视化大屏平台；根据全员普测普筛任务收集有关数据，对平台范围内的人员占比，心理测评情况、危机预警统计情况将数据通过可视化组件进行直观的展示，便于领导进行管理和督导，为决策制定提供有效的数据支撑。 2.支持统计各单位的心理测评及预警人员等情况，包括测评总数、已测人员、测评完成率、测评结果分析、检出人员分布、问题类型分布等。 3.支持为教育局开通相应层级权限，查看省级、市级、区县级、校级心理测评工作进展。 4.支持普测管理（测评计划管理、测评结果管理、访谈评估管理、一生一档、AI预警管理、危机预警管理）、心理咨询管理、资源管理。 5.支持机构管理、用户管理、权限管理；可添加不同角色，每个角色可以设置功能、资源、数据权限。 6.心理工作管理员登录即可管理所有咨询师预约排班情况；可实时查看管理咨询相关数据（含按咨询分类统计）的查看、修改、统计、一键导出

续表

用户角色	功能描述
学校端PC版	1. 支持为学校端开通相应层级权限，查看校级、年级、班级心理测评工作进展。 2. 支持普测管理（测评计划管理、测评结果管理、访谈评估管理、一生一档、AI预警管理、危机预警管理）、心理咨询管理、资源管理。 3. 支持机构管理、用户管理、权限管理；可添加不同角色，每个角色可以设置功能、资源、数据权限。 4. 心理工作管理员登录即可管理所有咨询师预约排班情况；可实时查看管理咨询相关数据（含按咨询分类统计）的查看、修改、统计、一键导出
老师工作台PC版	1. 支持登录，校内心理教师、班主任或兼职心理咨询师可灵活设置自己的排班时间。 2. 支持查询属于自己的预约记录与学生资料，并可以添加新的咨询信息。可以帮学生预约、取消预约及续约，提交咨询记录。 3. 支持回答在线问题

（4）强大的运营管理后台，支持为局校各层级单位开通相应功能权限，全面提升学生心理健康工作质效，详细的功能模块如表6-4所示。

表6-4 运营管理后台功能模块

功能模块	功能描述
测评计划管理	1. 支持发布多人多量表评测计划。 2. 支持同时发布多个测评计划，多任务同时执行。 3. 支持自定义设置施测对象、施测工具、测评期限等。 4. 支持测评计划进度监测功能，可查看测评计划的进度及状态等。 5. 支持查看并导出某一测评计划下不同机构的未测人员名单
测评结果	1. 支持测评数据自动统计分析，并形成可视化数据看板。 2. 支持筛选、统计、批量导出结果、下载班级报告、年级报告、学校报告。 3. 支持自定义团体报告地域范围。 4. 支持通过设置不同量表的因子分值范围，筛查目标人群及测评结果。 5. 支持批量导出测试人员的原始答题记录（包含原始答题选项、原始答题得分、量表因子得分）。 6. 支持单量表多维度和多量表多维度的导出功能，自定义量表预警筛查标准，在测评结果中按正常、关注、追踪、异常、警戒进行五级区分；测评结果、访谈评估结果均纳入危机预警、个人综合档案，咨询档案结构化存储（独立保密保管）

续表

功能模块	功能描述
访谈评估	1. 支持根据评测结果按照不同风险等级建立访谈评估计划，将得分异常人员单个或批量添加至访谈列表。 2. 支持查看、导出访谈记录模版。 3. 支持导入访谈记录结果；自动生成、下载个体访谈记录报告
一生一档	对学校全体学生的心理测评进行记录，形成学生整合式的心理画像，建立学生个人综合心理健康档案。 1. 用户画像 一键生成用户心理画像，精准展示用户的个人信息、心理测评、心理评估、心理咨询、预警干预等方面的数据，为不同用户提供个性化精准服务。 2. 综合档案 支持查看心理测评、心理预约、心理咨询、AI 陪聊、危机干预、危机预警等各个服务汇总的业务数据； 支持跨区域、跨学段生成用户一生一档，并可以查看导出当前人员整体档案情况进行打印存档
危机预警管理	1. 五级预警：把机构不同批次下的学生心理风险等级分为五级，分别为良好、轻度、中度、重度、警戒。 2. 自动预警：支持实时通过普测普筛测评结果、自助测评结果、心理咨询服务记录、AI 陪聊风险词等自动发起需要重点学生名单的心理健康预警状态，对系统内操作的高危个案推送警示，并通过推送信息可以查询到事件的详细内容、发生时间和相关信息。 3. 手动预警：支持心理管理员发现问题后进行手动发送预警信息，推送到预警名单中。便于结合综合信息，初步进行自杀轻生、精神疾病倾向、严重负面情绪等危机情况的检测判断。 4. 支持数据一键导出
危机干预管理	1. 重点个案录入：咨询师可以填写重点个案记录表，提交至心理中心进行复核；根据复核结果由心理中心相关负责人进行后续处理，上报分管领导，指定相关学院处理。重点个案指定院系相关负责人处理，院系在 1 周内向心理中心反馈院系处理结果，截止日期前 24 小时内系统自动提醒处理。 2. 重点个案查询、跟踪：学生处相关负责人可查阅重点个案信息。 3. 学生档案更新：定时自动更新在库学生的心理健康档案信息。 4. 特别说明（心理咨询的保密制度）：心理咨询师有义务对来访者的个人资料及咨询内容保密。但是在来访者有可能威胁自己或他人生命时，咨询师有义务及时通知相关人员，以便共同采取措施，按最低限度原则披露相关信息，相关人员必须遵守保密规定

续表

功能模块	功能描述
可视化数据大屏	1. 利用 3D 动态呈现本校各年级班级学生测评情况，实现自动预警。 2. 根据全员普测普筛任务收集有关数据，对平台范围内的人员占比、心理测评情况、危机预警统计情况将数据通过可视化组件进行直观的展示，便于领导进行管理和督导，为决策制定提供有效的数据支撑。 3. 支持统计省级－区级－县级－全校－各年级－班级的心理测评及预警人员等情况，包括测评总数、已测人员、测评完成率、测评结果分析、检出人员分布、问题类型分布等
机构管理	1. 可对多层级机构进行服务授权，开通相应服务权限 2. 支持新增、查看与配置机构基础数据、二级单位及部门数据 3. 支持多级层级设定，可批量导入数据自动构建多层级结构 4. 支持对各个层级进行新增、修改、删除等操作 5. 支持按照多级结构进行搜查、查询
用户管理	1. 支持教职工、学生、家长等不同类型用户手动新增、批量导入、删除、停用用户。 2. 根据用户类型、姓名、时间等条件筛选。 3. 人员账号的创建、审核、查询、编辑、输出功能。 4. 需实现学生数据的统一采集和管理，建立学生心理档案：通过学生的身份编号，可以获得学生的心理服务的全部数据，包含但不限于个人信息、心理测评结果、心理咨询记录、危机干预记录等
资源管理	1. 平台内置资源库，包含多种类型：心理百科知识库不少于1000个、量表库（量表不少于150个）、科普文章库（不少于1000篇）、视频库（不少于100个）、音频库（不少于100个）、咨询师库（不少于100名，覆盖全国）、机构库（不少于100个,覆盖全国）、心理训练库（不少于20个）等。其中心理测评量表库以科学性和全面性为核心，内置超过300个经过严格信效度检验的专业量表，整合了涵盖情绪情感、学业发展、人格性格、人际交往、家庭环境、压力应对、心理健康、能力品质、自我认知、行为规范、亲密关系、生活适应、职业生涯、趣味测评14个主题的丰富测评工具。 2. 支持配置各机构批次资源配置，自定义服务内容呈现：banner 广告图、发展百科、科普文章、测评量表、有声书、冥想放松、视频课程、咨询服务人员、线下面询机构等。 3. 支持各类资源本地维护：自定义新增、接口批量添加、批量导入、停用／启用、删除等操作

续表

功能模块	功能描述
心理咨询管理	1. 咨询预约设置：支持为机构、不同批次设置咨询预约取消时限要求，以及支持咨询服务的类别，个性化筛选或新增可服务的咨询人。 2. 咨询预约消息提醒：支持预约咨询后各环节，向预约用户与被预约咨询师都发送成功提醒信息，并在预约开始前通过钉钉发送信息提示预约即将开始，确保咨询服务顺利开展。 3. 咨询排班管理：支持咨询师排班，根据咨询师实际情况进行咨询类型、服务时间、地点等信息的设定。 4. 咨询记录管理：预约咨询的数据管理，例如查看预约详情、内容、方式等。可以进行修改预约事件、关闭预约事件等管理操作。 5. 线上线下咨询记录均纳入危机预警、个人综合档案，咨询档案结构化储存（独立保密保管）。

说明：

（1）系统功能持续迭代升级、支持定制开发、灵活部署。

（2）心理咨询服务资源：支持灵活配置外部心理咨询师、机构服务资源。

（3）自助服务内容资源：支持定制生产、迭代更新。

第七章

AI 美育与劳动研学教育

第一节 "AI+美育"

美育是审美教学与美感教学的结合,通过教育提升人们认识美、理解美、欣赏美、创作美的能力,是新时代培养德智体美劳全面发展的社会主义建设者和接班人的重要着力点,在"立德树人"方面发挥着独特的、不可替代的作用。

一、多功能数字美术课室

多功能数字美术课室是教师开展美育教学的专用场所,适用于沙画、素描、油画、水彩等多门学科的教学,集成云存储、云计算、网络资源共享教学平台、App、移动终端、特色教学资源库,创造出一种多功能、多场景使用的新型数字美术课室,如图7-1所示。

图7-1 新型数字美术课室

多功能数字美术课室将PC、美育操作台、课桌、高清网络采集系统极具创意地融为一体,创造出符合现代教育信息化要求的,实现美育教学无课本,无笔墨工具的智能化多媒体美育教学课室。老师可直接使用配备的沙画、素描、油画、水彩、剪纸、手工等数字教学资源库上课。配备的美育平台内具有海量优质创新资源，任意取用进行备课。通过随堂检测、课堂点评、课堂测评等进行教学互动，老师对学生的课堂、课后作品进行评议、展示、推送等管理。学生学习速度快，兴趣高，课堂积极性强，这大幅提高了教学质量和效率，多功能数字美术课室的优势如图7-2所示。

图 7-2　多功能数字美术课室的优势

二、美育多功能创客室

美育多功能创客室，具有 DIY 导向、开放共享、属性多样的特点，是一种全新开放式平台，为美育创客者提供创意分享的空间，配备有美育创作所需的设备和资源，支持创客将创意转换为实物。美育多功能创客室将中小学校美育课程教材与配套课程优质数字教育资源相结合，借助"AI+"发展新形势，以及多功能媒体，创新出一种学校美育教育交互式情景教学模式的美育多功能创客室，如图7-3所示。设备绿色环保，信息资源安全可靠，符合各个阶段课程学生，教学资源区分老师、学生系统，共享资源平台内容生动有趣，操作简单，让老师和学生在玩耍中获取美育知识。

图 7-3　美育多功能创客室

第二节　"AI+ 劳动研学教育"

一、清华版《劳动实践指导手册》

清华版《劳动实践指导手册》严格按照劳动课程标准编写，按照"五育并举"思维设计，具有实用性，是学生和教师喜欢用、好用且实用的指导手册，如图 7-4 所示。

图 7-4　清华版《劳动实践指导手册》

二、基于数字平台的数字教学资源和应用功能

平台汇聚了理论教学、实践操作、教师备课、学生学习的多元化数字资

源与工具，显著提升教学体验与效率。平台不仅提供数字化内容，更延伸至实体教学资源的智能管理与配套服务，实现教学的"软硬结合"。

（1）丰富的授课课件、配套教案、辅助资源以及实践教学资源。例如，劳动盒子——配套的材料包及工具，每节课材料均已分装，老师或学生发放操作便捷，如图7-5所示。

图7-5 劳动盒子

（2）配发平台操作展示手册，教师移动端可操作教学资源、任务发布、记录精彩瞬间、大数据客观评价、家校社主观评价。家长端可看课节介绍、精彩瞬间、教学计划、劳动任务等信息。通过平台可对课程进行过程记录与结果评价。

（3）劳动素养评价主体。学校主体评价：学校劳动素养指数、班级开展数据、劳动教学数据、劳动清单数据评价；教师主体评价：课堂教学、任务布置、活动开展；区域主体评价：区域内整体劳动素养指数、活动开展数据、劳动教学数据、成果转换数据评价；学生主体评价：学生自评、家长评价、同伴互评、课堂评价、基地评价、社区评价、系统评价；基地主体评价：基地课程、基地环境、基地设施、基地安全等多维评价。

（4）学生劳动档案。包括素质报告、基地评价、劳动档案、我的动态等，实时查看劳动素养的系统评分、教师评分等数据。

（5）局端全域管理。局—校—班—家—学生组织关系，多级打通。数字整合服务体系，实现教育数据的全面交互。阿里云技术支持服务，为数据的安全使用提供基础。组织架构同步，应用管理更便捷；系统深度融合，沟通协作更高效；应用接入开放，数字大脑更完善；局校师生协同，数据驱动更科学。

（6）劳动数据库。大数据中心可查看劳动开课、劳动课堂、分类劳动、劳动宣传等数据情况，以及对学生劳动素养的评价情况，如劳动观念、劳动能力、劳动价值观，如图 7-6 所示。

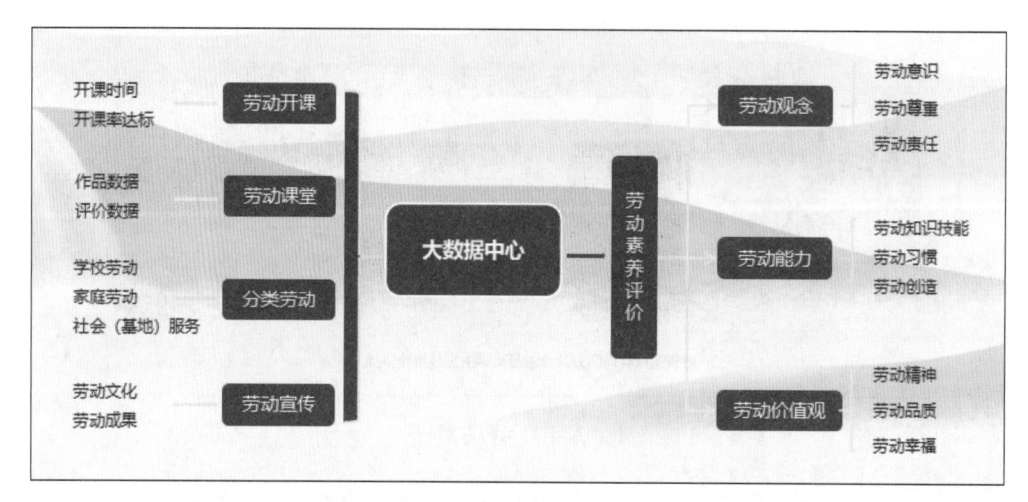

图 7-6　大数据中心

三、课程体系

（1）**设计宗旨**：以劳增智、以劳立德、以劳育美、以劳健体。

（2）**核心目标**：培养劳动观念、养成劳动习惯、习得劳动能力、塑造劳动品质、弘扬劳动精神。

（3）**课程构建**：日常生活劳动，包括清洁与卫生、整理与收纳、烹饪与营养、家用器具与维护；生产劳动，包括农业生产劳动、传统工艺制作、工业生产劳动、新技术体验与应用；服务性劳动包括现代服务业劳动、公益劳动与志愿服务。

（4）**课程形式**：理论＋实践操作、小组协作、PBL 项目式探究。

（5）**实施场景**：学校教室、校园内、家庭、社区、实践基地。

（6）**活动依托**：劳动技能与智能设计大赛、校园劳动模范评选、家庭评选、劳动基地评选、劳模工匠进校园。

第八章

教育部国家中小学智慧教育平台

交流答疑

AI 水手智能终端的课程资源功能通过接入国家中小学智慧教育平台，来拓展课程资源边界，如图 8-1 所示。该平台汇聚丰富优质的课程资源，涵盖各学科领域，如课程教学视频、科普讲座、兴趣拓展课程等。学生可按需选择学习，拓宽知识面和视野，如观看人工智能科普讲座激发对前沿技术的兴趣。

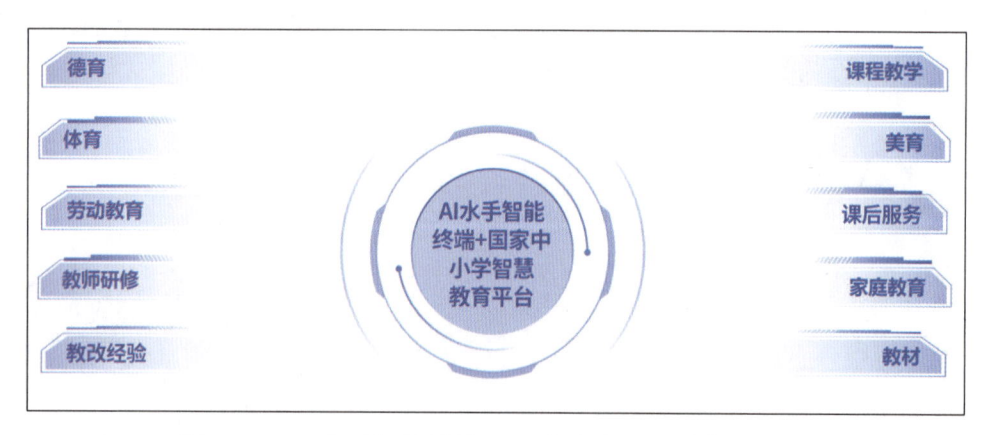

图 8-1　AI 水手智能终端 + 国家中小学智慧教育平台

一、德育栏目

德育栏目包括了党史学习、爱国主义、宪法法治、品德教育、思政课程、优秀传统文化、生命与安全、心理健康以及生态文明九个子栏目，如图 8-2 所示。教师可以把德育栏目中的资源融入日常教学、设计主题班会、开展心理健康教育、开展爱国主义教育等活动。

图 8-2　德育栏目

二、课程教学栏目

课程教学栏目分为学生自主学习和教师备课授课两个子栏目,如图 8-3 所示。

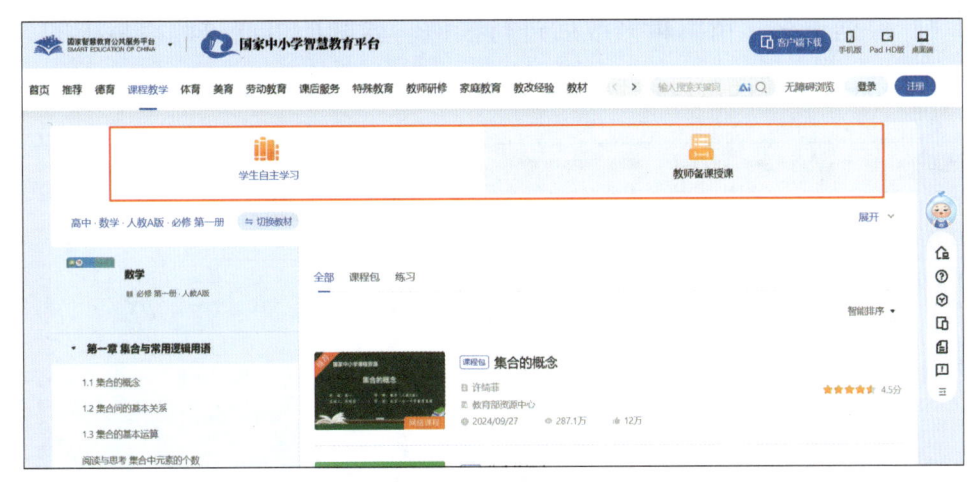

图 8-3 课程教学栏目

(1)学生自主学习子栏目提供了覆盖基础教育全学段、全年级、全教材、全节点的丰富学习资源,每个节点的课程包均含视频课程、课件、教学设计、学习任务单和课后练习等资源,学生可通过观看视频课程完成学习任务单及课后练习,如图 8-4 所示。

图 8-4 学生自主学习子栏目

(2)教师备课授课子栏目聚焦教师需求,提供了丰富的教学资源。其中,实验教学模块涵盖了小初高各个教学段的数学、物理、化学等理科学科所需要的实验教学资源；基础性作业模块为教师提供了作业参考；习题库模块则包含了各个学段、各种难度、各种类型的习题，如图8-5所示。

教师可直接利用此栏目资源进行全屏授课，也可将资源保存至"我的资源库"，根据班级学情编辑修改后进行授课。教师还可通过此栏目中的"基础教育精品课"遴选入口参与活动。

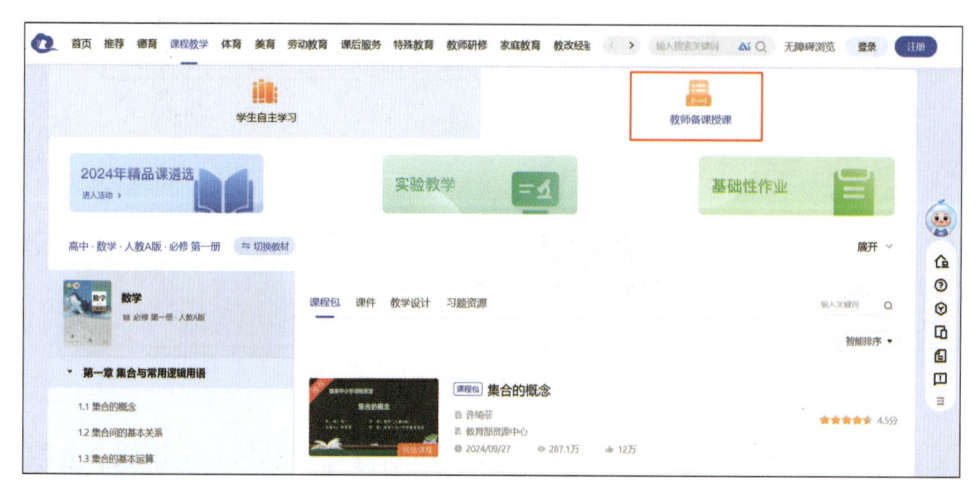

图 8-5　教师备课授课子栏目

三、体育栏目

体育栏目是专为中小学师生打造的体育与健康数字教育资源库，涵盖体育与健康课程、运动技能、体育活动和健康服务四个子栏目，如图8-6所示。其中，体育与健康课程子栏目包括各个教学段的体育与健康课程包；运动技能子栏目涵盖体能、球类、田径、体操、水上和冰雪类、民族民间传统体育、新兴体育运动以及体育运动理论八个模块的资源；体育活动子栏目包括球类、水上和冰雪类、体操以及其他运动的相关比赛视频；健康服务子栏目提供相关的健康知识和健康技能资源。

学生可随时随地在平台上自由浏览各年级的体育与健康电子教材，观看课堂演示视频、热门体育赛事视频，足不出户即可学习与了解体育运动技能，满足学生个性化的学习需求。

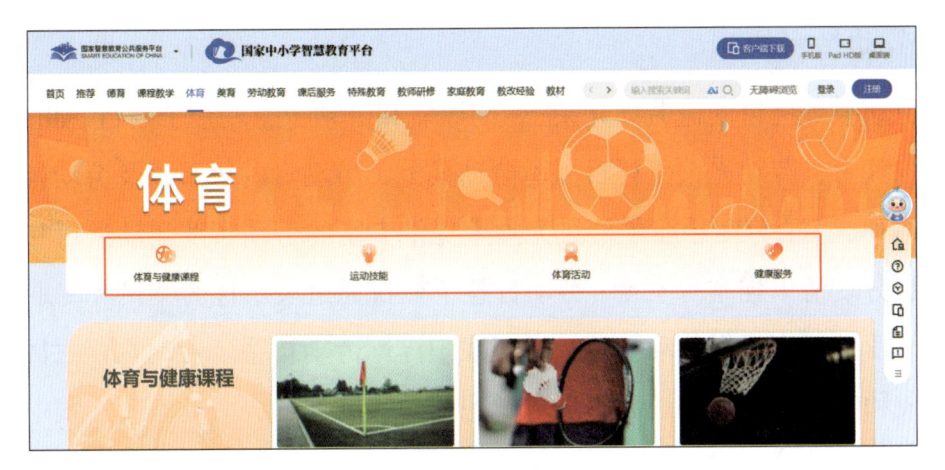

图 8-6　体育栏目

四、美育栏目

美育栏目是全面聚焦艺术教学的资源库，包含艺术课程、艺术技能和艺术活动三个子栏目，如图 8-7 所示。艺术课程子栏目提供全学段美术教学课程资源；艺术技能子栏目涵盖音乐、美术、舞蹈、戏曲与戏剧、媒体与艺术、设计等多种艺术类型的课程资源；艺术活动子栏目展示丰富的艺术活动。

教师可通过此栏目获取丰富的艺术教育资源，辅助或优化美术、音乐常规课堂教学，为学生提供个性化的学习课程；学生亦可通过美育栏目自主预习、拓展学习、提升艺术素养；家长则可陪伴孩子学习，发掘孩子的艺术潜力。

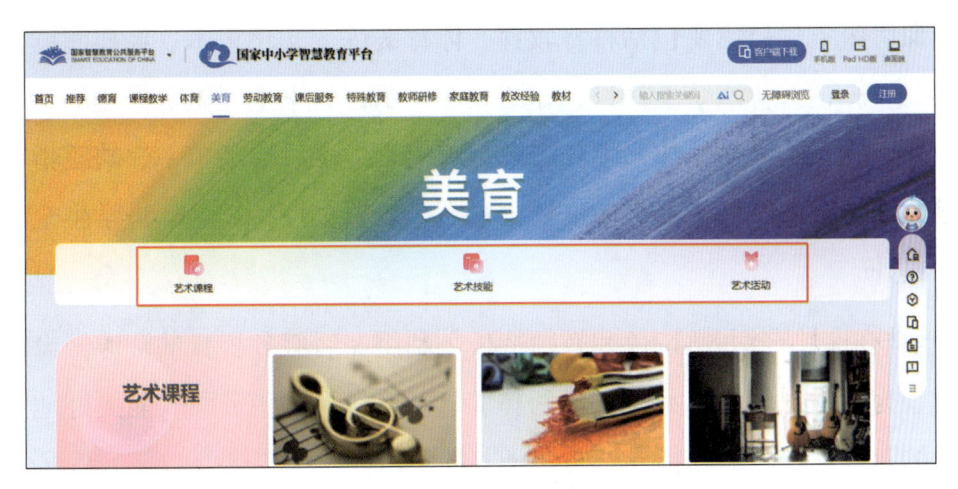

图 8-7　美育栏目

五、劳动教育栏目

劳动教育栏目涵盖劳动光荣、劳动导航和劳动智慧三个子栏目，如图 8-8 所示。其中，劳动光荣子栏目展示劳动模范、劳动者的风采以及劳动者的辛勤工作和成就；劳动导航子栏目为师生提供丰富的劳动实践活动项目和场地信息、劳动清单样本等资源；劳动智慧子栏目通过展示优秀案例和专业技能技艺，帮助师生习得劳动技能，在实践中淬炼劳动智慧。劳动教育栏目供广大学校和师生因校、因地制宜选取学习资源，助力解决劳动教育实践中的困惑，提升劳动教育的育人实效。

图 8-8　劳动教育栏目

六、课后服务栏目

课后服务栏目主要包括科普教育、体育锻炼、文化艺术、经典阅读、研学实践、影视教育六个子栏目，如图 8-9 所示，为学生提供多样化的课后活动资源，满足不同学生的兴趣和需求，解决学生课后活动单一、缺乏指导等问题，助力学生发展个人兴趣、拓宽视野、培养个性特长，促进学生全面素质的提升。

学校可以结合办学特色和教师特长，利用课后服务栏目的资源开设特色课程，为学生提供更多元化的学习体验；家长利用这些资源，能更好地参与孩子的课后学习和活动指导，与孩子共同学习。

图 8-9　课后服务栏目

七、教师研修栏目

教师研修栏目包含师德师风、通识研修、学科研修、作业命题、幼教研修、特教研修、国培示范、院士讲堂、名师名校长和在线教研十个子栏目，如图 8-10 所示。

图 8-10　教师研修栏目

其中，名师名校长工作室为线上工作室。工作室主持人和成员可将教研成果、心得体会、教学资源等分享到平台，同时教师亦可根据个人需求关注自己感兴趣的工作室。在线教研子栏目则以直播的形式，定期开展各类主题的网络教研活动，区域或学校教师可利用教研群，组建教研共同体，应用资源开展自主学习、集体备课、学科教研、培训交流、专家指导、名师引领、课题研究等教研活动。

平台定期开展国家专项培训，教师自愿参加并能获取电子学时证书。教师研修子栏目的资源可解决教师资源筛选和泛化的问题，提升教师研修的精准度和时效性。

八、家庭教育栏目

家庭教育栏目涵盖家庭教育观念、家庭教育方法、家庭教育指导和家庭教育大讲堂四个子栏目，如图 8-11 所示。家庭教育栏目提供关于家庭教育的基本理念和原则、亲子沟通等各种实用的教育方法和技巧，提供不同年龄段孩子的家庭教育指导等资源，帮助家长树立教育观念，提高家庭教育能力，补齐家庭教育短板。

图 8-11　家庭教育栏目

九、教改经验栏目

教改经验栏目包括党建德育、"双减"工作、学前教育、义务教育、普通高中、特殊教育、教学成果、教育信息化和综合改革九个子栏目，如图 8-12 所示，涵盖了各地针对不同教育阶段的典型经验与做法，可为广大教育工作者提供借鉴和参考。

图 8-12　教改经验栏目

十、教材栏目

教材栏目汇聚了小学、初中、高中所有主流教材的电子版本和学习资源，现有 65 个版本接近 700 本的电子教材，为师生提供便捷的教材查阅途径，如图 8-13 所示。

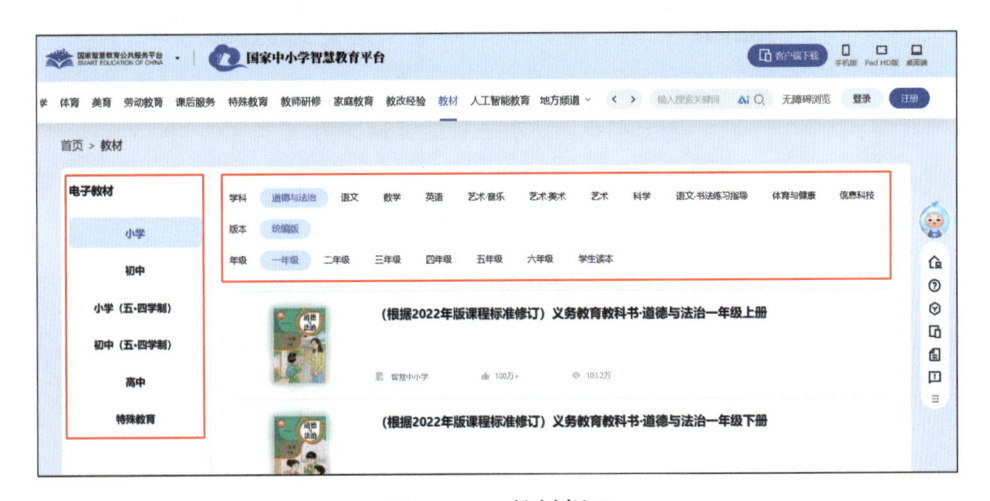

图 8-13　教材栏目

十一、多模态接入、简洁高效对接国家中小学智慧教育平台资源

AI 水手智能终端深度整合国家中小学智慧教育平台后，显著提升了原有平台效率与使用体验，其优势如图 8-14 所示。教师可通过语音指令（如"调取八年级物理力学资源"等）快速获取平台教案、习题及实验视频，并

一键缓存至平板离线使用。AI 能自动将标准课件与特色内容（如物理口诀等）融合为动态教学包，支持双师课堂中实时标注重点、生成配套练习，实现"名师资源 + 本地辅导"的无缝衔接。

学生端作业提交后，系统自动分析正确率并同步至教师端，同时推荐个性化强化资源。教师上传内容时，平板内置 AI 会先行审核版权合规性，通过后直传平台资源库。

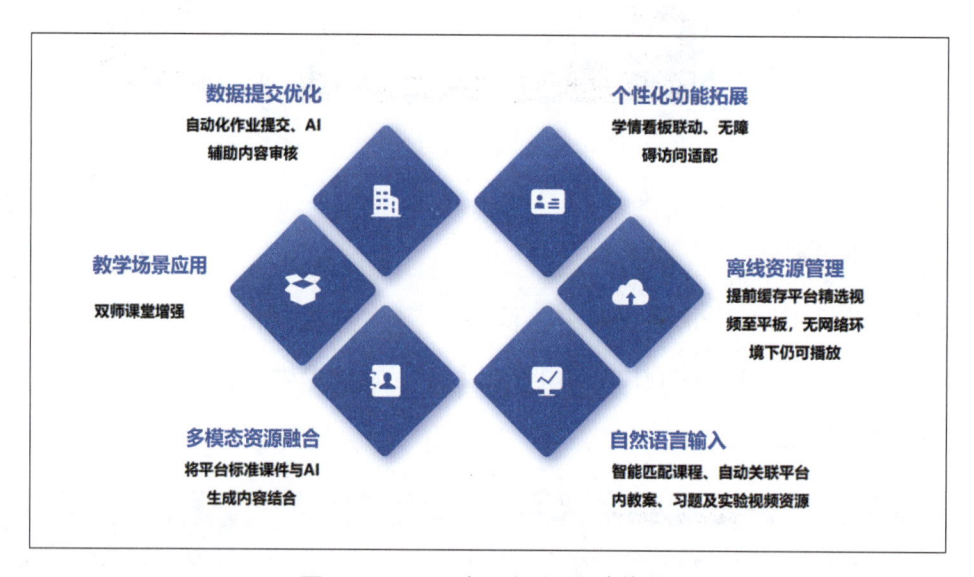

图 8-14　AI 水手智能终端优势

第九章

AI 数字图书馆

交流答疑

阅读是人生的奠基工程，是一个国家、一个民族精神发育和成长的重要途径。重视阅读是当代社会进步、提升文明十分重要的标志，美国、德国等发达国家已把阅读列为国家战略，并有着细致的分级阅读支持体系。数字图书馆平台作为学校开展阅读教学、阅读活动和阅读测评的创新手段，通过"读—测—评"在线互动教学手段，给教师提供高效的阅读教学平台，帮助学生养成良好的阅读习惯，提升阅读能力水平。

第一节　数字图书馆的主要功能

数字图书馆构建智慧阅读全场景生态体系，为K12学校提供"数据+内容+服务"三位一体的阅读素养提升解决方案。通过智能推荐引擎与分级阅读矩阵，实现从阅读兴趣激发到高阶思维培养的精准引导；依托多模态行为感知系统，构建包含阅读专注度、理解深度以及迁移应用度的多维评估模型。创新性打造"选书智能导航→阅读过程追踪→效果动态评估"全链路数字化闭环，重点攻克阅读资源匹配失准、过程管理缺位、效果评估模糊三大行业痛点，实现阅读素养发展可视化。数字图书馆的主要功能如图9-1所示。

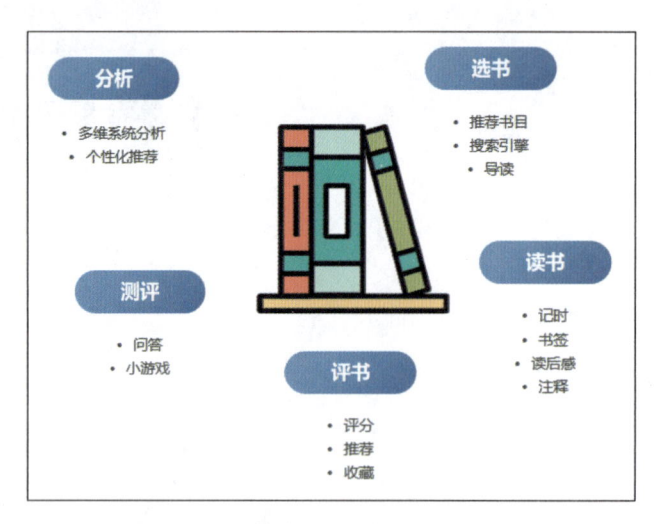

图9-1　数字图书馆的主要功能

一、分级阅读与测评

数字图书馆平台根据教育部颁布的专题教育大纲，结合图书分级行业标准和 PISA 阅读素养测评制定图书分级要求，制定了包括泛读、精读和研读在内的三级阅读体系。

二、学科阅读

数字图书馆平台依据国家政策文件对各学科阅读进行分类，建立学科阅读体系；按照不同学科，系统研制各个学科的基础阅读书目和延展阅读书目；把学科阅读书目和学科资源建设相结合，让学科阅读发挥更大效果；围绕各学科教材配合拓展阅读，对学生综合素质的提高、基础知识的学习，以及教育品质的提升，起到巨大的推动作用，推广全民阅读工作基础上的深化和细化。

三、个性化阅读

数字图书馆平台通过大数据分析个人阅读行为效率、阅读习惯、阅读时间等数据，对个人阅读提供个性化阅读建议。

四、教学服务

数字图书馆平台还提供深入教学过程的支撑服务，能够助力教学服务，实现在线教育，以便教师进行课堂教学，教师与学生在课前、课中、课后进行阅读，提升学校教学的信息化水平，如图 9-2 所示。

角色	课前	课中	课后
老师	1.指定课前阅读教材 3.掌握学生阅读情况	5.指定课后阅读材料	6.掌握学生阅读情况 8.组织阅读活动
学生	2-1.数字阅读，评价		6-1.数字阅读，评价 5.参与测评 7-1.阅读拓展
	线上活动课	线下活动	
老师		4-1.课堂知识点讲解 4-2.课前阅读材料解析	
学生	2-1.书本阅读		6-2.书本阅读 7-1.阅读拓展

图 9-2　教学过程的支撑服务

五、阅读统计分析服务

数字图书馆平台构建智能化阅读素养评估体系，基于国际阅读测评框架建立多维评价标准，通过 AI 诊断引擎实时追踪学生阅读轨迹，动态生成包含兴趣指数、能力图谱的个性化报告。系统采用多模态数据追踪技术，为教师提供班级阅读热力图与精准教研建议，如图 9-3 所示。同时为家长推送定制化家庭阅读方案，实现"测评→分析→干预"全流程闭环管理。

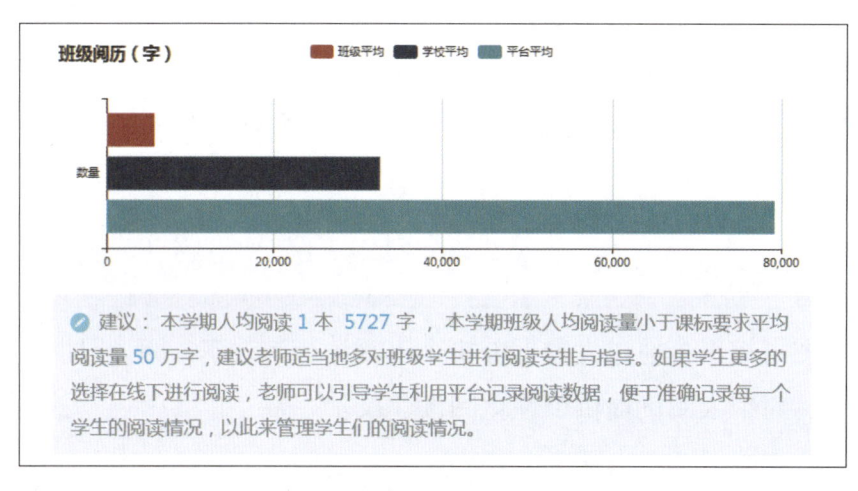

图 9-3　班级阅读热力图与精准教研建议

第二节　智能终端与设备

一、电子阅读终端

为了帮助学生享受电子阅读带来的好处，同时做好近视防控，专门为学生应用研发推出了健康护眼智能阅读终端产品，如图 9-4 所示。该产品能够实现像纸书一样通过自然光反射进行阅读，完美还原自然阅读体验。

采用绿色低耗、健康护眼的电子墨水屏幕，具有低功耗、低辐射、健康护眼、节能环保等特点，还原传统书本阅

图 9-4　健康护眼智能阅读终端产品

读体验的优点，可以有效地保护学生视力，实现健康阅读，打消了教师、学生和家长的使用顾虑。

二、移动充电柜

为了帮助学校高效便捷地进行收纳、充电和移动共享使用，推出智能物联充电管理中枢，如图 9-5 所示。它采用"存储—供能—调度"三位一体架构，搭载智能功率分配算法与多协议快充模组，实现空间效能革新、智能调度系统、安全管控体系三大突破性创新。

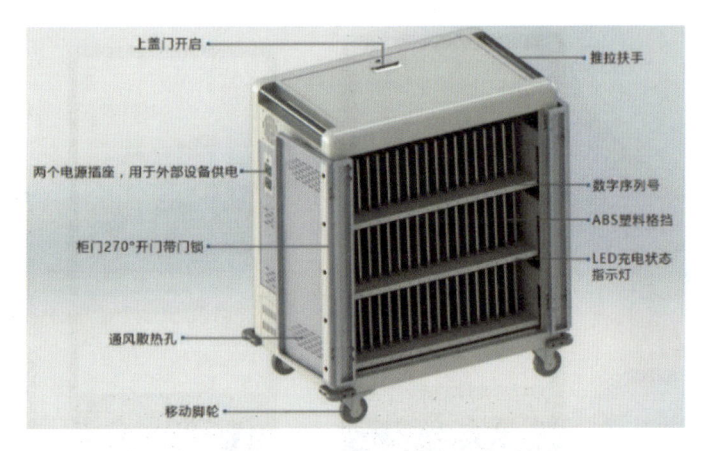

图 9-5 智能物联充电管理中枢

三、大数据系统

大数据系统采用模块化设计，如图 9-6 所示。该系统不仅可以打通链接多终端阅读产品进行综合展示，还可根据学校需求进行个性化定制开发。

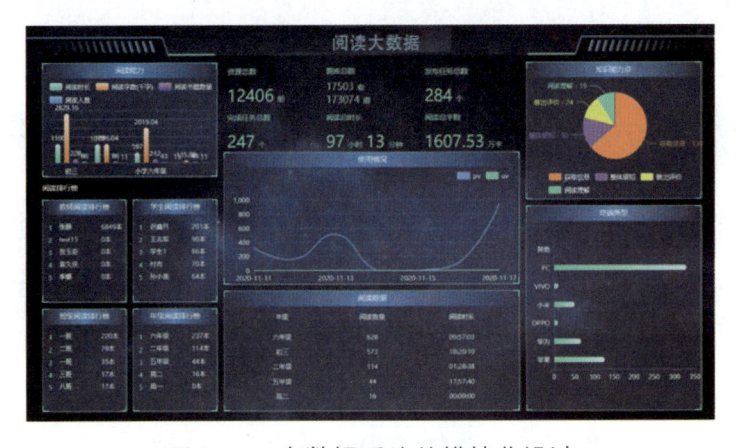

图 9-6 大数据系统的模块化设计

四、智慧阅读机

数字阅读进入读屏时代，智慧阅读机产品的主体是一台大尺寸的触摸屏一体机设备。该设备可以部署在建筑物的门厅、走廊、图书馆、电子阅览室等场所，如图 9-7 所示。它配备有 43 英寸和 55 英寸的高清触控阅读屏，设备云端资源包括 50000 种在线图书、30000 集在线听书（需要联网使用，持续更新）、本地 3000 种图书、500 集听书等，均可通过扫描二维码的方式下载到手机中阅读。同时，师生可以通过触摸互动的展示图片进行校园文化宣传，形象地展示学校简介、风采、荣誉、活动。

横屏阅读机　　　书香阅读机　　　慧读大屏　　　慧读小屏

图 9-7　智慧阅读机

第三节　新时代人工智能学校建设方案优势

数字图书馆平台构建了全域智慧阅读服务生态，师生可通过多模态智能终端随时随地获取百万级数字资源库以及智能化学科阅读支持系统。学校依托活动策划引擎便捷组织读书沙龙、共读计划等特色活动，营造沉浸式阅读场域，通过阅读行为分析模型精准培育学生阅读习惯。该平台还创新激励机制，构建师生共读成长社区，使知识内化效率提升 60%，助力培养终身阅读

第九章　AI 数字图书馆

者群体，推动认知资本向创新社会价值的持续转化。

一、优质图书分级阅读

平台不仅精选优质图书，而且可以对学生的阅读能力水平进行科学的测评和分级，从而给学生提供符合其能力水平等级的阅读内容和阅读任务，有利于培养学生的阅读兴趣。

二、多终端阅读体验

本方案具备多终端、全方位阅读体验，学生不仅可以阅读普通纸质图书，还可通过电脑、手机、平板以及绿色护眼阅读器等移动端设备，进行多终端、多维度的阅读体验。

三、阅读大数据统一呈现

本方案可以高效采集教师、学生应用阅读平台以及各种智能阅读终端设备的行为数据、测评数据，进行智能化的统计汇总、挖掘分析处理，再通过大屏展示系统，将智能阅读终端呈现出来，实现"纸电"阅读数据的统一整合、统一呈现。本方案以科学化的数据来展现校园智慧阅读开展成果，为学校提升阅读教学水平提供了科学决策的数据支持，如图 9-8 所示。

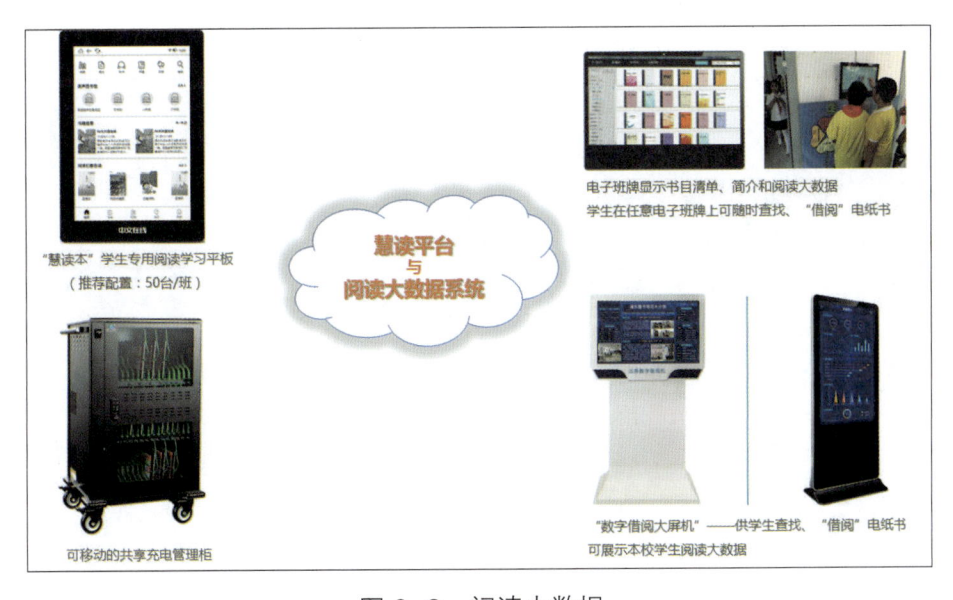

图 9-8　阅读大数据

四、提升学生阅读素养

本方案通过打造线上线下、纸电融合、大数据驱动、智能分析优化的校园阅读环境，建设智慧阅读设施，构建舒适阅读环境，营造积极阅读氛围，塑造书香校园特色。此外，还帮助学生养成正确科学的阅读习惯，提升为了达成个人目标、积累知识、开发个人潜力等目的所需理解、利用、反思和使用书面文章的能力。

五、人工智能驱动的智能化资源管理

人工智能技术通过数据智能与算法优化，显著提升了数字图书馆的资源服务效率与配置科学性。资源智能推送依托人工智能构建的用户画像，深度融合学生的历史搜索记录、借阅偏好、课程关联性等多维数据，实现个性化资源匹配。人工智能技术还通过图神经网络分析借阅记录、下载轨迹等行为数据，构建资源关联图谱，辅助采购决策、优化存储策略以及预测资源生命周期。

通过人工智能赋能，数字图书馆从"被动响应资源需求"向"主动赋能学习者成长"跃迁，以学习者为中心，构建以数据智能为支撑的智慧化育人体系。

第十章

AI 数字博物馆

交流答疑

数字博物馆是运用虚拟现实技术、三维图形图像技术、计算机网络技术、立体显示系统、互动娱乐技术、特种视效技术，将现实存在的实体博物馆通过三维立体的方式完整呈现于网络上的博物馆，数字博物馆采用的底层技术如图 10-1 所示。

数字博物馆可以提供多样化的互动展示方式，让学生可以身临其境地感受历史文化的魅力，还可以对馆内的文物、展品进行数字化管理和保护，提高文物保护的效率和水平。

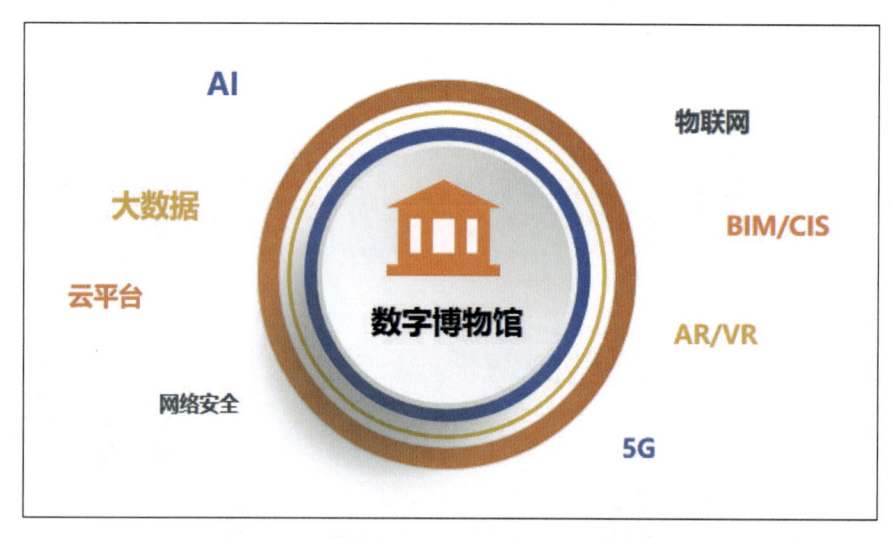

图 10-1　数字博物馆采用的底层技术

第一节　数字博物馆的功能

一、将博物馆装进学生手机，打造"无边界博物馆课堂"

（1）**随身博物馆**：历史课随时看文物，美术课随机马上赏名画，每个学生口袋里的"移动展馆"。

（2）**文化朋友圈**：展品照片 3 秒变明信片，展览亮点一键做九宫格，朋友圈轻松晒文化。

（3）**智能小导游**：输入展馆名自动规划路线，公交、地铁、步行指引全都有，找展馆不迷路。

数字博物馆首页如图 10-2 所示。

图 10-2　数字博物馆首页

二、让展品"活"起来，使学生更好地了解文物背后的内涵

（1）全媒活化：通过 3D 建模和场景动画还原文物诞生历程（如青铜器从采矿到铸造全流程演示等）。

（2）智能解说：扫码触发 AI 导览员，可语音问答、深度解析、关联课本知识点。

（3）社交共学：一键生成带 AR 特效的文物明信片，邀请好友解锁拼图式知识探索。

（4）云端宝库：独家呈现未展出珍品的 4K 显微影像，文物细节放大百倍仍清晰。

展品界面如图 10-3 所示。

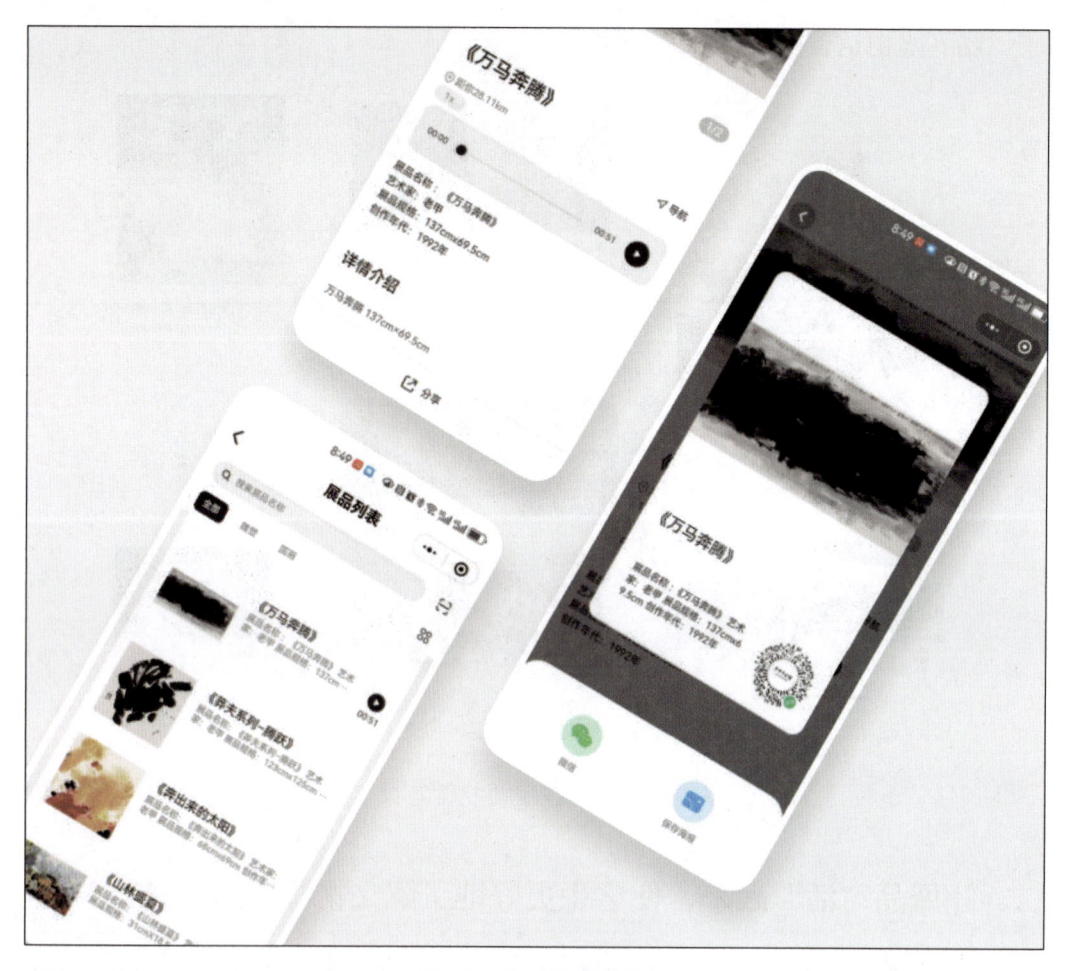

图 10-3　展品界面

三、提高用户体验

（1）**智能伴学**：LBS+AR 技术实现"走到哪讲到哪"，扫码触发文物专属 AI 导师（如揭秘敦煌壁画中的数学奥秘等）。

（2）**价值闭环**：推出"知识付费+创作激励"双模式，学生可购买学者深度课，也可自制解说赚取学习基金。

（3）**沉浸剧场**：通过 VR 时空穿梭技术重现文物历史场景（如亲历郑和下西洋船队等），系统自动生成带文物水印的研学 vlog。

展品详情界面如图 10-4 所示。

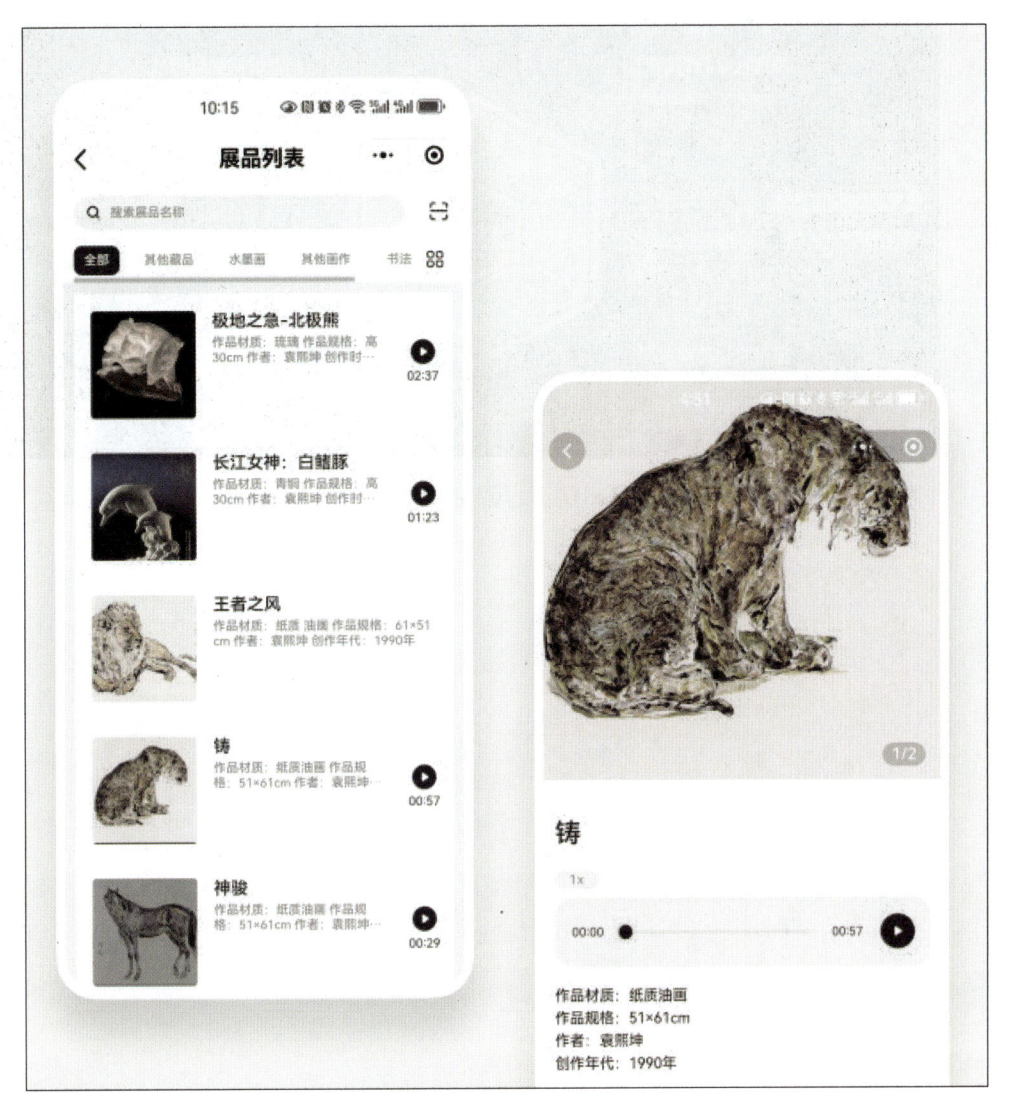

图 10-4　展品详情界面

第二节　数字博物馆的优势

  数字博物馆基于大数据分析架构，搭建精准数据智能体系，对展品进行一站式全生命周期管理，提高文物保护能力，精准运用科技，让静止的文物"活"起来，充分发挥教育功能。其优势如图 10-5 所示。

图 10-5 数字博物馆的优势

第十一章

AI 贯通培养与生涯管理

交流答疑

第一节　政策背景：新高考改革与教育立法双驱动

随着社会经济的快速发展和产业结构的不断调整，对人才的需求也在不断变化。当前，职业选择日益多元化，青年面临着更加复杂的选择困境。近年来，生涯规划教育的社会关注度在不断提高，越来越多的家长、教师和学生开始认识到生涯规划的重要性，并积极参与到相关活动中来；越来越多的地区也将生涯规划纳入教育体系内，使其成为常态化的课程。图 11-1 展示了生涯发展的各个阶段。

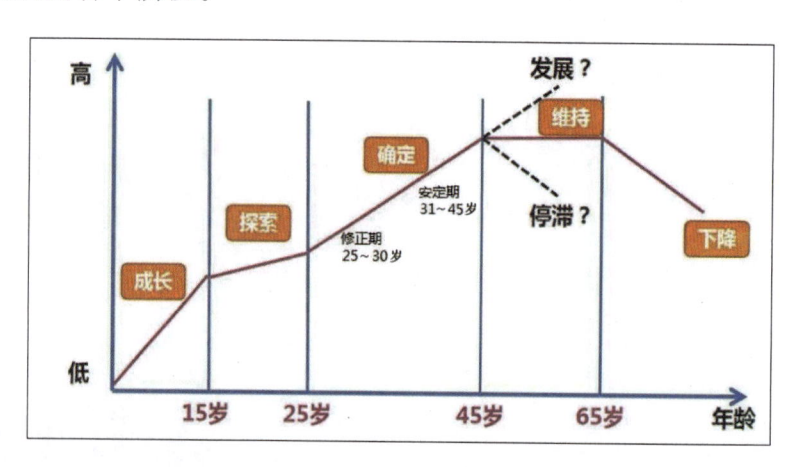

图 11-1　生涯发展的各个阶段

2025 年，新高考全面落地，选科与录取规则重构。自 2025 年起，全国 29 个省份（除新疆、西藏）全面实施"3+1+2"新高考模式，标志着我国基础教育进入"分类考试、综合评价、多元录取"新时代。核心政策变化主要体现在三个方面：一是选科绑定深化，理工农医类专业大多数要求"物理+化学"组合，文科生可选专业范围大幅缩小；二是赋分机制优化，再选科目（政治、地理、化学、生物）采用等级赋分制，解决原始分不可比问题；三是特殊招生升级，强基计划、综合评价等渠道占比提升，综合素质档案成为录取的重要参考。

2025 年 1 月 1 日施行的《中华人民共和国学位法》首次明确"分类培养"理念，要求高校专业实践能力考核权重提升，倒逼高中阶段提前规划职业路径。同年 6 月施行的《中华人民共和国学前教育法》则以立法形式确立"全学段生涯教育"体系，民办高中需承担衔接义务教育与高等教育的枢纽功能。

在河南"物化绑定"试点背景下，2025年，河南中医药大学中医学专业取消选科限制，为文科生开放新通道，凸显政策动态调整需求。广东推出"职业体验积分"制度，将企业参访纳入综合素质评价必修学分，需平台提供标准化实践记录功能。

第二节　高中生涯教育的四个核心痛点

当前，高中生涯教育正面临四个核心痛点，其根源在于政策执行滞后、资源整合不足与技术赋能缺失。

在入学适应阶段，新生规划意识薄弱与资源错配现象尤为突出。调研显示，仅30%的高一学生明确了生涯需求，家长对新兴专业（如碳中和、生物智造等）的认知存在明显盲区。学校虽开展零散讲座，却缺乏系统化测评工具与本地化数据支持。例如，某省2025年产业人才需求报告未被纳入选科指导，导致规划与区域经济脱节。

在选科决策阶段，信息滞后与策略偏差加剧了学生的试错成本。现有工具未能实时同步政策更新，如2025年某省"物化绑定"细则未被及时解析，导致学生误选无效组合。更严峻的是，78%的学生依据"分数最大化"盲目扎堆选科，忽视专业覆盖率，以"物化政"组合为例，其仅覆盖62%的理工专业，却因赋分优势成为热门选择。

在志愿填报阶段，数据孤岛与滑档风险威胁着学生的升学路径。高校招生政策分散在不同平台，家长被迫依赖均价7000~15000元的第三方服务，但根据2024年某省45%的考生因忽略"专业组调剂规则"被退档的案例表明，人工服务存在严重漏洞。智能匹配系统的缺失，使"冲稳保"梯度志愿方案难以科学生成。

在校友资源联动阶段，生态断层导致价值流失。统计数据显示，超过80%的校友的职业经验未被系统沉淀，而在校生缺乏实习与内推渠道。校企合作多停留在参观层面，未形成"实践→反馈→推荐"的闭环，这与日本"进路指导"制度中企业深度参与的模式形成鲜明对比。

上述痛点揭示了一个深层问题：传统生涯教育依赖人工经验，缺乏数据驱动与技术赋能，无法应对新高考改革下复杂多变的决策需求。

第三节 业务定位：打造"政策－数据－生态"三位一体生涯管理平台

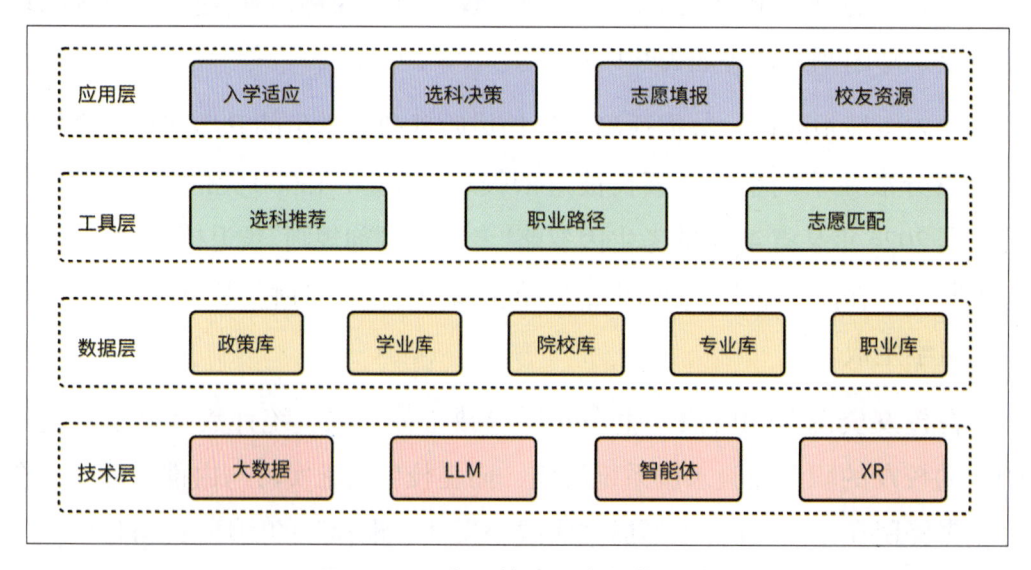

一、生涯管理平台架构设计

生涯管理平台架构设计（图11-2）分为四个层次，自下而上依次为技术层、数据层、工具层和应用层。技术层以大数据、LLM、智能体、XR等技术为核心，奠定了智能分析与交互基础；数据层整合政策、学业、院校、专业、职业等多维度数据库，提供了丰富的信息支撑；工具层基于技术与数据，开发选科推荐、职业路径、志愿匹配等工具，助力决策制定；应用层面向用户，实现入学适应、选科决策、志愿填报、校友资源等功能，覆盖生涯管理关键场景。各层次协同联动，技术与数据为工具和应用赋能，工具推动应用场景落地，形成层次分明、功能互补的架构体系，全面提升了生涯管理的科学性与智能化，为用户学业规划、职业发展等提供了全方位的支持。

图11-2 生涯管理平台架构设计

二、核心场景解决方案

e 水手生涯管理平台解决方案如图 11-3 所示。

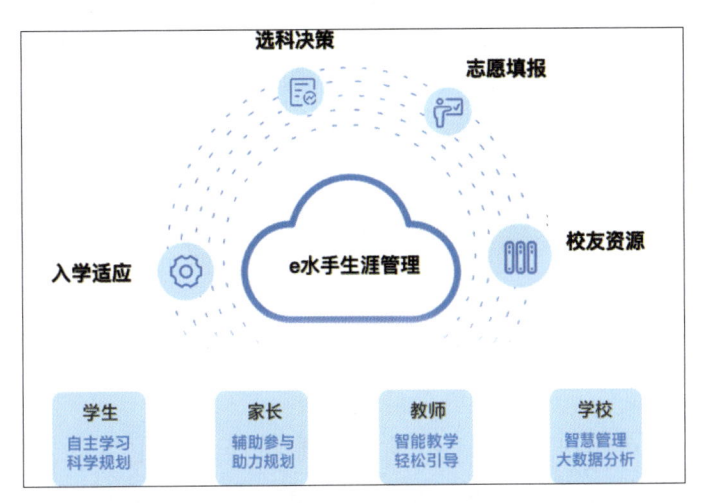

图 11-3　e 水手生涯管理平台解决方案

（一）入学适应：AI 驱动的生涯启蒙

多维测评系统有霍兰德职业兴趣测评、MBTI 测评和家长协同模块，具体内容如下。

（1）霍兰德职业兴趣测评（图 11-4）在传统六型人格（社会型、研究型、实用型、艺术型、常规型、企业型）基础上，引入了动态评估机制和情境模拟测试，可以识别出被试者的"兴趣—能力"一致性指数。例如，某学生在"研究型"项目上表现出强烈兴趣，但解题能力不足，系统将标记这一差异并为之提供相关能力课程训练的建议。

图 11-4　霍兰德职业兴趣测评

（2）MBTI 测评如图 11-5 所示，它是一种基于心理学理论的性格测评工具，通过四个核心维度将人格划分为 16 种类型。MBTI 测试可以帮助个体识别哪些职业环境更适合自己。例如，外向型人可能更适合销售或公关，而内向型人可能更适合研究或编程。

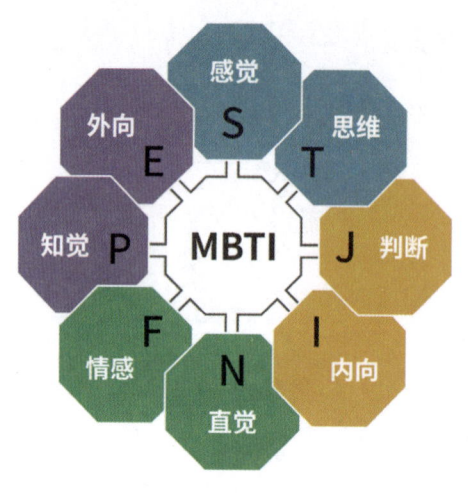

图 11-5　MBTI 测评

（3）家长协同模块如图 11-6 所示，家长作为学生生涯发展的重要参与者和影响者，其认知水平和决策能力直接影响学生的成长轨迹。家长协同模块通过数据驱动的政策解读、实时职业趋势分析和家校互动平台，赋能家长成为子女生涯规划的"合格协作者"，破解传统家校沟通中信息不对称、指导不专业的困境。

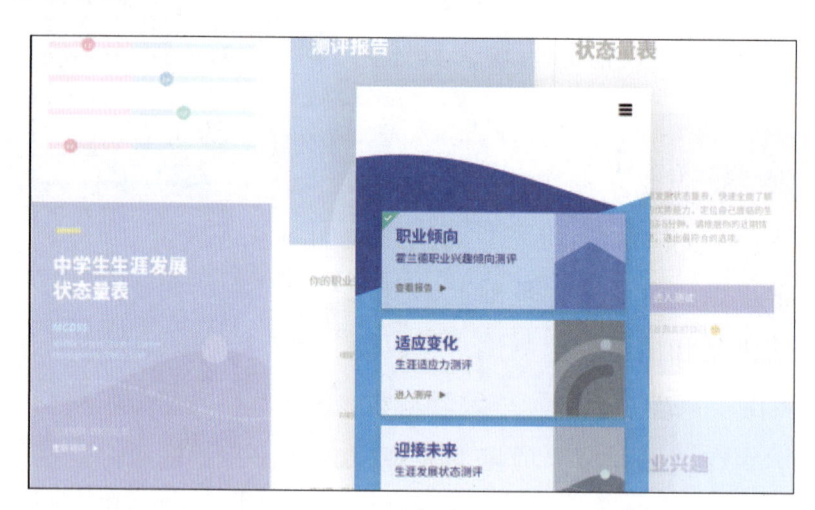

图 11-6　家长协同模块

（二）选科决策：动态风险预警系统

（1）**选科组合模拟器**：选科组合模拟器（图 11-7）是系统的核心交互工具，通过量化分析帮助学生直观理解不同选科组合对其未来发展的影响。该模拟器采用"输入→分析→输出"的架构设计，将学生个人特质与高校专业要求进行智能匹配,生成可视化的决策支持报告。

图 11-7　选科组合模拟器

（2）**赋分预测模型**:赋分预测模型是新高考选科决策支持系统的关键组成部分,旨在破解等级赋分制度下的不确定性,帮助学生做出更明智的选科决策。该模型通过分析历年考试数据和学生成绩分布,预测不同选科组合可能获得的等级赋分结果,从而避免学生陷入"高分低赋"的困境。

(三) **志愿填报**: 数据驱动的策略优化

（1）**"冲稳保"梯度引擎**:结合位次与历年录取线,通过"冲稳保"梯度引擎规避退档风险;结合专业深度报告为学生提供长远规划依据。该引擎特别针对 2025 年新高考改革特点（如"3+1+2"模式、专业组志愿等）,利用大数据分析历年录取波动、就业市场趋势,为学生提供从志愿填报到职业发展的全周期决策支持,如图 11-8 所示。

图 11-8　志愿填报大数据分析

（2）**梯度志愿引擎**：梯度志愿引擎是高考志愿填报系统的核心模块，通过整合历年录取数据、位次分析和实时竞争态势，为学生提供科学合理的"冲稳保"志愿方案。该引擎采用动态风险评估机制，不仅考虑分数匹配度，还综合专业热度、院校层次、地域因素等多维变量，实现了志愿方案的最优配置，规避退档风险。

（3）**专业深度报告**：专业选择不仅关乎学生大学四年的学习体验，更直接影响其毕业后的职业发展轨迹和长期收入水平。该系统的专业深度分析模块整合了就业率、薪资水平、行业发展趋势等多维数据，为学生提供全面的专业评估和职业前景预测，避免盲目追逐"热门专业"而忽视长期市场饱和风险。

（四）校友资源：职业网络构建

（1）**动态校友职业地图**：动态校友职业地图（图 11-9）是基于大数据分析和可视化技术构建的校友职业发展追踪系统，旨在打破校友资源的"信息孤岛"状态，为学生提供直观、精准的职业发展导航。该系统通过整合多维数据源和智能匹配算法，将分散的校友职业信息转化为结构化、可视化的行业知识图谱，帮助学生跨越信息不对称的鸿沟，实现与目标校友的高效连接。

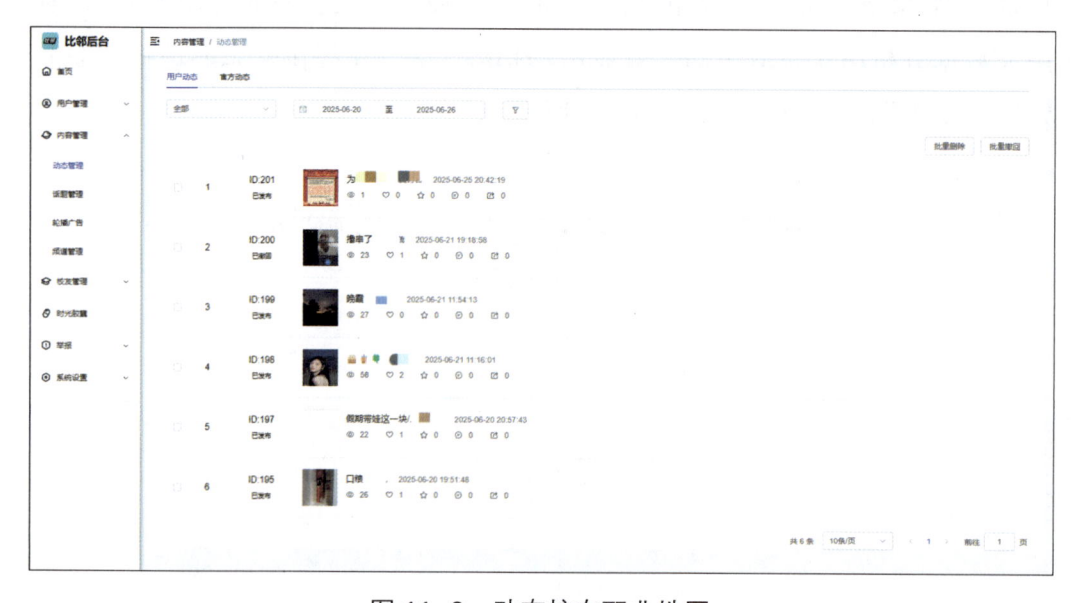

图 11-9 动态校友职业地图

（2）**校企实战课题平台**：校企实战课题平台是连接在校生、校友企业与学术资源的产学研协同中枢，通过"真实项目—混合团队—双导师制"的模式，将课堂知识转化为解决复杂产业问题的实战能力。该平台特别注重项目设计的前沿性和成果的可转化性，使学生在参与过程中既能积累顶尖企业看重的实践经验，又能拓展行业视野并构建高质量职业人脉。

第四节　e水手生涯管理平台解决方案差异化亮点

e水手生涯规划产品的核心愿景是"让每个学生都能找到适合自己的成长路径"，其依托"数据驱动、AI赋能、全周期覆盖"的智能生涯规划平台，服务于学生、家长和学校，如图11-10所示。

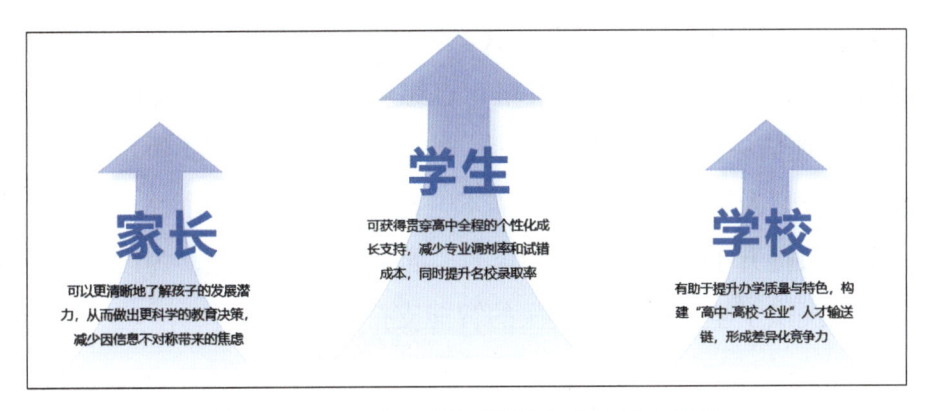

图 11-10　e水手生涯规划产品的核心愿景

一、实用性强

e水手生涯管理平台解决方案深度聚焦实用技能培养与升学就业需求的精准对接。通过构建职业能力模型与高校专业数据库的联动机制，为学生提供可量化的技能提升路径。相较于侧重理论体系的生涯教育模式，本方案更注重实践场景下的能力转化，以确保学生在升学或就业时具备直接匹配市场需求的核心竞争力。

二、全周期覆盖

方案覆盖从入学到毕业后的完整链条，突破现有产品只关注"志愿填报"

或"选科"的碎片化服务模式。通过构建动态生涯档案系统，持续追踪学生能力发展轨迹，为学生智能生成阶段性发展报告，形成覆盖学生生涯发展全周期的闭环服务体系。

三、校企联动

方案通过整合企业资源，提供真实职业体验和就业通道，将课堂知识转化为解决复杂产业问题的实战能力，帮助学生积累实践经验并构建高质量职业人脉。

第五节　e水手生涯管理平台解决方案内容与功能

e水手生涯规划平台从生涯起点评估（入学画像）、学业过程管理（学习管理）、选课决策指导（选科策略、志愿填报）到长期资源赋能（校友网络），形成"评估—管理—决策—支持"的闭环，如图11-11所示，覆盖学生从入学到升学以及职业发展的核心需求。通过数据驱动、个性化服务与资源整合，全方位提升了生涯规划的科学性、前瞻性与持续性，为学生学业成长与职业发展提供了全周期、多层次的智能支持。

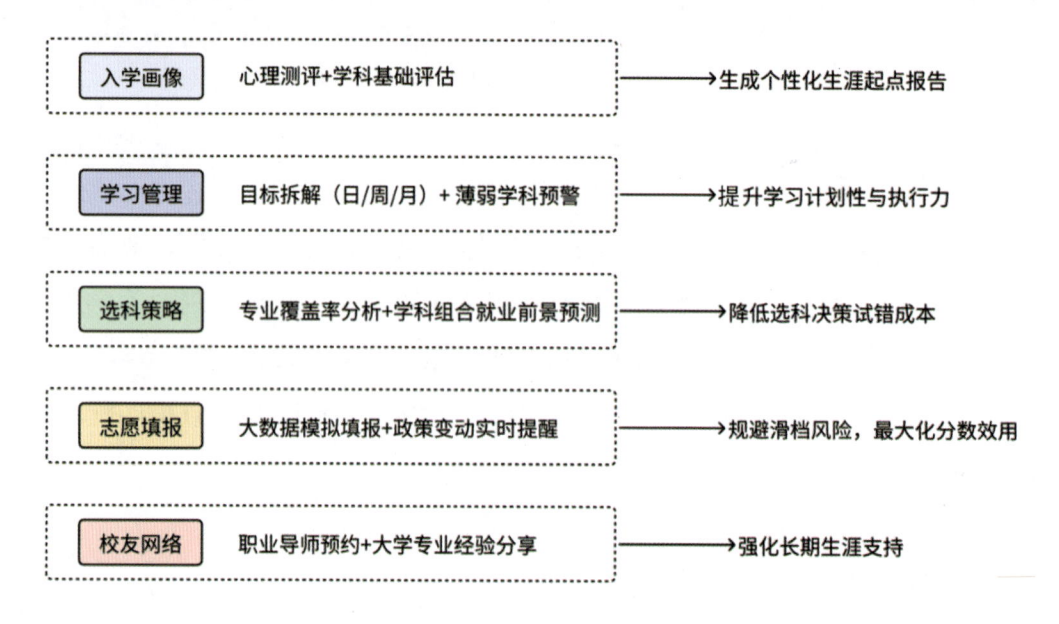

模块	内容	功能
入学画像	心理测评+学科基础评估	→生成个性化生涯起点报告
学习管理	目标拆解（日/周/月）+薄弱学科预警	→提升学习计划性与执行力
选科策略	专业覆盖率分析+学科组合就业前景预测	→降低选科决策试错成本
志愿填报	大数据模拟填报+政策变动实时提醒	→规避滑档风险，最大化分数效用
校友网络	职业导师预约+大学专业经验分享	→强化长期生涯支持

图11-11　功能模块

一、入学画像模块

学生入学画像如图 11-12 所示。

（1）**基础信息**：年龄、性别、家庭背景、入学成绩等结构化数据。

（2）**学业表现**：入学前学科成绩、竞赛获奖、综合素质评价（如社会实践记录）等。

（3）**心理与行为特征**：霍兰德职业兴趣测评、MBTI 人格测试、社交媒体行为分析（需家长授权）等。

（4）**学习风格**：通过智能学习终端记录的学习时长、知识吸收速度、错题类型分布等行为数据

（5）**家庭互动**：家长对教育政策的认知水平、家校沟通频率及反馈内容。

图 11-12　学生入学画像

二、学习管理模块

学生学习管理如图 11-13 所示。

（1）**知识图谱构建**：以学科核心素养为框架，建立知识点的关联网络，标注每个节点的难度系数和跨学科属性。

（2）**自适应推荐引擎**：基于协同过滤算法，推送与学生当前水平匹配的微课、习题和拓展阅读（如"三角函数薄弱者→AI 生成变式题集"）等。

（3）**路径优化机制**：通过强化学习模型，根据学生每周测验的动态成绩调整学习路线，例如在"概率统计错误率大于 60%"的学生路径中增加实验模拟环节。

图 11-13 学生学习管理

三、选科策略模块

选科策略如图 11-14 所示。

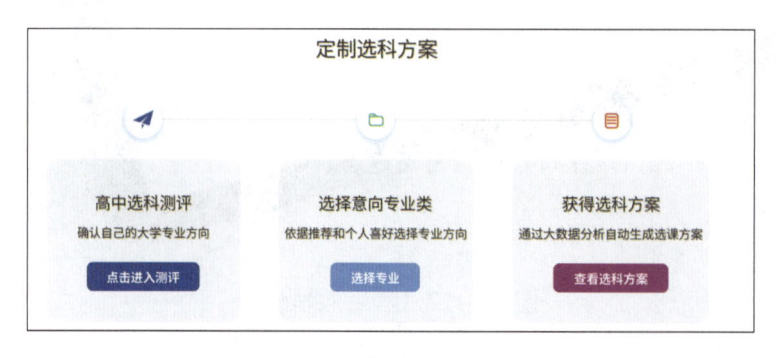

（a）

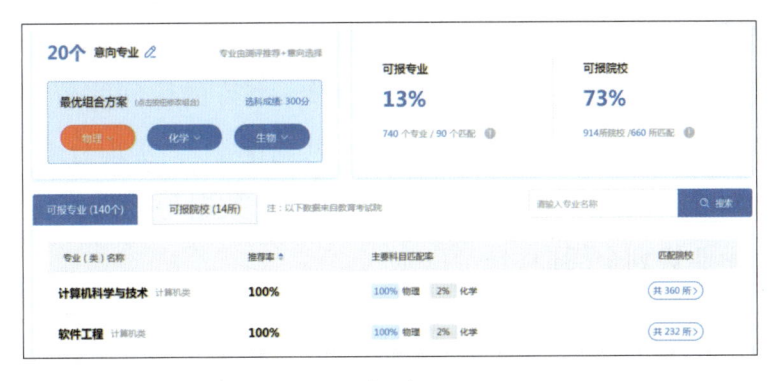

（b）

图 11-14　选科策略

（1）**选科建议**：根据学生的兴趣、性格、能力和职业倾向，提供个性化的选科建议，帮助学生做出合理的选科决策。

（2）**选科数据分析**：分析不同选科组合的优势和劣势，以及在高校招生中的要求，为学生提供科学的选科依据。

（3）**选科模拟**：学生可以进行选科模拟，了解不同选科组合下的课程安排和学习难度。

（4）**选科智能体**：选科智能体是基于学生学科能力、兴趣倾向与职业规划，通过分析历年选科数据、所有院校最近三年在各省的招生计划、专业覆盖率以及竞争态势，智能推荐最优选科组合（如"物化生"覆盖96%的理工专业），并通过 AI 决策助手预警其潜在风险（如化学赋分竞争激烈）。

四、志愿填报模块

志愿填报界面如图 11-15 所示。

（1）**高校信息查询**：提供全国各高校的招生信息、专业设置、录取分数线等，帮助学生了解高校的基本情况。

（2）**志愿填报指南**：指导学生如何填报高考志愿，包括志愿填报的流程、技巧和注意事项。

（3）**志愿模拟填报**：学生可以进行志愿模拟填报，系统会根据学生的成绩和选科情况，提供志愿填报方案和录取概率分析。

（4）**志愿填报智能体**：结合考生位次、院校录取波动和就业前景，动态生成"冲稳保"梯度志愿方案（如推荐位次 ±5% 的区间院校），同步评估退档风险与专业适配度（如临床医学要求色觉正常），实现分数价值最大化与职业发展精准匹配的双重优化。两者均依托大数据与机器学习，贯穿新高考背景下的学业规划全周期。

（a）

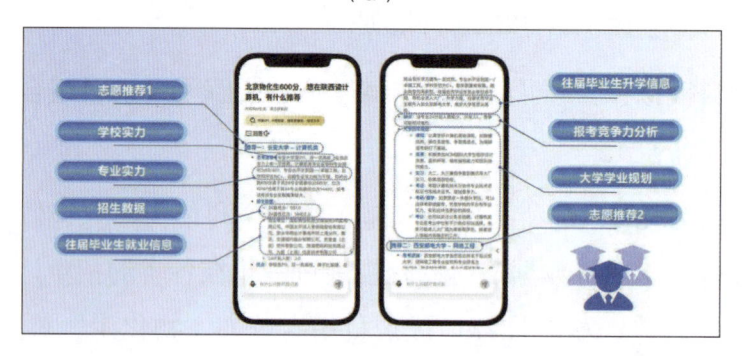

（b）

图 11-15　志愿填报界面

五、校友网络模块

（1）**校友职业数据库与智能匹配系统**：建立包含校友职业发展路径的数据库，记录校友的学历背景、职业领域、工作经历、专业技能等信息，并通过智能算法为高中生提供匹配推荐。

（2）**校友导师在线咨询平台**：搭建连接在校生与校友导师的在线咨询平台，支持多种形式的互动交流。

（3）**职业体验**：组织线下职业体验活动，让高中生有机会跟随校友进行短期职业见习。

第十二章

AI 书院中心

交流答疑

第一节　人工智能书院中心产品理念与定位

一、核心理念

书院中心以东西方教育智慧交融为基石，构建三位一体的育人生态。

以院舍制为特色的学生管理与德育模式：融合中国古代书院制和英美中学院舍制的先进教育理念和实践经验，构建新型师生关系和同伴关系，着力促进学生品格、能力和价值观的全面养成。

全程动态生涯（学业）规划，铺设国内国际升学双通道：为学生提供全程动态生涯（学业）规划，深入挖掘每位学生的潜能特质，因势利导，因材施教，通过国内国际升学双通道规划，助力学生成就最好的自己。

围绕文理基础和人工智能深度实践项目式教学：引进一流师资和优质课程资源，深度实践以文理基础学科和人工智能技术为主的项目式教学，打造学习型社区，注重培养学生自主学习与终身学习能力。

二、功能定位

（1）**资源中枢**：汇聚国家级课程、名校名师资源、竞赛培优内容、素养拓展模块，打造"通识—培优—创新—素养"四位一体课程库。

（2）**教学精准化**：基于 AI 学情诊断，为每位学生生成个性化知识图谱，实现"千人千面"的学习路径规划。

（3）**创新平台**：搭建跨学科实践平台，对接高校实验室与科创赛事，支持跨校协作、项目式学习、竞赛孵化，构建"校际联盟—区域联动—全国共享"的创新人才培养网络。

（4）**专业引领、科技引领**：构建专家支持与师资保障体系，整合高校、科研院所、企业等社会资源，专业引领学生培养；跨学科融合课程设计，实践导向，科技打造未来。

第二节　目标用户、使用场景与解决问题

一、目标用户

（1）**学生**：K12全学段，覆盖普通生、培优生、拔尖生三类群体。

（2）**教师**：提供备课工具、学情分析、课堂互动支持。

（3）**学校**：区域教育均衡化、校本课程开发、教学管理优化。

（4）**家长**：学情可视化跟踪、家庭教育资源对接。

二、使用场景

（1）**课堂教学**：双师直播、AI互动问答、智能板书同步。

（2）**课后学习**：分层作业推送、错题智能归因、薄弱点强化。

（3）**拔尖培养**：竞赛题库、虚拟实验室、跨校导师协作。

（4）**素养拓展**：院士讲座、科创项目孵化、社会实践资源库。

三、解决问题

（1）**教育资源不均**：偏远地区共享名校课程，缩小教育差距，推动教育公平。

（2）**教学效率低下**：AI批改作文或数学题，节省教师机械工作时间。

（3）**个性化缺失**：学情雷达图动态反馈，精准定位学习盲区，动态调整分层学习路径。

第三节　产品功能、亮点与差异化

一、核心功能模块

（一）高效课堂系统

高效课堂包括智能学习、双师直播和虚拟班级三方面，如图12-1所示。

（1）**智能学习**：弹幕提问、随机点名、双人PK答题；实时学情热力图，标记学生专注度与参与度。

（2）**双师直播**：本地教师主导课堂，清北名师双师直播进行专题突破（如"议论文立意升华技巧"）。

（3）**虚拟班级**：建立课堂虚拟班级，设定班主任、助教老师角色，让学生在虚拟班级实现课程学习与互动。

图 12-1　高效课堂

（二）分层学习系统

分层学习如图12-2所示。

（1）针对不同层次的学生，设置培优提分课程、拔尖创新课程、大中衔接课程、院士课程等，以满足学生多样化需求。

（2）普通生按校内培优课程"基础→拓展→挑战"阶梯推进，拔尖生参与竞赛、强基课程，可解锁大学先修课。

（3）每周生成"学习力雷达图"，从知识掌握、思维品质、学习习惯等维度量化分析；自动归因错题类型（如计算粗心、概念混淆等，推送类题型强化训练。

图 12-2　分层学习

(三) 素养拓展平台

(1) 院士科普直播（如"院士课堂"系列），如图 12-3 所示。

(2) 数字人微课：建立科学家数字人，开展跨学科融合课。

图 12-3　院士科普直播

二、差异化创新亮点

(1) **"双师三阶"模式**：本地教师主控课堂 + 名校导师线上专题突破 + AI 学伴实时答疑。

(2) **智能测评推荐**：在学生课前，通过 AI 测评工具对学生进行测评，根据学生的学习行为和成绩，为学生推荐合适的课程和学习资源，提高学习效率和针对性。

（3）**学习智能管理工具**：打通课前预习、课中互动、课后作业全流程数据，生成个性化知识图谱；提供进度跟踪、学习笔记、学习计划制定、定期测评等工具，帮助学生管理自己的学习。

第四节　核心课程体系与内容设计

一、通识课程

（一）清北名师写作工坊

（1）**每日积累系列**：一是每日一词，结合《人民日报》时政热词，解析用法并造句；二是每日一篇，精选名家散文或议论文，利用 AI 分析其结构逻辑。

（2）**批判性阅读系列**：比较阅读文献差异，培养史料辨析能力。

（二）清北逻辑思维训练营

（1）**辩论工坊**：AI 模拟辩论场景，实时评分语言表达与逻辑性。

（2）**逻辑思维**：引入"非虚构写作"任务（如调查报告、提案撰写）。

（三）科学素养提升营

（1）**信息素养营**：编程基础、数据分析入门课程，培养逻辑思维和数字素养。

（2）**自然科学工坊**：学习生命科学、物理与工程、环境科学、计算机技术等多个领域课程，培养学生的科学素养、跨学科思维以及实践能力。

（3）**通识课程（图12-4）**：旨在拓展学生知识视野，培养学生综合素养。内容涵盖人文、社科、自然科学等多个领域，帮助学生建立广博的知识基础和批判性思维，并提升其综合素质。

图 12-4　通识课程

二、培优提分课程

提供各学科的提分课程，重点讲解提分技法和高频考点；设置每日练习题和模拟考试，进行针对性的训练和测评；配备专业教师进行线上答疑和辅导，及时解决学生学习中的问题。

三、拔尖创新课程

设计基于拔尖创新人才能力模型的课程体系，主要是各类竞赛课程、写作能力课程、大中衔接课程等。

（一）各类竞赛课程

（1）提供各学科竞赛的培训课程，包括竞赛知识点讲解、解题技巧训练、模拟竞赛等，帮助学生在竞赛中取得优异成绩。

（2）收录近 10 年五大学科竞赛真题，配备解题视频与拓展文献。

（二）写作能力课程

通过整本书阅读、写作与沟通专项课程等，以及线上线下结合的方式，向学生提供授课服务，培养写作与阅读、沟通与表达、逻辑与思维能力。

（三）大中衔接课程

面向所有学生（主要针对大中衔接学生），开设如海淀人工智能实验班等开阔眼界的通识课程和院士课程等，涵盖科技、文化、艺术等多个领域，培养学生的综合素质和跨学科思维。图 12-5 为某中学举办的机器人比赛。

图 12-5　某中学举办的机器人比赛

四、素养课程

（1）**院士领航课程**：与院士专家合作，定期开办院士讲座（图 12-6）和专业领域研究的基础培养录播课等，帮助学生提前掌握前沿研究领域的科技动态，逐步培养其基础研究能力。

（2）**问答工坊**：学生提问，由院士团队精选解答并结集出版。

图 12-6　院士讲座

五、线下 AI 自习室

设立线下 AI 自习室,提供安静、舒适的学习环境,如图 12-7 所示。自习室配备智能设备,如电子白板、学习终端等,学生可以利用这些设备进行自主学习和交流。

图 12-7 线下 AI 自习室

安排专业的辅导老师在 AI 自习室进行线下辅导,为学生解答学习中的问题,提供学习方法指导和心理辅导。辅导老师可以根据学生的学习情况,制定个性化的辅导方案。

举办线下短期训练营,如写作训练营、竞赛训练营、院士讲座等。训练营邀请专家学者和优秀教师进行授课和指导,通过集中训练和实践活动,帮助学生在短期内提升相关能力。

总之,人工智能书院中心通过"资源普惠化→教学智能化→培养个性化—创新生态化"的四级跃迁,构建了覆盖 K12 全场景的教育新范式。其核心价值不仅在于技术工具的革新,更在于重塑了"以学生为中心"的教育生态——让云南等边远区域的孩子能与北京学生同上一堂院士课,让每个解题步骤都成为能力成长的里程碑,让创新不再是少数人的专利,而是所有青少年触手可及的星辰大海。

第十三章

AI 数字家长学校

交流答疑

党的十八大以来，习近平总书记多次强调要重视家庭建设，"注重家庭，注重家教，注重家风"。在 2018 年召开的全国教育大会上，习近平总书记指出："家庭是人生的第一所学校，家长是孩子的第一任老师，要给孩子讲好'人生第一课'，帮助扣好人生第一粒扣子。"党的二十大报告在"实施科教兴国战略，强化现代化建设人才支撑"部分提出要"健全学校家庭社会育人机制"。

2019 年 2 月 22 日，教育部公布年度工作要点，提出六个方面的 34 项重点工作，强化家庭教育被列入其中。其目标任务是明确家长主体责任，发挥学校指导作用，健全家校合作机制，提供家庭教育水平。

家庭教育是孩子成长的"第一课堂"，而家长是孩子终身的"首席导师"。数字家长学校以人工智能为核心，打造一站式家庭教育支持平台，让科学育儿理念触手可及，助力每位家长成为智慧教育的"合伙人"。

第一节　为什么选择数字家长学校

选择数字家长学校的原因如图 13-1 所示。

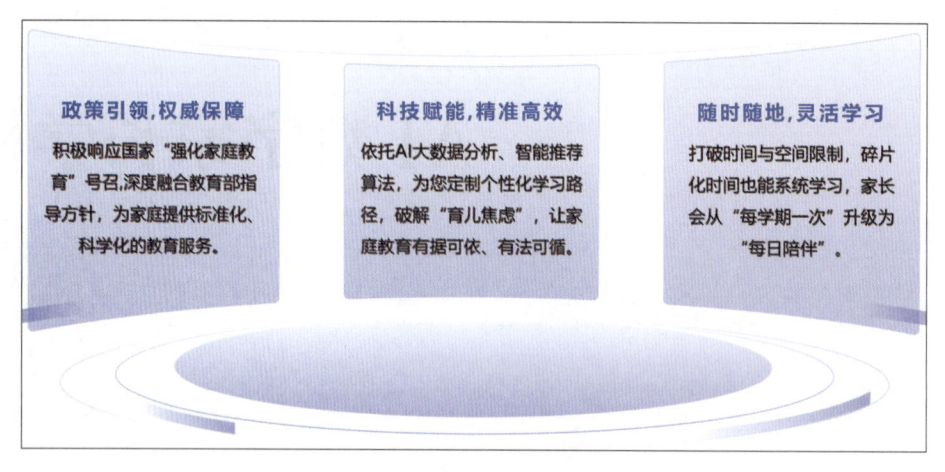

图 13-1　选择数字家长学校的原因

通过"智能推送 + 人工辅助"的方式构建面向未来教育的新型"家长学校"，整合家国情怀教育、亲子沟通教育、学习成长教育、危机应对教育等资源，配套教育政策、育人方法理论与成功案例，开展大模型专业语料库训练，为家长提供泛在、精准的学习教育服务，协同共助学生成长。

通过心悦家校一体化心理健康服务平台，将家庭、学校、社会有关各方联结起来，形成教育网络，这个网络就是"教联体"（图13-2），为实现家校社联合、联动提供前提基础。

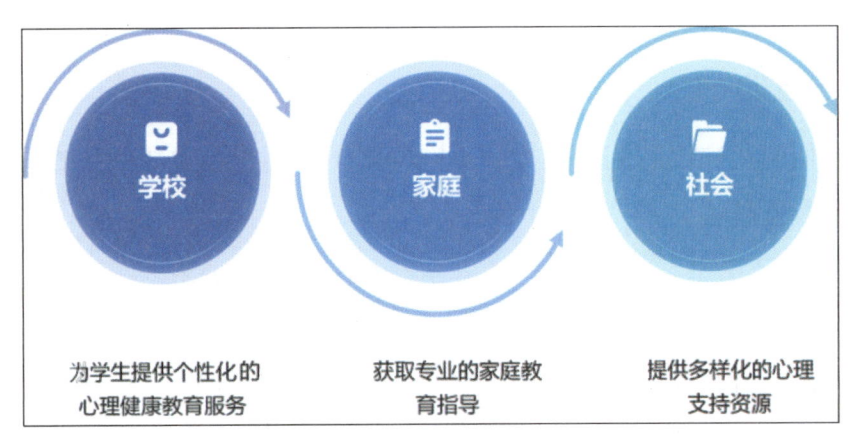

图 13-2 "教联体"

第二节　数字家长学校的核心功能

心悦家校一体化心理健康服务平台拥有丰富的资源库，基于发展心理学理论，针对各年龄段儿童青少年的心理特征及成长需求，提供分层化、分众化、精准化的内容设计。该平台通过科学化、系统化的家庭教育培训体系，助力家长科学育儿，促进亲子关系和谐发展，为孩子的健康成长构建了良好的家庭环境。其平台核心功能如图13-3所示。

图 13-3　平台核心功能

一、免费答疑

用户可以在线提问，由国家二级心理咨询师或心理学硕士提供专业回复，帮助用户答疑解惑。

二、心事互助

将相似的用户提问问题归类到不同的圈子，用户可进入圈子查看相关内容，获取专业解答。

三、心理发展百科

心理发展百科为用户提供幼儿期、小学期、青少年期、成年期、中年期、老年期等不同阶段常见心理问题的专业知识，包括术语解释、原因分析、影响评估、预防方法、干预措施以及参考文献等。

四、心理科普

心理科普为用户提供各年龄段心理学科普文章，内容专业、实用、通俗易懂，帮助用户提升心理健康认知。

五、心悦学堂

心悦学堂包含在线音频课程、在线视频课程、名家讲座和经典科普图书音频等内容。

第三节　数字家长学校的科学管理机制

数字家长学校采取科学的管理机制，掌握家长和指导教师的学习进度与学习状态，全面了解相关数据变化，通过这些数据，及时发现问题，调整相关政策和采取相关措施。数字家长学校具体的管理机制如图13-4所示。

管理机制

01 掌握动态
掌握家长和指导教师的学习进度与学习状态，及时发现问题，进行自我调整修正。

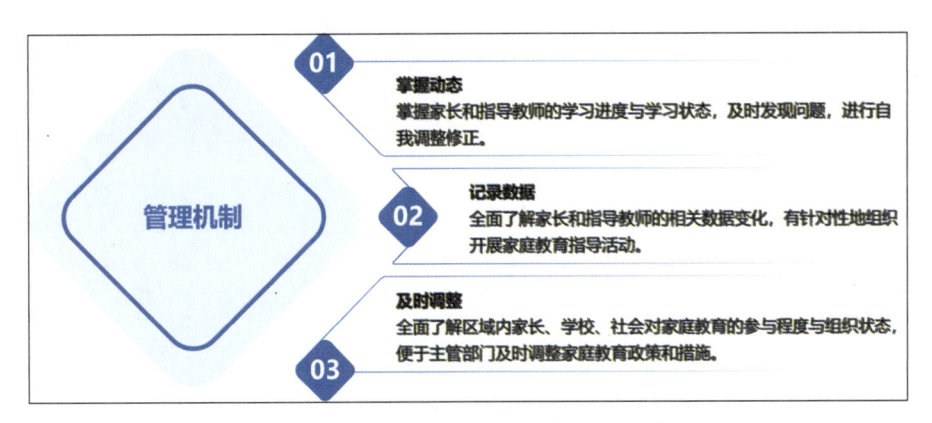

02 记录数据
全面了解家长和指导教师的相关数据变化，有针对性地组织开展家庭教育指导活动。

03 及时调整
全面了解区域内家长、学校、社会对家庭教育的参与程度与组织状态，便于主管部门及时调整家庭教育政策和措施。

图 13-4　数字家长学校具体的管理机制

第十四章

学校特色发展

交流答疑

第一节　学校特色发展的实践路径

在全球教育变革浪潮的持续推动下，学校特色发展之路正以前所未有的深度与广度与基础教育国际化接轨，并从政策层面的宏观倡导逐步迈向实践领域的深耕细作。当下，世界教育格局加速重构，跨文化交流与全球胜任力培养成为时代命题。基于"一带一路倡议和人类命运共同体建设的时代背景，多语种教育已成为基础教育特色化发展的重要突破口。多语种教育不仅是语言技能的传授，更是文化理解与国际视野的培育。通过开设多语种课程，学生能够打破语言壁垒，深入了解不同国家的文化、历史与社会，增强跨文化沟通能力。同时，多语种教育也有助于学校整合国际优质教育资源，开展国际交流与合作项目，为学生提供更广阔的发展平台。未来，学校将进一步探索多语种教育的创新模式，把语言学习与学科教学、文化体验深度融合，为培养具有国际竞争力与全球视野的新时代人才奠定坚实基础。

第二节　多语种——日语

一、战略背景与发展脉络

随着高考日语考生规模的持续扩张，2024年全国报考人数突破100万，较2020年增长150%，因此教育市场对专业化日语教学的需求显著提升。在此趋势下，我们敏锐捕捉到学生多元化发展需求与考试命题难度升级的双重机遇，将日语项目定位为特色教学板块，通过系统化资源投入，构建覆盖全学段的教学体系。

发展脉络历程呈现清晰的阶段化特征。2022—2023年为启动初期，以引入外部优质资源为主，完成基础教学设施与课程框架搭建。2023—2024年进入快速扩张期，通过自建师资团队替代第三方服务，实现覆盖全国各校区，超过1000名在读生与教学成果的同步提升。2025年至今进入成熟优化阶段，通过聚焦教学质量精细化管理与个性化培养，形成了"基础夯实→能力提升→高考冲刺"的全流程闭环。

二、师资体系：专业化团队与可持续发展机制

我们构建了一支高水准教学团队，专职教师超过 35 人，全员持有日语能力考试 N1 证书以及高考教学经验，形成"资深教师领衔（5 年以上教龄占比 40%）、中青年教师为主（3~5 年教龄占 60%）"的梯度结构。团队引入高校日语专业研究生担任助教，补充新鲜教学思路，同时通过"寒暑假集中培训 + 每周教研例会 + 课题研究"的立体化培养体系，持续提升教师专业能力。例如，教师年均参与 100+ 小时教学研讨，开发出"高考日语高频考点图谱""提分策略库"等教研成果，以确保教学内容与考试趋势同步。

三、课程体系：分层培养与 AI 驱动的教学创新

针对不同学段设计差异化培养方案：高一年级以兴趣启蒙与基础语法为核心，通过动漫情景教学、日语文化体验课提升学习动力；高二年级强化知识系统性，结合会考大纲构建"词汇—语法—阅读—写作"模块化课程，同步引入 AI 智能测评系统，实时追踪学生知识点掌握情况；高三年级聚焦高考冲刺，开发"真题解析 + 模拟考试 + 错题归因"专项课程，利用 AI 算法分析近 10 年高考数据，精准预测命题趋势，定制化生成冲刺卷。

特别在技术赋能方面，机构深度融合人工智能技术，其中个性化学习平台能够基于学生日常作业、测试数据，利用 AI 系统自动生成"弱点分析报告"，为学生推荐专属学习计划。例如针对写作薄弱的学生推送高频句型模板，阅读速度慢的学生提供限时训练模块。

智能教研工具通过自然语言处理技术分析历年高考作文，构建"高分语料库"，辅助教师快速批改作文并标注提升建议。AI 系统根据近年考试难度变化，自动生成贴合真实考题趋势的听力模拟题帮助学生精准适应考情。

教学质量监控系统通过实时采集课堂互动数据（如学生答题正确率、提问频率等），利用机器学习模型评估教学效果，动态调整授课节奏。例如，某校区引入该系统后，课堂效率提升 20%，学生课后答疑需求下降 30%。

第三节　多语种——俄语

在中俄新时代全面战略协作伙伴关系持续深化的背景下，俄语特色项目建设立足国家战略需求与区域发展实际，构建"语言能力—文化理解—国际视野"三位一体的培养体系。以下从课程体系、教材教辅、学生活动三个维度提出具体实施方案，全面推动俄语特色项目的高质量发展。

一、课程体系：特色化小班授课

俄语特色项目运用ICG（兴趣、文化、小组）教学模式进行小班授课，注重学生的兴趣培养、文化扩展和合作探究，在语言学习的过程中逐步渗透俄罗斯文化学习，开阔学生的眼界，培养多元文化思维。此外，教师还经常推送与俄罗斯文化相关的链接和视频给学生，拓展学生的国际视野，同时培养他们的自学能力。初一、初二还开设了"俄语歌曲赏析与教唱"校本课程，让更多学生感受俄语和俄国歌曲的魅力。

二、教材教辅：普适化融合个性化设计

俄语特色项目不仅使用的是人教版义务教育俄语教科书以及配套练习册，教材中还设置了小对话、小短文、小诗歌、看图说话、游戏、填字谜、脑筋急转弯、听歌学唱、思考题等丰富的活动，通过这些活动可以培养学生的综合语言运用能力。此外，俄语教师还自主研发设计个性化学生的自学学案以及趣味校本作业。

三、学生活动：实践中成长

俄语学习要在学中做、做中学、学用相长。课上老师会创设真实的环境，如购物、过生日等，学生可以进行对话和小组展示；课下常规性作业与趣味性作业相结合。课外学校搭建了更多展示的舞台，如校园歌手大赛、艺术节、外语节等活动，学生可以尽情展示自己的风采，还可以参加全国中学生俄语演讲比赛、合唱比赛、绘画比赛、配音比赛等，与更高水平的人一决雌雄。通过这些活动，学生的语言水平得到了发展，对俄语学习的兴趣也更加浓厚。

第四节　多语种——法语

法语特色项目的建设立足国家"深化中法教育合作"的战略导向,紧密对接《中法人才培养计划》《关于加快和扩大新时代教育对外开放的意见》等政策框架。初期聚焦基础能力建设,重点完成课程体系搭建与师资储备;中期深化校企合作与国际化资源整合,形成"法语+专业领域"的跨界培养模式。

一、课程体系:打造沉浸式法语学习生态系统

我们构建"基础夯实—专业拓展—实践应用"三维课程框架,打破传统语言教学的单一维度。基础课程以《欧洲语言共同参考框架》为标准,开发融合法国文学经典(如雨果《悲惨世界》选段精读等)与社会文化模块(如法国政治制度、哲学思想史等)的校本教材,采用"大单元主题教学"模式,将语言学习嵌入文化认知。

课程围绕"法语+"理念横向延展,开设"法语+人工智能""法语+葡萄酒文化品鉴"等跨学科课程,培养学生在科技、商贸、艺术等领域的专业法语应用能力。

二、师资建设:锻造高水平双语教育共同体

师资力量是法语项目可持续发展的核心动能。实施"引育并举"战略,一方面引进法国本土持证教师、留法归国学者以及具备DALFC2级认证的专业人才;另一方面与外国语大学共建"中法教师研修学院",定制"语言能力强化—教学法升级—跨文化素养提升"三位一体培养计划。建立"双导师制"教研模式,由外籍教师负责语言技能训练,中国教师侧重文化对比教学,共同开发《中法文化互鉴读本》等特色资源。

三、文化生态:构筑法兰西文化场域

法语教育需超越语言工具性价值,深入文化肌理构建精神认同,营造"处处可学、时时浸润"的环境氛围。法语教学构建虚实结合的沉浸场景,线下

开展"模拟联合国法语论坛""巴黎时装周策展"等活动,寓教于乐;线上依托智慧平台搭建"卢浮宫虚拟展厅""凡尔赛宫历史剧场"等数字化场景,通过角色扮演、项目式学习等提升学生语言应用能力。在活动文化层面,开展"普罗旺斯文化研学""法语诗歌朗诵大赛""法语电影观看"等多元化项目,激发学子学习法兰西文化的兴趣。

第五节　特色型学校:航空、科学、理工

一、航空类特色学校:翱翔蓝天的起点

航空类特色学校在初高中阶段已形成多元化发展模式,涵盖飞行技术、无人机研发、空乘服务等多个方向。学生需要通过严格的身体素质筛选和文化测试,课程内容包括航空英语、无人机操作、模拟飞行驾驶等,并增加航空理论课程及飞行训练,为国家培养飞行学员储备人才。图14-1为无人机操作课程中拍摄的照片。这类学校与高校合作,形成"空乘引领"的特色办学体系。学校空乘班90%以上的学生被航空类高校录取,并增设无人机社团,学生可参与全国科技节飞行表演,甚至自主组装无人机,实现从兴趣到职业的转化。学生还可定期前往飞行体验基地,参与热气球、直升机等真实飞行项目。

图14-1　无人机操作课程中拍摄的照片

二、科学类特色学校：探索未知的摇篮

科学类特色学校十分注重跨学科融合与创新实践，通过科研项目、竞赛培养和国际化合作激发学生潜能。学生深度参与科技创新与学科竞赛，成果突出。我们推动跨学科融合，开发综合创新课程，通过实践锻炼，学生不断提升科学素养与团队协作能力。我们还组织学生参与科研实验与学术论坛，致力于培养全面发展的高素质人才。学生可以参与人工智能、量子计算等前沿课题，并与国内外高校合作开展研学活动。依托丰富的学科资源，我们开设了"未来科学家"课程，学生可申请进入国外研学实验室参与实验，培养其国际视野。图 14-2 为学生参与实验时拍摄的照片。

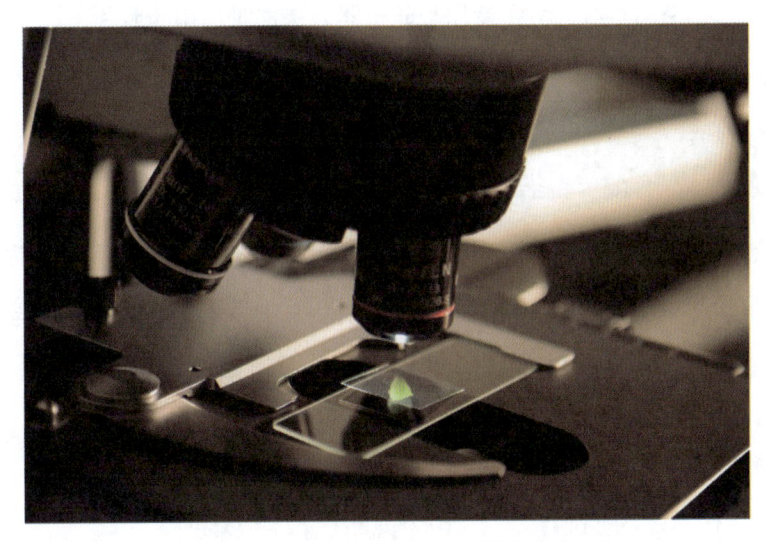

图 14-2　学生参与实验时拍摄的照片

三、理工类特色学校：工程创新的基石

理工类特色学校强调产教融合与实战能力，通过校企合作、竞赛平台和特色课程培养技术人才、创新开设机器人、智能制造课程，推进学生参与机械臂模拟研发，并与实验室联动。这类学校注重科技设施与工程实践，建设组培实验室、3D 打印创客空间，学生可以参与无人机调试与 STEM 项目。依托先进物理实验室和计算机房，学生可以开展人工智能、新材料研发等课题。另外，这类学校我们还将新课程实验与艺体教育结合，开设智能机器人、新能源车辆设计等课程。图 14-3 为学生参加智能机器人课程时拍摄的照片。

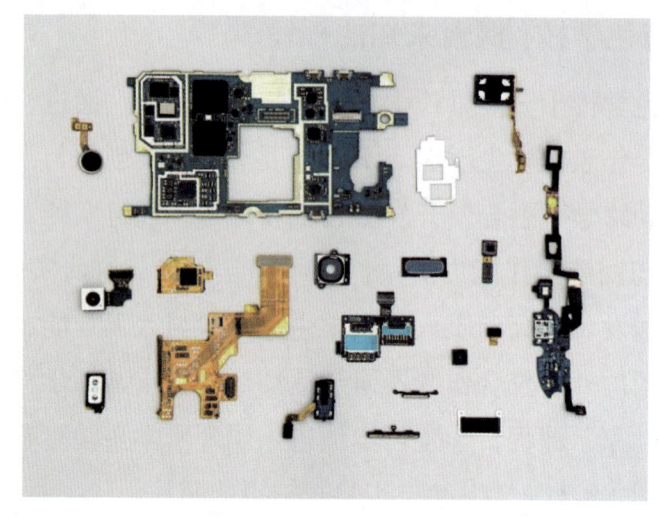

图 14-3　学生参加智能机器人课程时拍摄的照片

第六节　技术赋能学校特色发展，全链条生态构建

技术赋能学校构建了多语种课程、研学拓展课程、生涯规划课程、国际理解课程和学生核心素养发展中心，"四课一中"构建了全套教学体系。多语种结合一系列国际教育技术、国际理解课程与多语种课程体系，开展课程教学实践。

一、师资与技术深度融合：打造智慧型教学团队

构建"AI+教师"协同工作模式。一方面，通过虚拟教研助手为教师提供实时教学支持，如自动生成课堂互动游戏、利用智能组卷系统减少备课耗时等；另一方面，强化教师数字素养培训，开设"AI教育应用"工作坊，让教师掌握学情分析工具、智能辅导系统的操作技巧。技术赋能学校计划未来3年内实现100%的教师通过"教育技术能力认证"，推动课堂从"经验驱动"向"数据驱动"转变。

二、质量监控与生态构建：全链条数字化管理

建立多层级教学质量保障体系，通过 AI 考勤系统、课堂行为分析摄像头，实时追踪学生的课堂参与度。智能作业系统自动识别抄袭行为，并生成

"诚信报告"。每季度进行 AI 驱动的"学习力诊断",从语言知识、应用能力、应试技巧三个维度建模,生成个人能力雷达图,精准定位提升方向。同时,家长端小程序实时同步学生的学习数据(如单词掌握量、模考排名变化等),AI 根据这些数据自动生成"家庭辅导建议"。例如,针对听力薄弱的学生,推送听力训练资源包等。

搭建"教育大数据平台",整合全国高考多语种真题、学生学习轨迹、教师教研成果等数据。通过深度学习模型输出行业白皮书,为区域教学改革提供决策参考,推动形成"技术赋能教学、数据反哺研发"的良性生态。这不仅实现了从规模扩张到质量提升的转型,更借助人工智能技术的深度融合,突破了传统教学瓶颈,为高考多语种教育提供了"数据智能+个性化培养"的创新范式,助力更多学生实现语言能力与升学目标的双重突破。

#　第十五章

AI 学校智能管理

第一节　产品介绍

学校智能管理是以人工智能为核心引擎，融合大数据分析、物联网、云计算以及 5G 通信等新一代数字技术，通过"多模态数据感知→智能决策→自动化执行"的闭环架构，为校园管理全场景提供动态优化能力的综合解决方案。学校智能管理系统首页如图 15-1 所示。其本质是通过技术重构管理流程，将传统依赖人工经验的粗放式管理模式升级为数据驱动、算法赋能、人机协同的精细化治理体系，覆盖教学、行政、后勤、安全等核心领域，最终实现资源效率最大化、管理响应实时化、服务体验个性化的智慧校园生态。

图 15-1　学校智能管理系统首页

第二节　方案优势

一、任务自主性与动态适应性

基于大模型的智能体具备高度自主性，能独立分解复杂教育任务、生成执行路径，并实时反馈动态优化决策。与传统系统需要人工干预的被动模式相比，智能体效率提升了 30% 以上。

二、多场景个性化支持

智能体通过多模态感知（如文本、语音、行为数据等）构建学生画像，并提供个性化学习路径推荐。例如，针对数学薄弱的学生自动推送定制化习题库，并结合课堂表现动态调整难度阈值。教师端则能生成差异化教案，如为新手教师提供课堂互动策略建议。

三、数据整合与决策赋能

打破教务、学工、后勤等系统数据孤岛，构建统一数据中台。通过分析学生成绩、出勤、健康数据，智能预警学业风险（如学生挂科概率大于70%时，触发辅导干预）。管理者可以获取可视化仪表盘，辅助资源调配决策。

第三节　功能模块

一、招生报名系统

招生报名系统与缴费系统数据贯通，如图 15-2 和图 15-3 所示，从招生报名到缴费实现全线上操作，所有操作有迹可循；对整个过程全面监控，预防工作漏洞，减轻教育工作者的压力，提高工作效率。基于招生报名系统可实现自主报名，具有全面获取学生数据、对接缴费自动推送报名数据、对接学籍推送缴清费用的学生信息、报名大数据查看等功能。

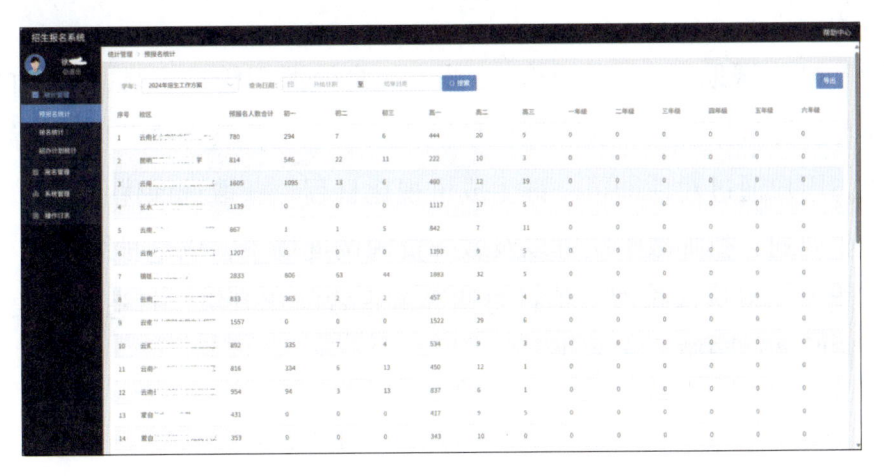

图 15-2　招生报名系统

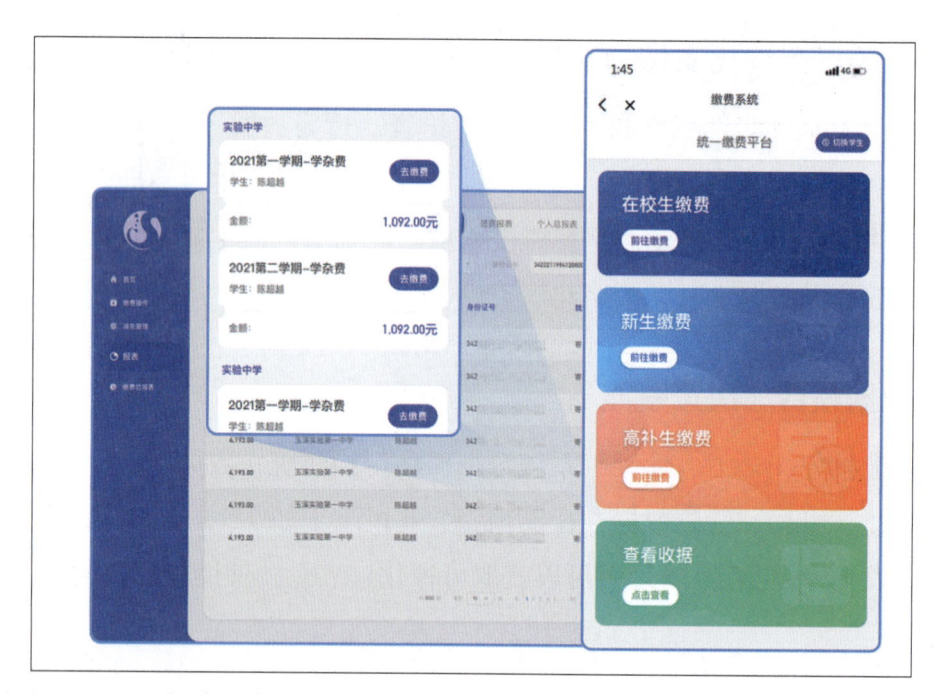

图 15-3　缴费系统

二、教学管理系统

教学管理系统包括以下功能：

（1）**校长助理**：收集并分析教育政策、资讯以及学校内部数据以辅助决策；调度协同学校各部门工作，并优化资源配置；组织服务会议并跟踪决议执行情况；处理行政事务，保障信息安全与文件质量；开展对外联络沟通，提升学校影响力与资源整合能力；同时通过分析教学与学生数据为教学管理提供专业支持。

（2）**AI 查课助手**：一款融合 AI 技术的高效课程管理工具，支持自然语言交互与多源数据联动，实现课程秒级检索、个性化选课推荐以及全终端信息同步。用户通过对话即可一键生成可视化日程、获取选课优化方案，适配学生学业规划、教师教学统筹以及教务资源调度场景，以毫秒级响应与跨平台兼容能力，将选课排课、信息协调等流程智能化升级，打造"一语速达、一屏统管"的校园服务新范式。

（3）**学习过程跟踪与分析**：实时记录学生课堂表现（如参与度、发言次数等）、作业完成情况（如完成时间、准确率、错题类型等）、考试成绩变化等信息，生成学生学习成长档案。通过数据分析，预测学生学习趋势，及时发现学习困难的学生并发出预警，助力教师进行精准教学干预。

（4）**智能作业与命题**：根据教学知识点自动生成多样化作业题目，满足不同层次学生的需求。还可依据考试目标与学生学情，智能命制试卷，确保试卷难度适宜、知识点覆盖全面，并能对试卷进行质量分析，评估试卷的信度与效度。

三、后勤服务系统

后勤服务系统包括以下功能：

（1）**设施设备智能管理**：连接校园内各类设施设备（如水电表、空调、电梯、照明系统等），实时监测运行状态与能耗数据。通过数据分析进行设备故障预警，自动生成维护工单并分配给维修人员，同时提供维修历史记录与技术参考资料，方便维修人员快速解决设备问题。此外，根据能耗数据制定节能策略，实现校园能源的精细化管理。

（2）**物资库存管理**：对学校各类物资（如办公用品、教学耗材、食堂食材等）进行库存管理。实时掌握库存数量，设置安全库存阈值，当库存低于阈值时自动触发采购申请流程，并根据历史消耗数据预测物资需求，辅助采购部门合理制定采购计划，避免物资积压或缺货情况发生。

（3）**后勤服务反馈与优化**：搭建师生后勤服务反馈平台，收集师生对食堂餐饮、宿舍管理、校园环境等方面的意见与建议。智能体对反馈数据进行分析，挖掘服务中存在的问题与改进方向，自动生成服务优化方案，并推送给后勤管理部门执行，从而提升师生对后勤服务的满意度。后勤服务系统如图 15-4 所示。

图 15-4　后勤服务系统

四、校园安全系统

校园安全系统包括以下功能：

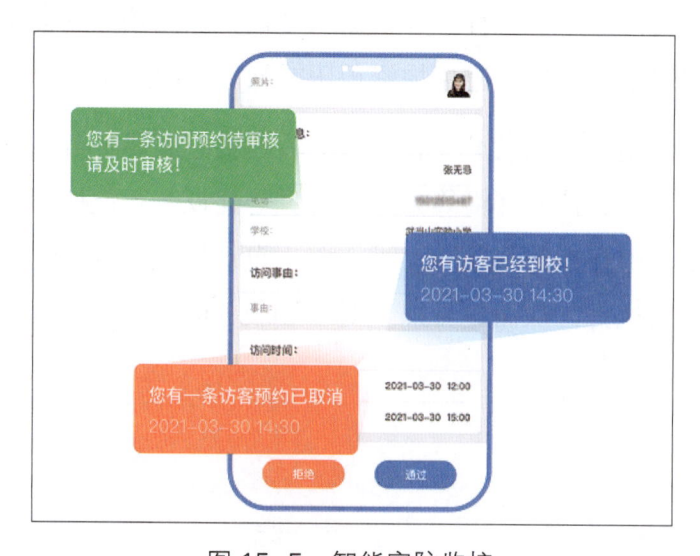

（1）智能安防监控（图 15-5）：智能安防监控整合校园内的监控摄像头资源，利用图像识别与行为分析技术，实时监测校园人员活动情况。同时，该系统还可以自动识别陌生人闯入、学生异常聚集以及危险行为（如攀爬栏杆、打架斗殴等）等安全隐患，并及时发出警报。同时，将相关视频画面与位置信息推送给安保人员，以便其迅速采取处理措施。

图 15-5　智能安防监控

（2）AI 巡逻机器狗（图 15-6）：AI 巡逻机器狗是人工智能与机器人技术在校园安全领域的创新应用。其核心功能涵盖智能巡逻、多模态感知（如视觉、环境、声音识别等）、实时预警与应急响应，并支持人机交互与安全教育。在技术上，采用四足仿生结构、边缘计算、自动回充及模块化扩展设计，适应复杂地形与多样化任务。该系统还可以执行 24 小时无死角巡检、突发事件快速处置（如火灾定位、暴力威慑等）以及防疫消杀等特殊任务。其优势在于提升效率、精准防控并形成心理威慑，但也需要应对隐私保护、技术可靠性以及公众接受度等挑战。在未来，该系统将向多机协同、AI 持续进化以及服务场景延伸方向发展，推动校园安全智能化转型。

图 15-6 AI 巡逻机器狗

（3）消防与安全设备监测：消防与安全设备监测会连接校园内的消防设备（如火灾报警器、灭火器、消火栓等）与安全设备（如应急照明、疏散指示标志等），实时监测设备状态。当设备出现故障、压力不足、电量低等情况时，该监测立即发出预警，提醒相关人员进行维护与更换，以确保校园消防与安全设备时刻处于正常运行状态。

（4）安全预案管理与应急响应：存储并管理学校各类安全预案（如火灾应急预案、地震应急预案、突发事件应急预案等）。当发生安全事件时，智能体将根据事件类型与实时情况，自动匹配并启动相应预案，为应急指挥人员提供详细的应急处置流程与资源调配建议，协助学校高效应对安全突发事件，保障师生生命财产安全。

五、学生管理系统

学生管理系统（图 15-7）对学生的整个学期进行管理，可进行学生的调班、转入转出、离校等操作，实现全过程监控。该系统采用权限分级授权机制，保护学生信息安全。

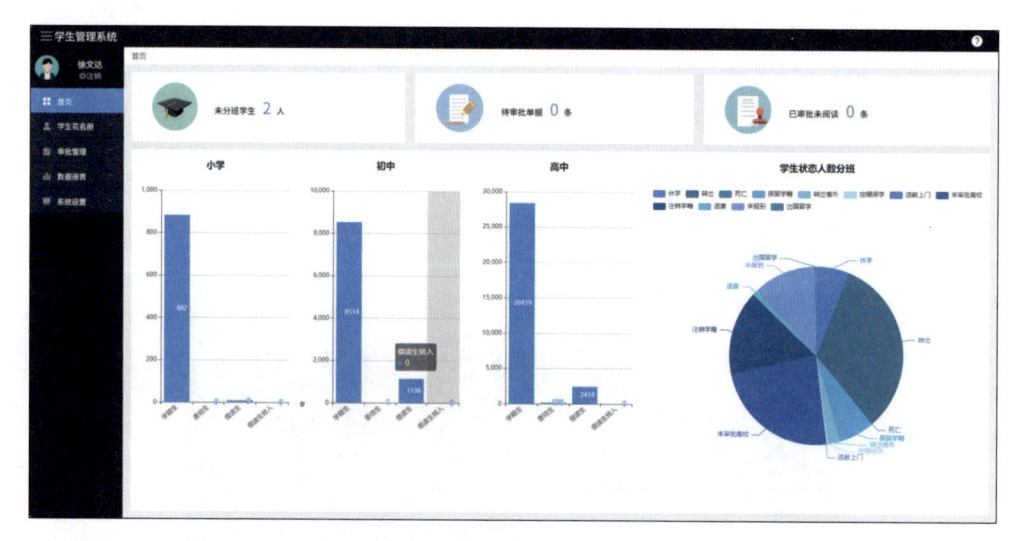

图 15-7　学生管理系统

六、综合素质评价系统

综合素质评价系统（图 15-8）围绕学生思想品德、学业水平、身心健康、艺术素养、社会实践五个维度实现基础信息管理、评价标准管理、写实记录、多元评价、公示审核、档案管理等功能，实现教育阶段完整成长记录与综合素质评价档案化管理，促进学生德智体美劳全面发展。

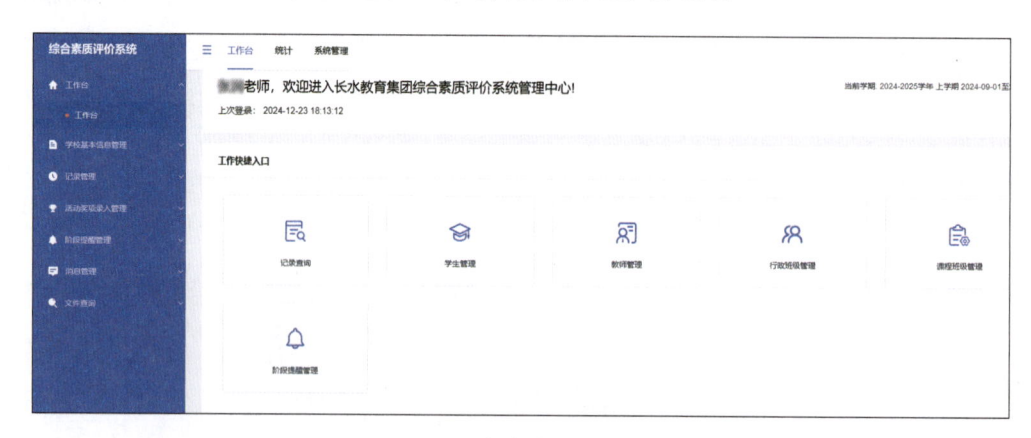

图 15-8　综合素质评价系统

七、教育教学增值评价管理系统

教育教学增值评价管理系统（图 15-9）可以自定义设置评价类型、评价项目。集团可以围绕校区教学管理、年级德育、年级教学、德育管理、行政管理等方面进行评价。校区进行物化成果填报工作，集团管理者可便捷地对校区物化成果进行赋分评价，最终形成以校区维度、年级维度等多维度的报表，为集团对校区的评价考核提供强有力的数据支撑。

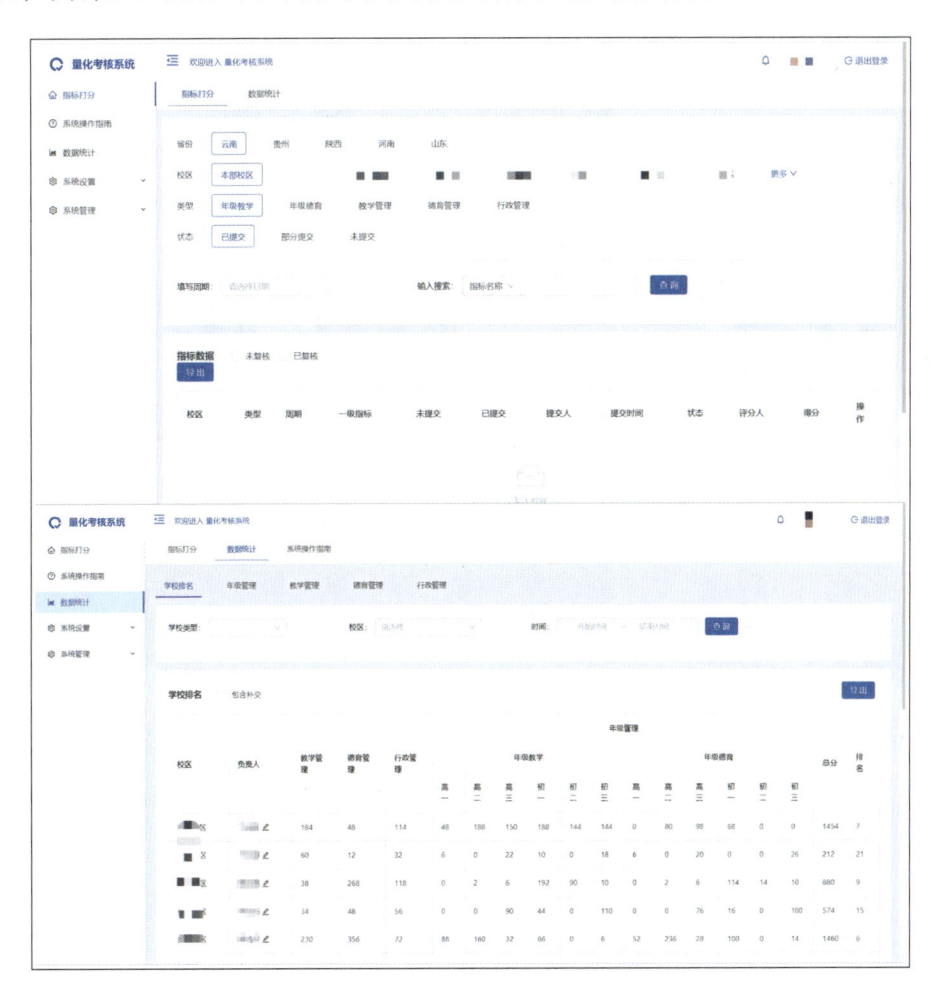

图 15-9　教育教学增值评价管理系统

八、比邻校友汇

比邻校友汇（图 15-10）是基于长水教育集团校友定制研发的综合性社交平台，具备贴合校友社交需求的丰富功能。长水校友可在此系统查找校友、分享动态、互动聊天等。

| (a) | (b) | (c) |

图 15-10　比邻校友汇

集团和各校区则可依托该系统与校友保持密切沟通，同时对校友数据实施科学管理与有效整合，及时掌握校友资源状况，从而推动集团和各校区校友工作有序开展和持续发展。

第十六章

AI 智慧校园生活

交流答疑

第一节　智慧宿舍管理方案

一、学生宿舍管理的困难分析

学生宿舍作为校园生活的重要场所，具有人员密集度高、流动性强、结构复杂的特点。一方面，宿舍内居住的学生来自不同年级、专业和地区，作息习惯、生活方式存在较大差异；另一方面，宿舍空间有限，基础设施（如水电、网络、卫浴等）资源相对紧张，容易因管理不善导致学生矛盾或安全隐患。

学生宿舍的承载压力日益增大。传统的管理模式（如人工登记、纸质考勤、机械门锁等）已难以满足现代化管理的需求，宿舍管理的难点具体表现为以下几个方面。

（一）管理效率低下

（1）依赖人工查寝、手工记录，数据更新滞后，难以实时掌握宿舍动态。

（2）宿舍分配、调换流程烦琐，易引发学生不满或资源分配不均问题。

（二）安全隐患突出

（1）外来人员混入、违规电器使用、夜间晚归等问题频发，传统手段难以有效监管。

（2）消防、电力等设施缺乏智能监测，事故响应滞后。

（三）资源浪费严重

（1）水电能耗依赖人工抄表，无法精准管控，导致长明灯、长流水等现象普遍。

（2）公共设施（如洗衣房、自习室等）使用冲突频发，缺乏智能化调度。

（四）服务体验不足

（1）报修、投诉等流程依赖线下沟通，处理效率低且难以追溯。

（2）学生个性化需求（如空调控制、网络优化等）无法得到及时响应。

二、校园智慧宿舍管理的解决方案

校园智慧宿舍管理系统集成人工智能物联网技术实现核心功能,其核心功能包括智能安全管控(实时监测用电、多模态门禁、环境预警)、便捷生活服务(无感通行、线上办事、智能照明)、能源精细管理(智能节电、能耗分析)。该系统通过统一数据平台,实现设备监控、AI 行为分析和资源预测,支持模块化扩展和新能源接入,以数字化手段提升安全管理水平、优化服务体验、降低能耗成本,打造智慧化的校园生活环境。

(一)智能安全管控

(1)**用电安全**:实时监测宿舍用电负载,AI 智能识别违规电器(如电热锅、电热毯等),毫秒级断电并推送警告;支持合规电器白名单,保障学习生活设备正常使用。

(2)**门禁安防**:人脸、二维码、校园一卡通等多模式身份核验,活体检测防伪造,通行记录可追溯;对异常闯入、长时间未关门等行为自动报警,联动管理员处理。

(3)**环境监测**:烟雾、温度、水浸传感器实时监控,5 秒内触发声光报警并推送信息,支持远程应急断电、开锁等联动操作。

(二)便捷生活服务

(1)**无感通行**:学生刷脸秒速开门,高峰期无卡顿;访客可线上申请临时通行权限,权限到期自动失效。

(2)**线上服务**:入住、退宿、报修等流程实现小程序线上化,减少人工窗口压力。

(3)**智能照明**:人体感应自动开关灯,支持分时段调光;离寝后联动关闭电源,避免能源浪费。

(三)能源精细管理

(1)**智能控电**:宿舍无人时自动断电,归寝后恢复供电;分区域、分时段控制设备启停,如空调、饮水机等,降低无效能耗。

（2）能耗分析：生成宿舍楼级或楼层级用电报表，识别高耗能设备或异常用电行为，优化节能策略。

（四）统一看板

集成宿舍设备状态、入住率、安全事件、能耗趋势等数据，可视化呈现关键指标。

（1）**AI 监控预警**：基于 AI 监控分析学生行为（如未归寝、异常聚集、火灾、求救等），提前预警潜在风险；公共设备出现故障时自动定位并派单维修。

（2）**大数据分析决策**：通过历史数据预测宿舍资源需求（如用电峰值、床位分配、消防设施更换等），辅助制定管理策略。

（五）扩展性与兼容性

模块化设计，可按需扩展智能窗帘、温湿度联动、灯光等智慧家居设备；预留绿色能源接口（如太阳能供电等），适配碳中和校园建设需求。

总之，智慧宿舍以安全为底线、便捷为核心、节能为导向，通过人工智能物联网技术实现宿舍管理全场景数字化，降低了运维成本，提升了学生满意度与校园安全等级。

三、校园智慧宿舍应用场景

（一）用电管理

用电管理适用场景如图 16-1 所示。

图 16-1　用电管理适用场景

（二）人脸识别

人脸识别适用场景如图 16-2 所示。

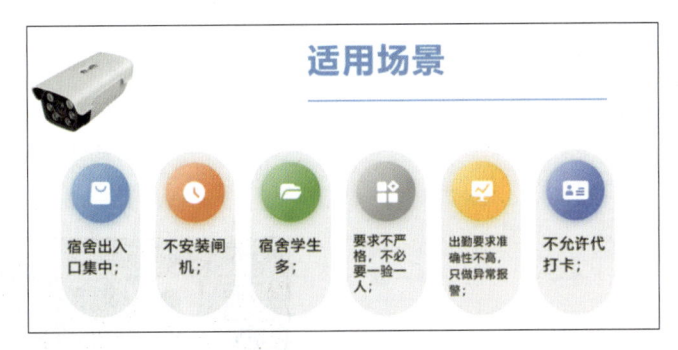

图 16-2　人脸识别适用场景

（三）用水管理

用水管理场景如图 16-3 所示。

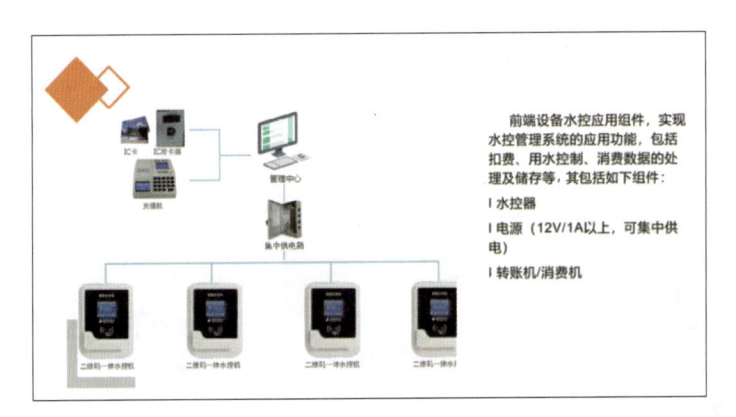

图 16-3　用水管理场景

（四）手机端管理

手机端管理场景如图 16-4 所示。

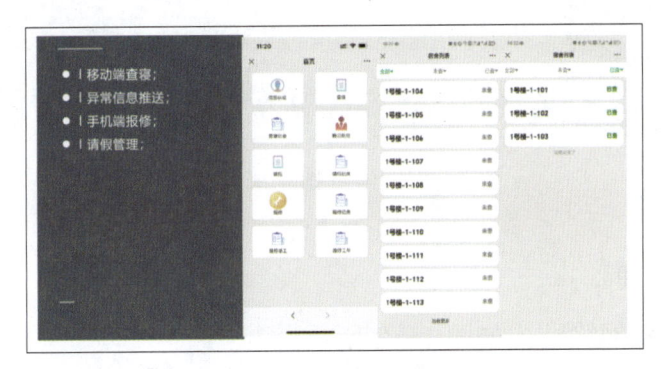

图 16-4　手机端管理场景

（五）宿舍看板

宿舍看板如图 16-5 所示。

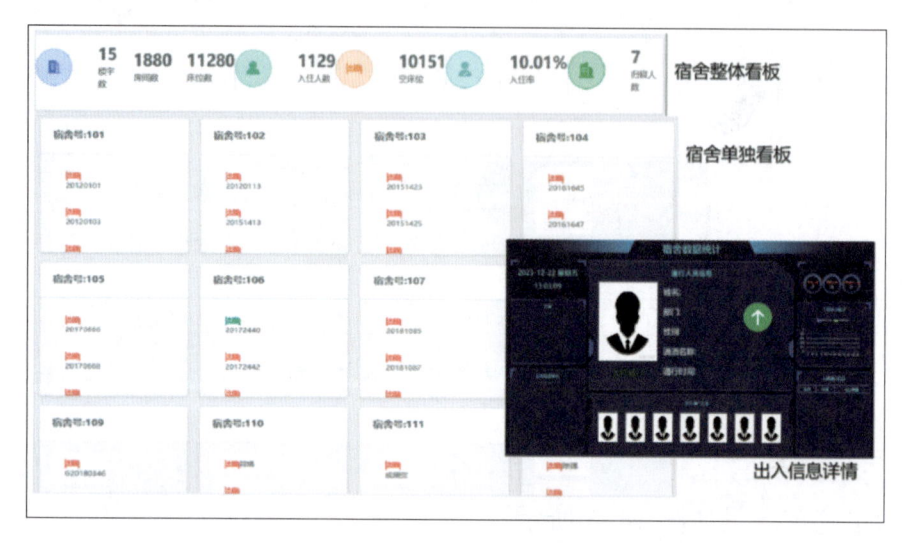

图 16-5　宿舍看板

（六）宿舍情况统计

宿舍情况统计维度如图 16-6 所示。

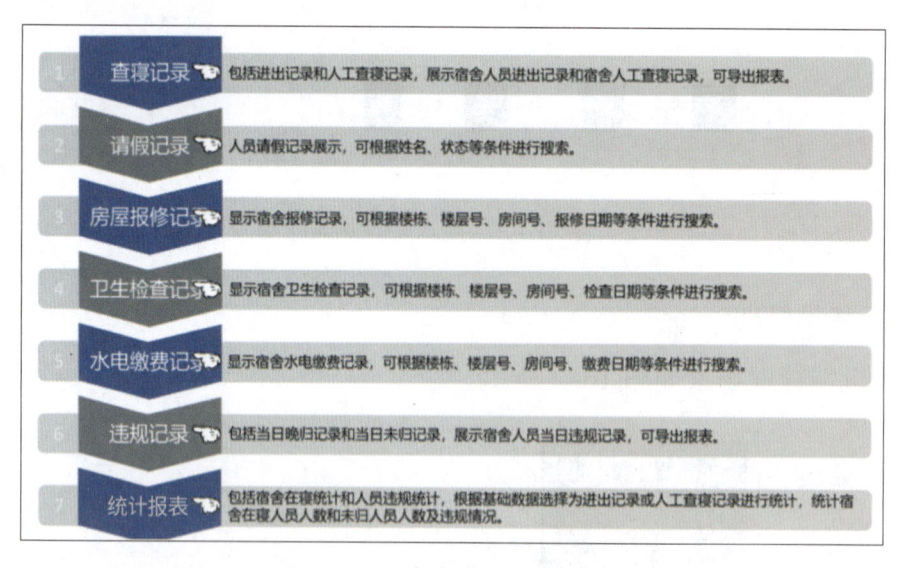

图 16-6　宿舍情况统计维度

（七）多校区管理

多校区管理网络结构如图 16-7 所示。

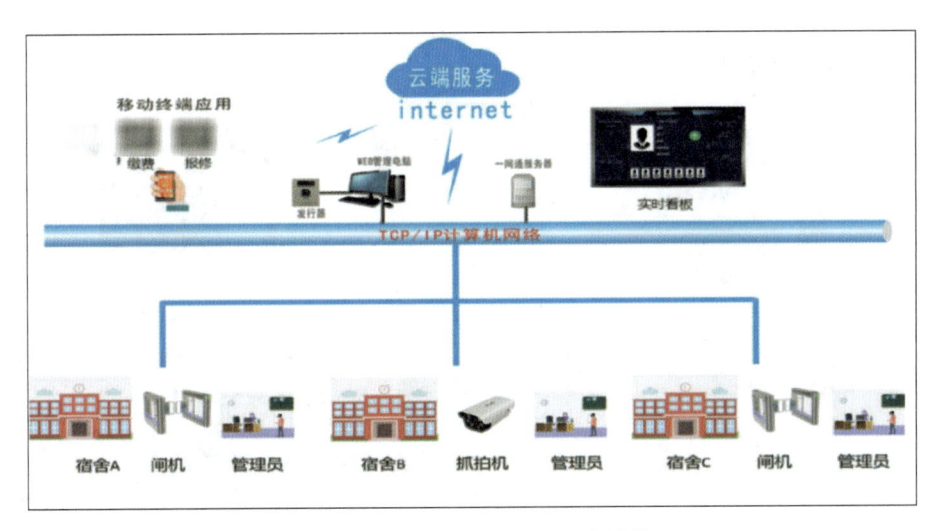

图 16-7　多校区管理网络结构

（八）宿舍管理 AI 行为分析

AI 行为分析如图 16-8 所示。

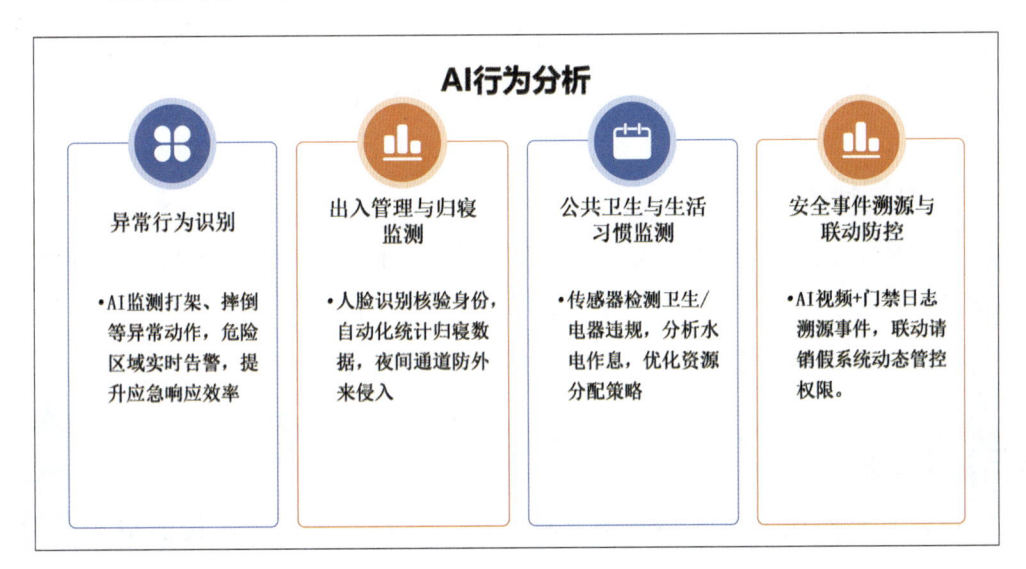

图 16-8　AI 行为分析

四、校园智慧宿舍管理的意义

智慧宿舍管理系统和混合生物识别硬件终端组成的软硬件一体化综合解决方案，致力于取代传统宿舍管理模式，真正实现数据化、在线化校园智慧宿舍管理。智慧宿舍方案落地效果如图 16-9 所示。

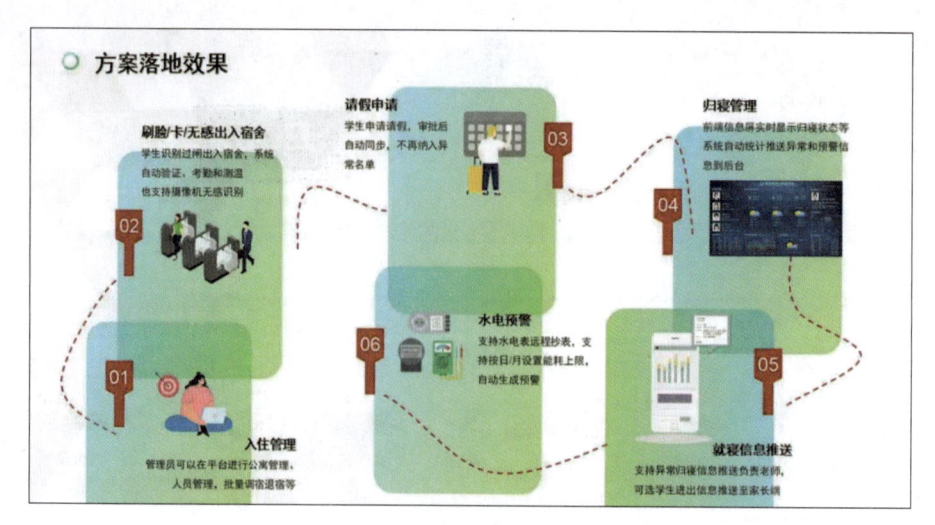

图 16-9 智慧宿舍方案落地效果

（一）提高管理效率

通过智能化设备和宿舍管理系统能够快速收集和处理数据，从而提高宿舍管理效率以及准确率，减少资源浪费。这将助力实现宿舍区域的高水平无纸化管理，对推动宿舍的智能化管理具有积极的促进作用。

（二）提升安保水平

采用刷脸门禁/通道或人脸摄像机无感签到，学生通行快速，同时可以隔绝陌生人非法进入，管理老师也能及时发现异常学生并进行处理。另外还支持拓展访客系统，提高学生宿舍管理的安全性和完备性

（三）降低能耗浪费

宿舍管理系统深度融合水电能耗管理，支持扩展刷卡水控消费等功能，同时可以设置用量上限。该系统将传统人力手工管理转化为数据管理，生成可视化报表，使管理更加清楚直观。

第二节　幸福餐厅管理方案

一、校园食堂管理的困难

当前校园食堂管理面临着多维度的挑战，亟须通过智慧化管理体系实现转型升级。校园食堂管理的困难有以下几方面。

（一）供应链管理困境

（1）**采购透明度缺失**：普遍存在采购流程不规范、供应商资质审核流于形式等问题，这容易导致劣质食材混入食堂。此外，部分学校通过私人账户周转采购资金，存在账目混乱的风险。

（2）**库存动态失衡**：传统人工记录常出现出入库数据缺失，导致食材过期浪费或突发性短缺并存。例如某案例显示过期食材浪费率高达 30%。

（3）**溯源机制薄弱**：缺乏区块链等技术支持，问题食材难以精准追溯责任环节。

（二）前厅服务痛点

（1）**支付效率低下**：现金交易在就餐高峰引发拥堵，结算耗时较刷脸支付多 3~5 倍。

（2）**营养信息断层**：固定份餐制无法满足学生个性化需求，家长无法获取实际摄入数据。调查显示 83% 的中小学食堂存在"高油高盐"配餐问题。

（3）**反馈渠道缺失**：意见簿等传统方式响应滞后，学生投诉处理周期平均达 72 小时。

（三）后厨运营难题

（1）**食品安全监督管理失效**：人工晨检难以持续，后厨员工未规范穿戴工作服现象普遍。例如乡镇学校鼠患问题投诉率高达 42%。

（2）**加工标准化不足**：依赖厨师个人经验，同类菜品口味波动度超过 35%。

（3）**能耗管理粗放**：水电消耗无智能监测，部分食堂能源浪费率高达 25%。

（四）成本效率矛盾

（1）**人力成本攀升**：自营食堂人工成本占比已超总支出的40%，但服务效率反降15%。

（2）**定价机制僵化**：外包食堂为追求利润压缩食材质量，导致价格与品质倒挂。

（3）**决策数据缺失**：67%的管理者依赖经验判断采购量，误差率超过20%。

二、幸福餐厅管理方案总体体系

幸福餐厅管理方案总体体系如图16-10~图16-12所示。幸福餐厅以"健康、美味、温馨、智能"为核心理念，致力于打造一个让顾客吃得放心、员工干得舒心、管理高效省心的现代化餐饮服务体系。通过科学管理、智能技术、人性化服务和可持续发展策略，提升顾客满意度、员工幸福感和餐厅经营效益。

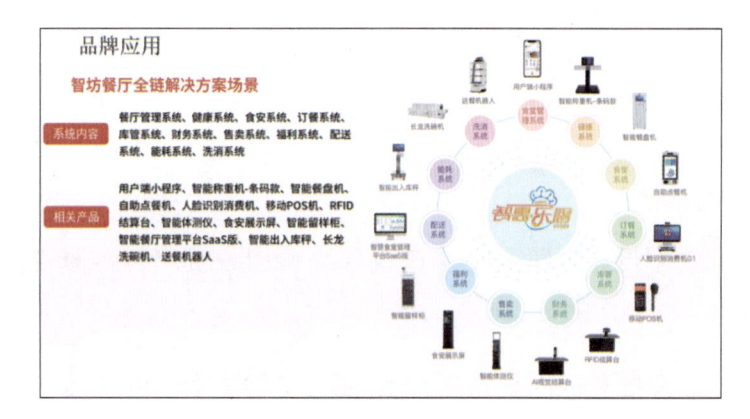

图16-10 幸福餐厅总体解决方案

图16-11 幸福餐厅方案架构

图 16-12　幸福餐厅总体功能模块

三、幸福餐厅的供应链管理

幸福餐厅的供应链管理功能通过数字化手段实现全流程透明管控。采用数字化手段的优势如图 16-13~图 16-15 所示。系统首先建立供应商电子档案库，自动校验营业执照、食品经营许可证等资质，并实时更新供应商信用评级。在采购环节，智能算法根据历史消费数据、季节因素和营养需求，自动生成最优采购计划，精准匹配餐厅需求。订单通过电子平台直接下发至合格供应商，实现无纸化操作。

食材配送全程采用物联网监控，运输车辆配备 GPS 定位和温湿度传感器，确保冷链不断链。到货时，通过 OCR 技术自动识别检测报告，并抽样进行农残快检，数据实时上传云端。入库环节采用智能称重和射频识别技术（Radio Frequency Identification，RFID）标签管理，自动记录批次、保质期等信息，库存状态一目了然。系统设置智能预警功能，临近保质期的食材会自动提醒优先使用，避免浪费。

在财务结算方面，系统自动核对订单、收货单和发票信息，实现三单匹配，杜绝人为差错。所有交易数据上链存证，形成不可篡改的溯源凭证。管理人员可以通过可视化看板实时监控供应链各环节的运行状态，及时发现并处理异常情况。这种从"端"到"端"的数字化管理，大幅提升了食材安全性、采购效率和成本控制能力。

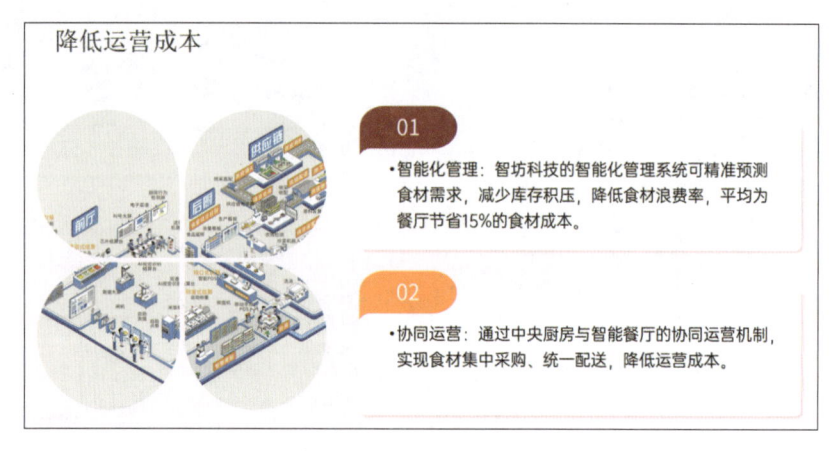

图 16-13　数字化管理的优势（一）

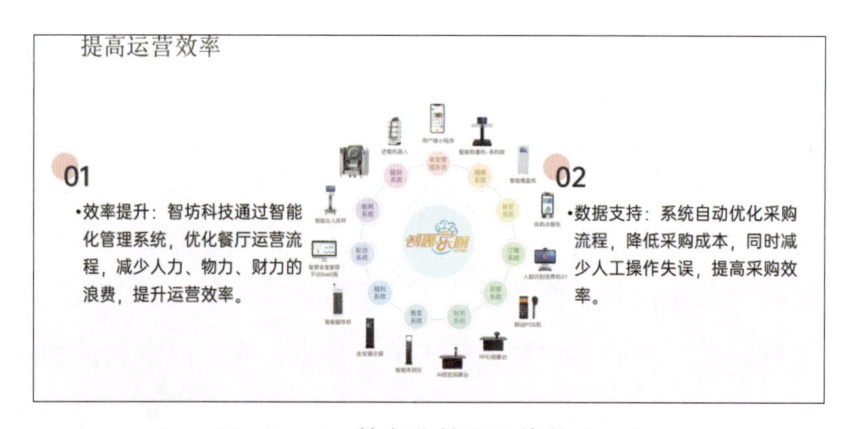

图 16-14　数字化管理的优势（二）

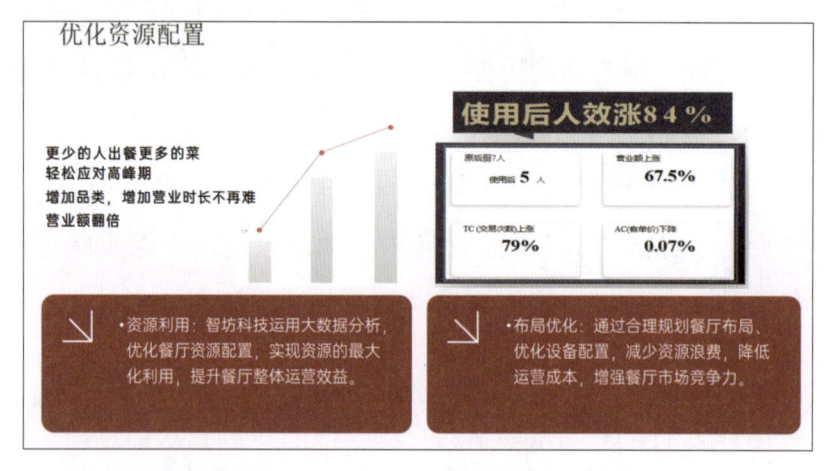

图 16-15　数字化管理的优势（三）

四、幸福餐厅的后厨智能管理

　　幸福餐厅的后厨智能管理通过智能化技术实现全流程数字化升级。在支付环节,采用 AI 视觉识别技术实现无感支付,智能支付系统如图 16-16 所示。学生通过人脸识别或校园码即可完成秒级结算,支付数据实时同步至管理后台。食品安全展示屏动态公示后厨监控画面、食材溯源信息以及当日晨检记录,让"明厨亮灶"真正透明化。

图 16-16 智能支付系统

智能厨房设备包括 AI 炒菜机器人、智能食安展示屏、智能无人售卖机、智能餐厨设备,这些设备构成数字化作业中枢,其功能特点和优势如图 16-17 所示。

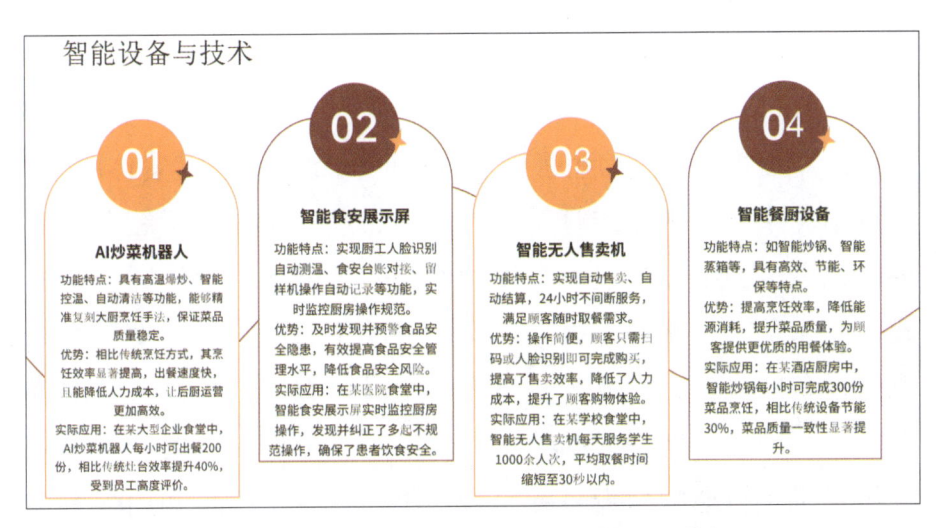

图 16-17 智能厨房设备的功能特点和优势

营养分析系统依托大数据平台,为每份餐食自动生成营养成分标签,并通过终端屏显或小程序推送,指导学生科学选择。智能营养分析如图 16-18

所示，该系统还能根据学生体检数据提供个性化膳食建议，并与智能餐盘联动，实时分析实际摄入营养构成。所有设备运行数据汇聚至智慧中台，实现从原料到餐品的全链路可追溯、可管控，构建起安全、高效、智能的新型餐厅后厨管理体系。

图 16-18 智能营养分析

五、幸福餐厅的前厅智能管理

幸福餐厅的前厅智能管理通过引入多项智能服务与体验系统，如图 16-19 所示，显著提升了运营效率和顾客满意度。首先，智能结算设备的应用使结算过程更加快速和准确，支持自动感应、人脸识别、手机扫码等多种结算方式，大大缩短了顾客排队时间，提高了就餐体验。此外，智能称重结算系统和视觉结算系统的引入，进一步提升了结算的精准性和速度，减少了因结算错误而引发的纠纷。智能支付系统则支持多种支付方式，简化了支付流程，提高了支付成功率和顾客满意度。智能称重自助取餐设备的应用，使取餐效率大幅提升，顾客只需将餐盘放置在识别区域，系统即可自动完成结算，大大缩短了顾客用餐时间。同时，智能无人售卖机和智能餐厨设备的引入，不仅提高了售卖和用餐效率，还提升了餐厅的整体形象和顾客体验。通过这些智能化系统的应用，幸福餐厅的前厅智能管理实现了高效、便捷、个性化的服务，满足了师生的饮食需求，提升了其用餐满意度。

图 16-19　智能服务与体验系统

六、幸福餐厅的营养健康智能管理

幸福餐厅的营养健康智能管理深度融合人工智能、大数据分析和物联网技术，构建了从食材溯源、智能配餐到营养管理的服务体系。智能营养管理如图 16-20 所示。在用户端，师生可通过人脸识别或校园卡快速登录，基于个人健康档案（包括体质指数、慢性病史、过敏源等数据）实时生成个性化推荐菜单，每道菜品均标注详细的营养成分表和过敏原警示，并且支持扫码便可获取菜品溯源信息与烹饪过程视频。智能餐盘能自动称重结算，同时记录每餐的营养摄入数据，通过手机 App 生成可视化周报，针对营养失衡情况提供专业膳食建议。

图 16-20　智能营养管理

在运营管理端，系统实现了后厨全流程智能化管控，智能流程化管控如图 16-21 所示。通过部署 AI 视觉检测设备，可 24 小时监控食材新鲜度、餐具清洁度以及厨师操作规范，一旦发现不符合标准的环节，系统将即时发出预警。温湿度传感器网络覆盖仓储、加工、配餐全区域，以确保食品安全环境达标。电子溯源系统记录每批食材的采购渠道、检测报告以及保质期，实现全过程追踪。在供应链优化方面，系统通过分析历史消费数据与天气、课程表等外部因素，智能预测每日菜品需求量，将食材浪费率降低 16%，同时动态调整菜谱结构以满足师生多元化需求。

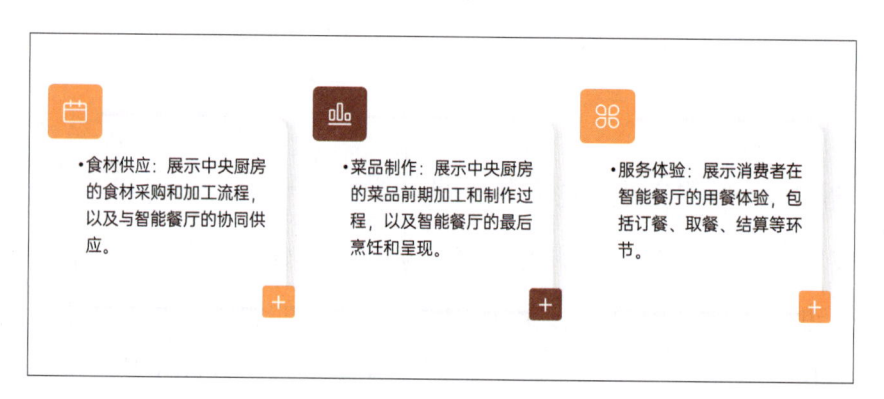

- 食材供应：展示中央厨房的食材采购和加工流程，以及与智能餐厅的协同供应。
- 菜品制作：展示中央厨房的菜品前期加工和制作过程，以及智能餐厅的最后烹饪和呈现。
- 服务体验：展示消费者在智能餐厅的用餐体验，包括订餐、取餐、结算等环节。

图 16-21　智能流程化管控

七、幸福餐厅的合作案例

幸福餐厅的合作案例如图 16-22 所示。

合作案例

某大型企业食堂智能化改造
项目背景：该企业食堂就餐人数多，用餐高峰期排队时间长，传统结算方式效率低，且食品安全管理难度大。
实施方案：引入智能结算设备、视觉结算系统、智能食安展示屏等。
项目成果：结算效率提高 50%，人力成本降低 30%，食品安全管理水平显著提升，顾客满意度从 70% 提升至 90%。

某学校食堂智能化改造
项目背景：学校食堂用餐时间集中，菜品选择有限，学生用餐体验不佳，且缺乏个性化营养推荐。
实施方案：配备智能餐厨设备、智能无人售卖机，引入个性化营养推荐系统。
项目成果：学生用餐体验大幅提升，菜品选择丰富度增加 60%，个性化营养推荐准确率达到 80%，助力学生健康成长。

某医院食堂智能化改造
项目背景：医院食堂需满足患者特殊饮食需求，食品安全要求高，传统管理模式难以满足。
实施方案：安装智能食安展示屏、智能体测仪，配备 AI 炒菜机器人，实现精准烹饪。
项目成果：食品安全管理水平提升，患者满意度达到 95%，医院食堂成为患者康复的有力支持。

某酒店智能化改造
项目背景：酒店餐厅需要提升服务效率和顾客体验，同时降低运营成本。
实施方案：引入智能结算设备、智能称重结算系统、智能无人售卖机等。
项目成果：结算效率提高 40%，人力成本降低 25%，顾客满意度提升至 92%，酒店品牌形象显著提升。

某社区食堂智能化改造
项目背景：社区食堂服务对象多样，用餐时间分散，需要提升服务效率和质量。
实施方案：配备智能餐厨设备、智能无人售卖机，引入智能称重结算系统。
项目成果：服务效率提升 30%，顾客满意度达到 88%，社区食堂成为居民日常用餐的首选。

某政府机关食堂智能化改造
项目背景：政府机关食堂需要提升食品安全管理水平，同时优化用餐体验。
实施方案：安装智能食安展示屏、智能体测仪，配备 AI 炒菜机器人。
项目成果：食品安全管理水平显著提升，用餐体验优化，机关食堂成为展示政府形象的重要窗口。

图 16-22　幸福餐厅的合作案例

附录一

北京师范大学教育学部
人工智能教育实验室：AI-GLC

交流答疑

随着数字经济时代的全面到来，智能教育已成为不可逆转的发展趋势，人工智能正深刻重塑着学习方式、教学组织与教育管理体系。

习近平总书记在《扎实推动教育强国建设》中明确指出，教育数智化是我国开辟教育发展新赛道和塑造教育发展新优势的重要突破口，要进一步推进数智教育，为个性化学习、终身学习、扩大优质教育资源覆盖面和教育现代化提供有效支撑。2025年伊始，教育部等部门出台《关于加快推进教育数字化的意见》并指出，要全面推进智能化，推动学科专业数字化升级和科研范式变革，推动课程体系、教材体系和教学体系智能化升级，将人工智能技术融入教育教学全要素全过程。在教育部办公厅发布的《关于加强中小学人工智能教育的通知》中，进一步指出，要研究制定中小学人工智能通识教育指南和普及读本，结合学科特点和学生发展特点完善信息科技、科学类、综合实践类等课程中的人工智能教育要求，落实跨学科学习、大单元教学、学科实践等教学模式。此后，北京、上海、广东、天津、江苏、四川、云南、辽宁等地也迅速出台了人工智能教育工作相关的政策、方案和措施。

2025年4月25日，为落实国家教育数字化战略，全面提升中小学书记校长、地方教育局局长的人工智能领导力，近日，教育部在国家教育行政学院举办人工智能校长局长专题培训班。教育部党组书记、部长怀进鹏作开班动员讲话指出，校长局长是推动教育改革发展的关键，面对科技迅猛发展的新形势，推动教师和校长局长更好地理解教育强国建设在中国式现代化中的重要地位，认识科技革命和产业变革对教育的深刻影响，牢牢把握以人工智能赋能教育高质量发展的战略价值、目标任务和理念方法，抢抓人工智能发展的历史机遇，充分发挥智能技术的变革性力量，赋能教育强国建设迈上新台阶。

北京师范大学是一所以教师教育、教育科学和文理基础学科为主要特色的著名学府，是国家985工程、211工程和双一流计划重点建设高校，是中国教育发展的领头羊。北京师范大学教育学部是北京师范大学2009年整合原有教育学科相关单位组建的教育学"航空母舰"，是中国教育科学研究的重要基地，也是国家重大教育政策咨询中心。北师大是人工智能领域"101计划"的15所重点院校之一，2025年3月推出"汉语言文学+人工智能"双学士学位培养项目，4月获批新增人工智能教育本科专业，着力推进学科深度交叉融合。

北京师范大学与国内知名数字化集团—高科技集团联手创建"北师大教育学部人工智能教育重点实验室",该实验室依托北京师范大学教育学科"双一流"建设优势,聚焦"数智化教育生态重构",致力于推动教育全场景的智能化创新,为构建未来教育新形态提供理论引领与技术支撑。实验室旨在打造教育与科技深度融合的创新平台,探索 AI 赋能教育的新路径,推动教育理论与实践的双向迭代。北京师范大学教育科技中心实验室和北京师范大学教育学部人工智能教育实验室如图附录一 –1 和图附录一 –2 所示。

图附录一 –1　北京师范大学教育科技中心实验室

图附录一 –2　北京师范大学教育学部人工智能教育实验室

一、核心研究方向：科技与教育的双向赋能

(一) 智能教学系统与个性化学习

实验室基于深度学习算法,开发了能够动态分析学习者认知状态的智能诊断系统。通过多模态数据采集(如眼动追踪、表情识别、交互行为分析等),系统可实时评估学习者的知识掌握程度与情绪状态,并自动调整教学策略。

例如，针对特殊教育群体设计的自适应学习平台，已在全国多所学校试点，显著提升了学习效果。

（二）教育大数据与决策支持

面对海量教育数据，实验室构建了"教育数据中台"，整合课堂行为、作业反馈、教师发展等多维度信息，运用联邦学习等技术实现数据隐私保护下的价值挖掘。其研发的"区域教育质量监测系统"已服务于多个省级教育部门，为教育政策制定提供科学依据。

（三）教育机器人与具身学习

实验室自主研发的多模态教育机器人，不仅具备自然语言交互能力，还能通过情感计算技术识别学习者的情绪变化，提供情感支持。在编程教育、STEM 课程中，机器人作为"智能助教"，引导学生通过动手实践完成知识建构，相关成果获国际机器人教育大会创新奖。

（四）教师专业发展智能化

针对教师能力提升需求，实验室开发了"AI 教练"系统，通过分析课堂教学视频，自动生成教学行为分析报告，并提供改进建议。该系统已在全国教师培训中应用，助力教师从"经验驱动"向"数据驱动"的教学模式转型。

二、数智教室：为教师学生提供个性化教与学的智慧教学平台

数智教室以联结为先的硬件设备为基础，包括智慧黑板、学生平板、教师平板等，通过需求导向的功能应用，如远程授课、互动精准教学、批阅辅助、个性化学习、教育数据分析等，结合内容为本的资源聚合，如三师名师、数字名师、备课资源、习题资源、学科工具等，以及全面赋能的 AI 智能，如 AI 智能推荐、AI 助教、智能体、AI 伴学、AI 心理伴读等，为教育领域带来创新解决方案。产品架构涵盖访问层、技术层、用户层、基础应用层、融合服务层等多个层面，支持 Web、移动端、微信、企微、钉钉等多种访问方式，基于大数据、物联网、云计算等技术，面向学生、教师、家长、督课及其他

相关人员，提供 AI 课堂、智慧作业、智能备课、智能题库、动态学情、数字人名师教学等基础应用，以及资源中心、教研中心、数据中心、测评中心、监管中心等融合服务。同时，产品还配备了智慧屏幕、4K 摄像头、拾音器、音响等智能终端，并结合 VR/AR/MR 虚拟实训室与智慧教室、运动场、学科实验室等虚拟空间与物理空间的应用，打造全方位的教学环境。其中，智能学伴提供 7×24h 的 1v1 陪伴学习，支持课前预习、课后针对性复习、课中高效学习等；智能助教则成为教师的得力助手，包括教师备课助手、课堂教学助手、答疑辅导助手等，还支持教师自定义 AI 智能体，学生规章制度反馈等。水手数智教室依托人工智能技术，与"智慧中小学"App 等国家智慧教育云平台无缝对接，提供覆盖基础教育全学段、全年级、全教材、全节点的丰富学习资源，同时提供云书院特色课程资源，如与院士合作打造的数字人微课体系，提供知识科普、志趣引导，以及签约名师打造的拔尖创新课程和大中衔接通识教育课程。在教学模式方面，创新采用"331"实效教学法，通过导、思、议、展、解、达、学七大环节，确立学生在课堂上的主体地位，发挥教师的引导作用，推动学生自主协作探究学习，倡导探索精神，引导学生主动发现并解决问题，教师规划课程框架，设计互动教学活动，学生自我反馈与反思。此外，产品还得到了北京师范大学教育学部人工智能教育的理论及技术支撑，包括中小学人工智能教育课程体系及实践平台开发等，并与百度、腾讯、长水教育集团、华为、希沃等知名企业展开战略合作，共同推进数字人大模型、AI 教育大模型、智能硬件等研发与应用，共同推进教育数字化转型。数智教室核心场景展示和数智教室 AI 心悦小屋如图附录一 –3 和图附录一 –4 所示。

图附录一 –3　数智教室核心场景展示　　图附录一 –4　数智教室 AI 心悦小屋

（一）数智教室的整体架构

如图附录一-5所示，数智教室整体架构设计以模块化、集成化、可扩展化、安全规范为基本原则，实现常态高清录播、直播点播、互动录播、IP对讲、无感考勤、学情分析、巡课评课、课程评价、教务管理、校园安防、远程集中管控、教研备课、作业在线批改、模拟考试、自适应学习、课外资源扩展、教师画像、学生画像、生涯管理、职业启蒙、心理辅导、科普讲堂等功能，整合提升现有的教学与管理系统，形成集"教、学、管、评、维"的统一化、科学化、智慧化综合性管理、教学、学习服务系统，达到提高教学质量、方便教学管理、优化教师授课环境、便捷学生学习、促进家校一体化融合、支持泛在学习和贯通培养的使用效果。

用户	学生	教师	家长	督课	其他
应用	**教**：智能备课／以学定教／精准教学／精品微课／三师课堂／数字人名师	**学**：自适应学习／题目推荐／作业批改／学情分析／AI答疑／口语练习	**管**：课质监测／内容审核／教务管理／校园安防／信息发布／后勤管理	**评**：学生画像／教师画像／课程评价／教师培训／教研质量评价／教育管理评价	**维**：数据大屏／运维管控／安全审计／数据分析／设备监测／故障诊断
平台	数据存储与分析挖掘平台	资源管理平台	集成管控平台	AI赋能平台	
硬件设备周边配套	智慧屏幕、智慧黑板、4K摄像头、拾音器、音响、师生终端、电子班牌、打印机、全息成像设备、以及其他相关硬件设备				

图附录一-5 数智教室架构

（二）数智教室的主要组成部分

硬件设备、资源服务、交互应用、AI算法是数智教室最为核心的组成部分，是实现精准教学、个性化学习、泛在学习和家校一体化融合的基础支撑。水手数智教室的组成部分如图附录一-6所示。

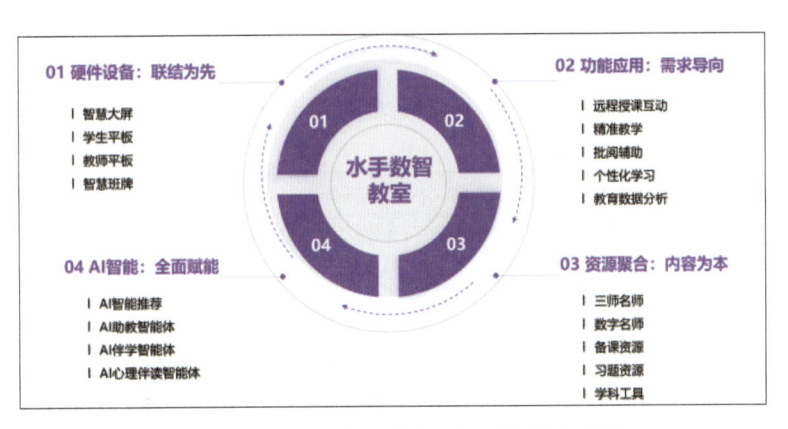

```
01 硬件设备：联结为先          02 功能应用：需求导向
  | 智慧大屏                    | 远程授课互动
  | 学生平板                    | 精准教学
  | 教师平板         水手数智    | 批阅辅助
  | 智慧班牌           教室      | 个性化学习
                                | 教育数据分析

04 AI智能：全面赋能            03 资源聚合：内容为本
  | AI智能推荐                  | 三师名师
  | AI助教智能体                | 数字名师
  | AI伴学智能体                | 备课资源
  | AI心理伴读智能体            | 习题资源
                                | 学科工具
```

图附录一-6　水手数智教室的组成部分

1. 硬件设备：联结为先

硬件设备是数智教室建设的物理基础，应用物联网技术实现互联互通，整合硬件设备资源，构建了统一的信息化系统，为教学活动提供强大的基础支持。数智教室的硬件部分主要由教室基础设施、多媒体教学设施、物联网基础设施、师生终端和其他周边设备组成，如图附录一-7所示。

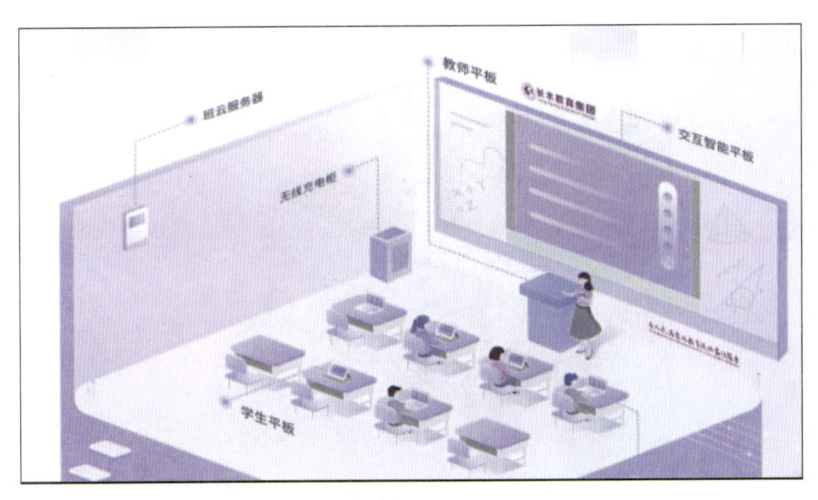

图附录一-7　数智教室主要硬件组成示意图

（1）教室基础设施

教室基础设施主要是指教室物理空间分布概况，如灯光照明、桌椅组合、黑板讲台设置、供电配电情况等。

（2）多媒体教学设施

多媒体教学设施主要是指信息表征和传递方式的多样化，如智能黑板/

205

交互式电子白板、音响、拾音器、全息影像采集系统、全息投影设备、数字虚拟实验室设备等教学设施，如图附录一 –8 所示。

图附录一 –8　智能大屏

（3）物联网基础设施

网络将数智教室的物理空间和数字空间进行无缝衔接。物联网基础设施主要包括交换机、网络通信系统等，如图附录一 –9 所示。如果缺少物联网的接入，不能够对学生学习过程的参与、互动等行为进行记录，那该教室仍旧是传统的多媒体教室，过度依赖教师的主观经验做出教学决策和干预。

图附录一 –9　物联网基础设施

（4）终端设备（如智能学习机、办公平板、PC 等）

终端设备主要用于资源获取、数据收集、信息反馈、互动交互、应用软件使用等，如图附录一 –10 所示。终端技术和学习过程的结合，使得学习过程中的大量数据能够被捕捉和记录，这样就产生了教育大数据，通过 AI 技术对数据的挖掘和解释，能够精准地刻画出学生的特征，从而可以预测个体的学习表现，并提供相应的学习干预。同时，在学生终端植入心理伴学和心理评测功能，一旦识别出学生处于心理危机状态，将会第一时间发出预警，并联动校方与专业心理咨询师，形成"预警—干预—跟进"的全链条守护与化解路径。

图附录一 –10　师生终端

（5）其他设备

1）**4K 高清摄像头**：如图附录 1–11 所示，用于无感考勤、课堂学情分析（学生状态分析、教师状态分析、师生互动分析）、三师课堂、直播课/录播课（四画面五场景：教师全景、教师特写、学生全景、学生特写、PPT 录屏）、校园安防、课质监测等应用场景。

2）**智慧班牌**：用于信息发布、电子课表、班级风貌展示。

3）**打印机**：用于自助联网打印资料等。

图附录一 –11　高清摄像头

2. 功能应用：需求导向

数智教室的应用软件系统的设计原则确立以需求为导向，以师生机协同为中心，注重主客体及内容资源之间的互动。根据用户身份的不同，应用软件功能可划分为学生端功能、教师端功能、家长端功能和督课端功能。

（1）学生端

应用软件学生端是学生用户接入数智教室，实现个性化学习的重要入口，同时也是学情分析的重要数据获取来源。一般包括以下功能：学习进度展示、学习情况分析、提交作业、模拟考试、AI 答疑、听力口语练习、题目收藏、错题本、联网打印、题目智能推荐、观看和评价微课视频、录播课、直播课/双师课堂学习、视频电话/语音对讲、课程评价、自助式数据分析、课外扩展、心理伴学、心理测评、职业启蒙、生涯管理等。

（2）教师端

应用软件教师端是教师用户接入数智教室，实现精准化教学的重要入口。一般包括以下功能：在线备课教研、在线组卷、布置作业、在线批改、学情分析、内容生产/微课视频录制、自助式数据分析、联网打印等。

（3）家长端

应用软件家长端是家长用户接入数智教室，与学校沟通实现家校融合育人的渠道。一般包括以下功能：在线实时掌握学生学习情况、学校通知资讯推送、向学校反馈信息等。

（4）督课端

应用软件督课端是督课用户接入数智教室的入口。一般包括以下功能：课质监测、课程评价、教育质量评价、教育管理评价、配置权限等。

3. 资源聚合：内容为本

数智教室服务平台是利用信息技术构建的，旨在为教育提供全方位服务和支持的数字化平台，主要包括教学资源平台、内容生产平台、数据存储平台、数据分析平台和集成控制平台等。服务平台为教师提供丰富的教学资源和便捷的教学工具，如在线备课、智能出题、自动批改作业等功能，节省了教师的备课时间和精力，使其能够更专注于教学本身，提高教学效率。通过对学生学习数据的分析，服务平台能够了解每个学生的学习特点、优势和不足，为学生提供个性化的学习建议和学习资源推荐。学生可以根据自己的情况自主选择学习内容和学习进度，实现个性化的学习体验，提高学习效果。

学校管理者可以通过服务平台实时了解学校的教学情况、学生的学习情况和教师的工作情况，实现对学校各项事务的精细化管理。

4. AI 智能：全面赋能

数智教室的 AI 智能全面赋能教学空间智能化、教学过程智能化、教育资源智能化、教育治理智能化、教师发展智能化、学生学习智能化。伴随 AI 技术的迭代更新，AI 智能有效助力数智教室不断实现教学场景的多元定制、多模态深度交互等，不仅能够带来"教"与"学"空间的变革，更能引领教师与学习者课堂角色的转变，深度重塑新时代教育理念、教育模式。

（三）基于数智教室的"三师同步课堂"教学模式探析

某教育集团"三师同步课堂"采用"名师直播＋助教个性化辅导＋德育导师成长指导"的三师协同教学，如图附录一 –12 所示。"三师同步课堂"运用信息化手段重新配置学习空间、时间及学习资源，利用"一朵云、一张网、一块屏"搭建同步课堂，将主教室的名师授课活动实时直播到其他区域教室，实现了教育优质资源的共享及整体教育质量的提升。

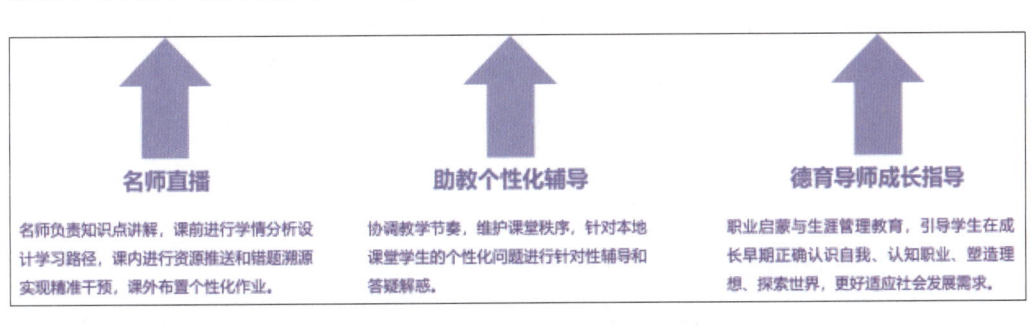

图附录一 –12　三师协同教学

1. 基于数智教室的"三师同步课堂"对个性化学习的支持

（1）全息投影名师异地同步直播

传统的远程教学听课效果和现场听课效果相差较大，特别是教师有实物展示环节时，由于只能通过视频观看，学生很难有真实的体验感，从而影响了远程课堂的教学效率。但数智教室借助于"5G＋全息投影"，便可让学生体验到名师亲临现场的教学体验。在"5G＋全息投影"辅助下，名师的身影会实时以 1:1 的比例投影到远程课堂中，让学生有种名师就在身边讲课的感觉。"5G+ 全息投影"让远程教育更加逼真，只要学生所在地方构建了 5G 网络、全息投影相关设备，便可体验到优秀教师的"真人"远程讲课，实现课程的同步教学。这种体验大幅提升了课堂的互动性，学生的临场感更强。

（2）数字化与生成性学习资源支持学生自主选择

首先，数智教室提供丰富的学习资源库，如图附录一 –13 所示，学生可以从自身情况出发，明确自身的学习需要后合理选择相关学习资源，以此积极调动学生的学习自主性。其次，数智教室注重生成性学习资源的获取和保存。生成性学习资源包含了学生个人的个性化因素。此外，数智教室支持学生能够随时随地获取丰富的学习资源进行泛在学习。学生在面对新的课程内容时，学习时间不再只是停留在课堂上，学习资源贯穿学习的全过程。言而总之，数智教室的数字化、智能化与学习资源、学习过程的个性化，是个性化学习开展的重要支撑。

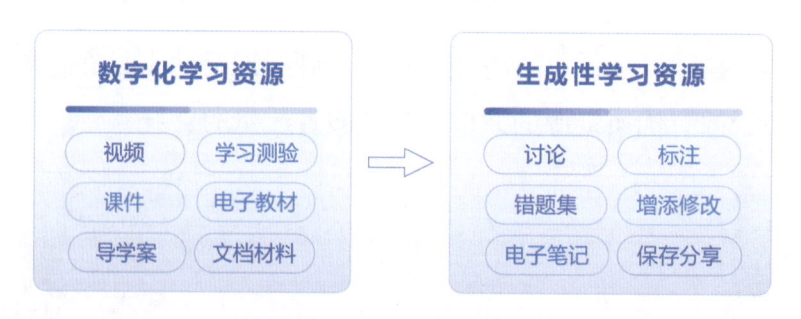

图附录一 –13　学习资源库

（3）线上与线下的立体交互反馈促进学生个性发展

传统教室由于课堂时间、学生人数等限制，交互的广度和深度一直是教学实践中比较难以平衡的问题。教师不能及时与每一位学生互动，难以实时掌握每位学生的参与情况，从而不能快速认识教学状况以调整教学方法。数智教室中交互技术的应用，可以较好地打破这个局限。如图附录一 –14 所示，在数智教室学习环境下，远程名师和现场助教老师都可以和个别学生进行交互，也可以和全班学生进行交互，通过投票、抢答、在线问卷、随堂测试等形式，师生之间进行双向交互的高效反馈。在课堂学习过程中，教师和学生可以通过问答、留言等形式进行讨论。在线上的自主学习过程中，师生和生生之间利用在线交流软件讨论、求助，还可以选择 AI 答疑辅助学生个性化学习。

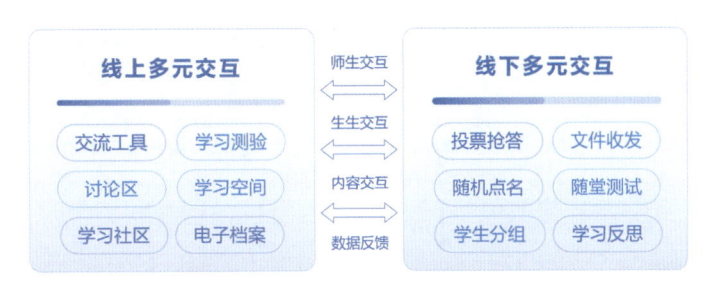

图附录一 –14 线上线下多元交互

（4）贯穿全过程的学习数据有效驱动学生知识建构

在之前的学习环境中，教师难以有充足的时间和精力照顾到所有学生，学生的学习状态难以实时反馈给教师。数智教室提供完整解决方案，支持记录学生学习全过程，将学生学习过程数据化、评价反馈实时化、教学决策科学化。学生在课前、课中、课后的学习过程中，例如点击学习视频、完成随堂测试、参与主客观题互动等学习行为，数智教室学习系统会以数据的形式记录在学生数字画像中。因此，学生的学习评价将不再是一张试卷的分数和排名，过程性评价的占比将逐渐加大倾斜，数据化的学习全过程将成为学生评价的重要依据。基于此，将学习评价结果实时反馈给远程名师、本地助教老师和学生，学生可以充分认识自己的学习掌握度及时调整学习方法，远程名师、本地助教老师则适当进行引导和干预，促进学生进行自我反思从而实现学习状态的最佳化。如图附录一 –15 所示，通过贯穿全过程的学习数据记录与反馈，可以及时帮助师生调整教与学方法，促进对知识学习的自主建构。

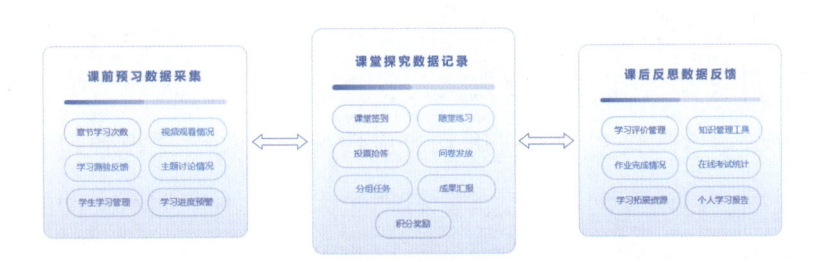

图附录一 –15 学习记录贯穿学习全过程

2. 基于数智教室的"三师同步课堂"个性化学习模式的构建及阐述

基于数智教室的"三师同步课堂"个性化学习模式的构建，如图附录一 –16 所示。

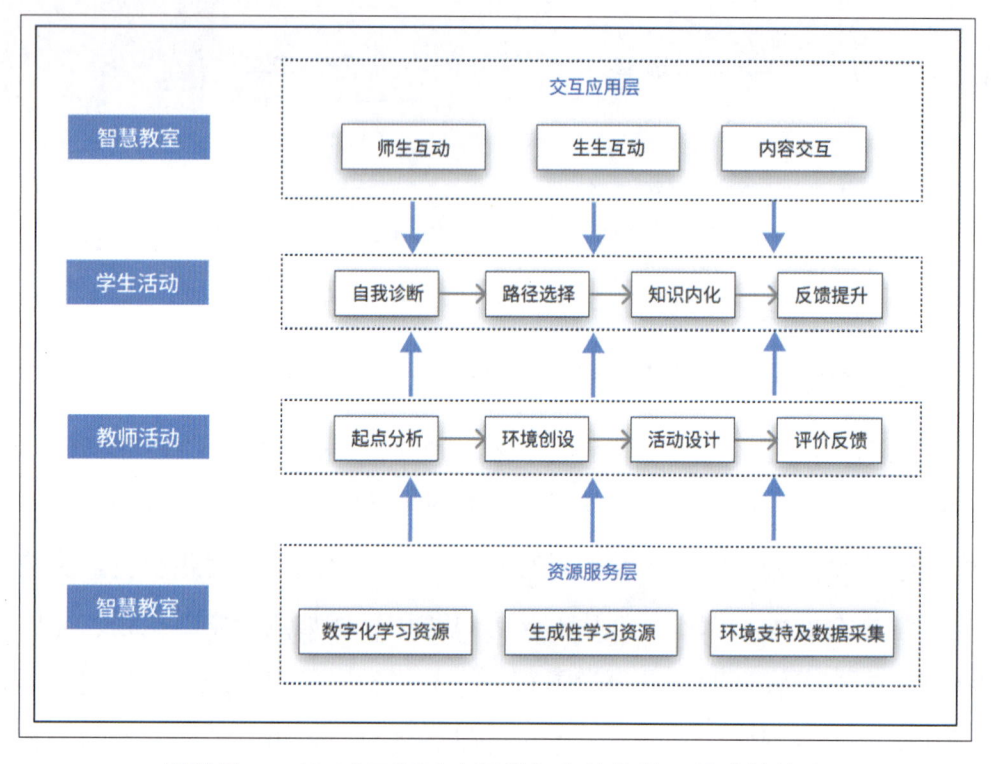

```
┌─────────────────────────────────────────────────────────────┐
│              交互应用层                                      │
│ 智慧教室   ┌─师生互动─┐ ┌─生生互动─┐ ┌─内容交互─┐          │
│            └────┬────┘ └────┬────┘ └────┬────┘             │
│                 ↓           ↓           ↓                   │
│ 学生活动   ┌自我诊断→路径选择→知识内化→反馈提升┐            │
│                 ↑           ↑           ↑                   │
│ 教师活动   ┌起点分析→环境创设→活动设计→评价反馈┐            │
│                 ↑           ↑           ↑                   │
│              资源服务层                                      │
│ 智慧教室  ┌数字化学习资源┐┌生成性学习资源┐┌环境支持及数据采集┐│
└─────────────────────────────────────────────────────────────┘
```

图附录一 –16 "三师同步课堂"个性化学习模式地构建

（1）以学定教——分析学习起点，明确学习目标

课前的个性化学习，是学生根据个人的学习起点和学习偏好分析学习需求，选择相应的学习资源进行自主学习。学生根据自身学习情况选择不同难度的学习测验进行知识水平的摸底。远程名师通过数智教室的学习平台，推送相应的数字化学习资源和学习测验到学生终端，并对学生学习过程进行监测。如果学生在学习过程中出现疑问，可以通过交流工具与远程名师、本地助教进行探讨或者利用 AI 答疑数字人名师进行解答。远程名师、本地助教可以实时查看学生的自主学习进度和完成情况，比如微课视频观看时长、学习测验完成率、讨论互动参与度等。针对个别学习不自觉不主动的学生，学习平台会发送学习预警提示消息。本地助教老师通过交流工具了解学生的学习困难和学习态度，知晓学生的真实想法和需求后进行适当、精准的干预。远程名师、本地助教老师通过学习平台查看学生的学习情况反馈，基于此设计差异化的学习目标，切实满足不同知识水平的学生需求，从而实现以学定教的目的和策略。

（2）学习决策——根据数据分析，选择学习路径

远程名师根据学生自主预习的学习数据反馈，对于学生出现的共性问题进行总结，再次带领学生梳理课前预习的重要知识点。在课中学习互动方面，要依托于数智教室学习环境提供的在线交流工具、投票抢答、随机选人等课堂活动。在学习资源方面，要依托于数智教室提供的电子笔记、电子板书、错题集等生成性学习资源。根据主观经验和多维度的学习数据反馈，选择学习路径，旨在为学生提供个性化的辅导，实现精准教学。

（3）教学相辅——设计教学互动，促进知识内化

远程名师授课中或授课后，推送课堂随测给所有学生进一步夯实学习基础。远程名师通过学习平台查看课堂随测的学习数据反馈，了解学生对于本节课知识内化的掌握度，对于学生一知半解的题目进行解答。远程名师和本地助教老师针对共性问题和个性问题分别处理，实现精准教学和个性化学习，促进学生对于课程知识的自主内化，从而实现教学相辅的教学原则。

（4）以评促学——多元学习评价，促进学习反思

学习评价要注重评价的多元化和动态化，要用发展的眼光去看待学生的成长轨迹，不能把期末成绩作为学习评价的唯一考量。本地助教老师整理数智教室学习平台记录学生学习过程的电子档案，将学习过程数据反馈给所有学生。让学生客观审视自己的学习评价反馈，深入反思自己的学习积极性、交互参与情况、学习态度等。只有学生对自己的学习过程有着深刻的认知，才能驱动学生主动学习的内生动力，从而促进学生的个性化学习。课后布置个性化的作业、推送学习拓展资源和习题训练，可以帮助学生进行专业知识学习的提升，以学习评价反馈驱动学生进行自我反思，实现以评促学的教学目的。

三、数智教室的功能优势

（一）一体化融合与统一管理

数智教室通过物联设备的统一管理，实现了教室设备的自动开关和集中控制。这种一体化融合不仅提升了教室的管理能力，还减轻了管理人员的工作压力。

（二）智能化教学与个性化学习

数智教室支持线上线下混合式教学，具备无线投屏、多屏互动、实时反馈与互动、个性化资源推送等功能，丰富了教学模式。同时，它还通过大数据和 AI 技术，为学生提供个性化学习路径，为教师提供精准化教学支持。

（三）远程互动与资源共享

数智教室的远程互动功能打破了时空限制，支持跨区域、跨校际的教学互动。通过高清录播系统和远程互动平台，教师可以实现异地教学，学生可以共享优质教育资源。

（四）数据采集与分析

数智教室能够全方位采集多种教学数据，包括学生的考勤记录、课堂表现（如发言次数、参与互动情况等）、作业提交情况、考试成绩等。同时，还能记录教师的教学行为（如教学进度、教学方法使用情况等）。通过对采集到的数据进行深度分析和应用，教师可以了解学生的学习状态和需求，发现教学过程中的问题和不足。例如，分析学生在某个知识点上的掌握情况，找出学习困难的学生群体，从而为教学改进提供依据。

（五）安全与管理功能

数智教室的设备和网络系统具备完善的安全防护机制，可以防止数据泄露、网络攻击等安全问题。例如，通过采用防火墙、加密技术、访问控制等措施，保障教学数据的安全和系统的稳定运行。

四、数智教室对教育的深远影响

数智教室不仅是一种技术的创新，更是教育理念的变革。它通过智能化、个性化的教学环境，推动了从传统"教"向"学"的转变。同时，数智教室也为教育的国际化、多元化提供了技术支持，融合全球教育资源，借助现代科技的力量，培养具有创新能力和国际视野的未来人才。数智教室对教育具有多方面的革命性影响，主要体现在以下几个方面。

(一)教育理念的更新

师生机协同的理念深入人心:数智教室的建设和应用,促使教育工作者更加关注通过师生机协同满足学生的需求和体验。教师在教学过程中更加注重学生的主动参与和个性化发展,而不是单纯地传授知识。

终身学习理念的强化:数智教室为学生提供了一个持续学习的环境,学生可以通过网络获取各种学习资源,随时随地进行学习。这种学习方式的改变,有助于培养学生的自主学习能力和终身学习意识。

(二)教学模式的变革

从传统教学到个性化教学:数智教室通过大数据分析和人工智能技术,能够根据每个学生的学习习惯、能力和偏好,为学生提供个性化的学习计划和资源推荐,真正做到"因材施教"。这种个性化教学模式不仅提高了学习效率,还增强了学生的学习动力。

从单向灌输到互动式教学:传统课堂中的教师往往是知识的单向传授者,而数智教室通过多种互动技术,如多屏互动、实时反馈系统等,使课堂成为师生之间、学生之间互动交流的平台。例如,教师可以在课堂上随时发起提问、测验,并根据学生的即时反馈调整教学内容。

(三)教师角色的转变

从知识传授者到学习引导者:在数智教室中,从以教师为中心的教学模式转变为以学生为中心的教学模式的过程中,教师已不再是知识的单向传授者,但这并不意味着教师完全失去了主动权,反之,教师正逐渐转变为一个协调学习节奏、维护学习秩序、负责答疑解惑的学生学习的引导者、组织者和促进者。他们需要更多地关注学生的学习过程,引导学生自主学习、合作学习和探究学习。

从经验型教学到数据驱动教学:数智教室为教师提供了大量的教学数据支持,教师可以通过对这些数据的分析,了解学生的学习需求和问题,从而制定更加科学合理的教学策略。这种数据驱动的教学模式,能够提高教学的针对性和有效性,保证学生能够较好地掌握所学知识。

（四）教学评价的创新

从结果评价到过程评价：传统教学评价主要侧重于学生的考试成绩等结果性指标，而数智教室通过数据挖掘和学习分析技术，能够对学生的学习过程进行全面、客观的评价。例如，教师可以实时了解学生的学习进度、参与度、学习习惯等，从而更准确地评估学生的学习情况。针对教师的评价，数智教室可以将备课、授课、答疑的过程数据化，通过完整的教学过程数据，形成客观准确的教师画像或教师档案。

从单一评价到多元评价：数智教室支持多元化的评价方式，除了传统的考试成绩外，还可以通过学生的课堂表现、在线学习行为、小组合作成果等多维度数据进行综合评价。这种多元化的评价方式能够更全面地反映学生的学习能力和综合素质。

（五）教学资源的优化

资源的智能化推送：随着教育数字化战略的推进和师生智能终端的逐渐普及，教辅资料更多地由纸质资料转为多媒体资料，数智教室能够根据教学进度和学生的学习情况，自动推送相关的多媒体教学资源，如课件、视频、练习题等。这种智能化的资源推送方式，不仅节省了教师寻找和整理资源的时间，还能确保学生获取到最适合自己的学习资源。

资源的共享与协同：数智教室打破了时间和空间的限制，使得教学资源能够在更大范围内实现共享和协同。教师可以方便地获取其他优秀教师的教学资源，并在此基础上进行二次开发。同时，学生也可以通过网络访问各种在线学习资源，拓宽学习视野。

（六）教育公平的促进

优质资源共享：数智教室通过网络技术和教育资源平台，能够将优质的教学资源传递到偏远地区和教育资源相对匮乏的地方，缩小城乡、区域之间的教育差距。例如，通过远程直播课堂，让农村学生也能享受到城市优质学校的课程资源。

个性化教育的普及：数智教室的个性化教学功能，使得每个学生都能获得适合自己的教育。无论其家庭背景、学习基础如何，这种个性化的教育方式，有助于激发每个学生的学习潜力，促进教育公平。

五、全球学习共同体：教育的新愿景

在当今全球化与信息化飞速发展的时代，教育正面临着前所未有的机遇与挑战。全球学习共同体是一个跨越国界、文化和语言的学习生态系统，如图附录一–17所示。在这个系统中，学习者无论身处何地，都能通过网络平台、教育资源共享等方式，与世界各地的人共同学习、交流与成长。全球学习共同体的构建，打破了传统教育的时空限制，让知识的传播更加高效、多元和个性化，是教育未来发展的必然趋势。

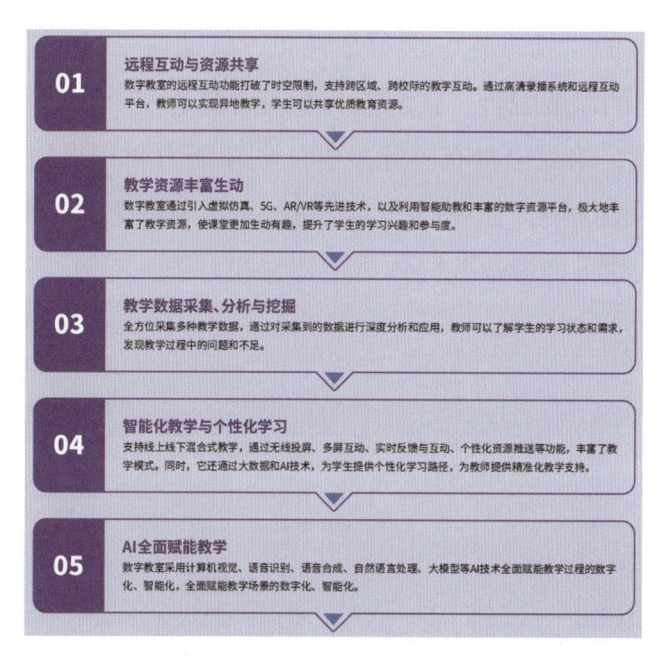

01 远程互动与资源共享
数字教室的远程互动功能打破了时空限制，支持跨区域、跨校际的教学互动。通过高清摄播系统和远程互动平台，教师可以实现异地教学，学生可以共享优质教育资源。

02 教学资源丰富生动
数字教室通过引入虚拟仿真、5G、AR/VR等先进技术，以及利用智能助教和丰富的数字资源平台，极大地丰富了教学资源，使课堂更加生动有趣，提升了学生的学习兴趣和参与度。

03 教学数据采集、分析与挖掘
全方位采集多种教学数据，通过对采集到的数据进行深度分析和应用，教师可以了解学生的学习状态和需求，发现教学过程中的问题和不足。

04 智能化教学与个性化学习
支持线上线下混合式教学，通过无线投屏、多屏互动、实时反馈与互动、个性化资源推送等功能，丰富了教学模式。同时，它还通过大数据和AI技术，为学生提供个性化学习路径，为教师提供精准化教学支持。

05 AI全面赋能教学
数字教室采用计算机视觉、语音识别、语音合成、自然语言处理、大模型等AI技术全面赋能教学过程的数字化、智能化，全面赋能教学场景的数字化、智能化。

图附录一–17　全球学习共同体

在全球学习共同体中，学习不再局限于学校教室，而是延伸到整个世界。我们可以将世界各地的优质教育资源引入国内，丰富我们的教育内容和形式。同时，也将中国的教育理念和实践经验推向世界，促进全球教育的交流与合作。学生可以通过国际学术交流、跨国文化活动、全球问题研讨等与不同国家的同龄人合作开展项目，了解不同文化背景下的思维方式和解决问题的方法，从而更好地适应全球化时代的发展需求。教师也可以跨国界交流教学经验，共同探索更有效的教学策略。这种全球化的学习模式不仅丰富了学习内容，更培养了学习者的跨文化沟通能力、团队协作能力和全球视野。

六、结语

在全球教育变革的浪潮中，数智教室以其强大的功能和创新的理念，不仅成为教师创新教学、学生自主学习和学校管理智能化的核心平台，更将成为构建全球学习共同体的重要力量。

全球学习共同体不仅是教育发展的未来方向，更是构建人类命运共同体的重要基石。构建全球学习共同体，以"中国心"为根基，以"世界眼"为视野，以"现代脑"为动力，是我国新时代教育发展的必然选择。通过智慧教育、AI 技术、教学精准化、学习个性化、自适应学习、贯通培养、生涯管理和创新能力的深度融合，我们能为学习者打造一个全球化、多元化、个性化的学习环境，培养出具有国际视野、创新能力和担当精神的未来人才。在教育全球化的浪潮中，让我们携手共进，以教育的力量推动人类社会的进步与发展，为构建人类命运共同体贡献智慧和力量。

附录二

人工智能教育在各省市的应用案例

交流答疑

第一节　全国人工智能校长局长专题培训班精选案例

(来源：人工智能校长局长专题培训班)

一、《AI赋能高中地理课堂促进学生高阶思维发展——以永定河流域协调发展为例》

本案例以永定河流域为例，先提出生态补水的重要性，再基于流域协调发展的角度，引导学生与AI协同，探究保障北京段水环境的措施，从思维引导和思维呈现两个环节凸显AI赋能地理课堂，促进学生高阶思维发展。主要环节是先让学生自己作答，促使学生原有认知思维外显，再与AI的建议进行比较、分析，进而修正、完善自己的作答，促进学生思维进阶。再通过学生讲解、同学互评、教师点评等方式继续完善作答，基于完善后的作答自主构建模型，并进一步与AI生成的模型进行比较，继续优化、完善模型，提升思维迁移能力，彰显了AI在助力学生发展高阶思维中的作用。

二、《AI助力初中数学课堂的精准化·社会化·人文化三维重构》

案例以《二元一次方程组复习课》为载体，通过智能诊断引擎、动态交互平台、文化智能体三大技术模块，创新AI支持下的初中数学课堂新范式，实现"精准化、社会化、人文化"三维重构的AI共生课堂。

精准诊断层面，AI构建教学闭环新范式。实时拍批技术实现练习即时反馈，精准定位薄弱环节；智能作业系统依据个体认知差异推送分层任务，形成"检测→诊断→强化"的个性化学习路径。

动态交互领域，AI打破传统课堂边界。社区化平台支持全班实时思维碰撞，观点聚类算法可视化呈现思维脉络，AI引导式提问拓展解题视角，构建网状知识生长体系。

文化传承维度，AI搭建跨时空对话桥梁。刘徽智能体将数学史转化为沉浸式对话，学生在追问"消元法"本质的过程中，沿"二元→多元→高次"路径理解方程思想精髓，实现科技赋能与文化浸润的双向融合。

三、《基于 AI 支持的物理实验设计与实践》

案例围绕《波的干涉》创新实验展开，以 AI 技术为教学赋能。教学中，针对学生反馈的声音干涉视频效果问题，教师提出探究任务，引导学生思考实验设计。在 AI 支持下，学生借助实验室小白获取器材建议、方案诊断，设计出定性与定量实验方案。定性实验通过声控频谱灯直观呈现干涉现象，定量实验则运用多种传感器精准采集数据。面对技术难题，AI 辅助生成代码，完成图像诊断与三维建模；实验后，AI 还参与误差分析并提供优化方案，助力学生形成完整调研报告。AI 深度融入教学全流程，显著提升了学生的自主学习与协作能力，为物理实验教学创新提供全新范式。

第二节　以人为本，打造未来学校智慧新生态

（来源：北京一零一中公众号）

北京一零一中教育集团以"101 未来学校"项目建设为依托，探索和建设了教育集团特色式的 1+1+N 智慧校园模式，旨在打造智能时代新生态的未来学校，搭建起统一的智慧教育生态圈，构筑线上线下相互融合相互促进的智慧教育场景。

一、以人为本，打造未来学校智慧新生态

（一）以智慧校园为核心，打造未来学校群落式生态圈

"101 未来学校"项目根据标准打造未来学校群落式生态圈，智慧校园内核包括搭建满足用户需求的应用层、支撑平台层、基础设施层等，如图附录二 –1 所示。

图附录二 -1　智慧校园内核

（二）系统规划，标准建设，搭建一体化学校信息平台

项目设计时，打破现有独立系统边界，以"一盘棋"思想、系统性思维搭建统一校园信息化平台——未来学校平台。一体化校园信息平台如图附录二 -2 所示，系统规划，建设信息化平台生态圈；标准建设，建立数据信息标准及规范。

图附录二 -2　一体化校园信息平台

（三）线上线下深度融合，探索多元教学模式

突破时间、空间限制，为师生建立多样化多场景的新型教学模式，初步探索 1+3 线上线下融合教学模式，满足不同场景的教与学需求。多元教学模式如图附录二 -3 所示。

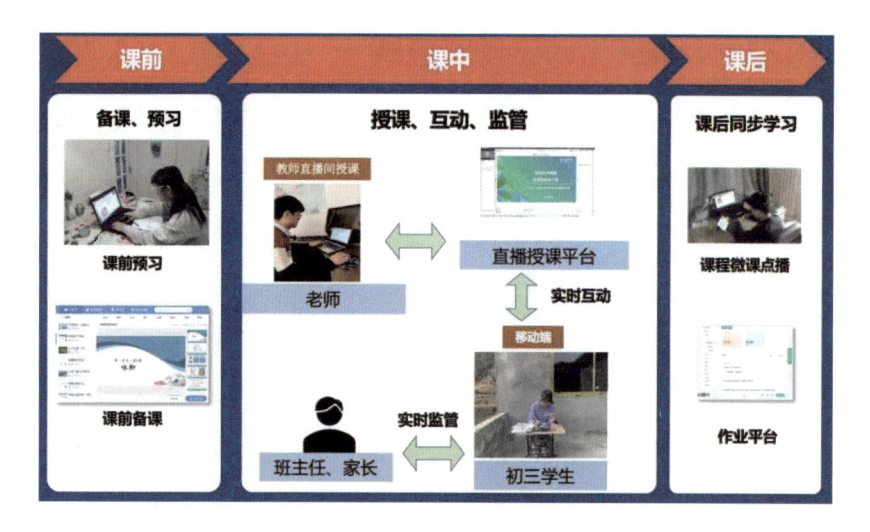

图附录二-3 多元教学模式

（四）建立评价体系，实现个性化智慧学习

建立教育集团大数据采集分析体系，覆盖全部校区，实现教育质量一体化监测与评价指导。基础数据管理平台如图附录二-4所示。

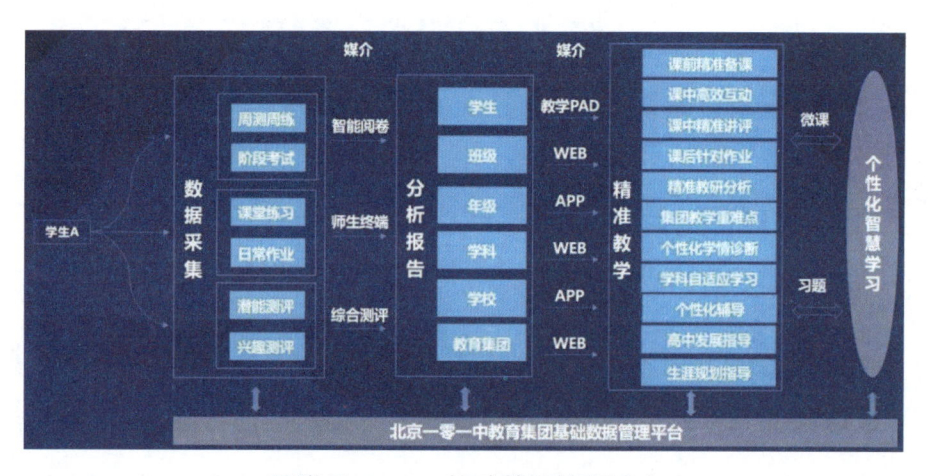

图附录二-4 基础数据管理平台

（五）建立课程体系、教研体系，促进集团校均衡发展

建立统一课程体系、统一教研体系系统，为教师提供跨校区、跨时段相互学习、交流、成长的平台，以充分发挥成员校的优势力量，共享优质教育资源，促进集团校协同均衡发展。

二、打造 1+1+N 信息化，建设新范式

在 2019 年年底开始启动"101 未来学校"项目，搭建"未来学校平台"，将所有的业务功能系统统一与基础平台进行对接，实现用户、组织、资源、数据等多方面的全局统筹和互联互通，形成了具有北京一零一中教育集团特色的 1+1+N 信息化建设新范式。

（一）建设统一的门户和认证服务

未来学校平台功能模块如图附录二 –5 所示，在教育集团内，建设统一门户和身份认证服务，将集团内所有校区的宣发内容、成果展示、师生教与学所涉及的应用功能等集中统一并分类展示。

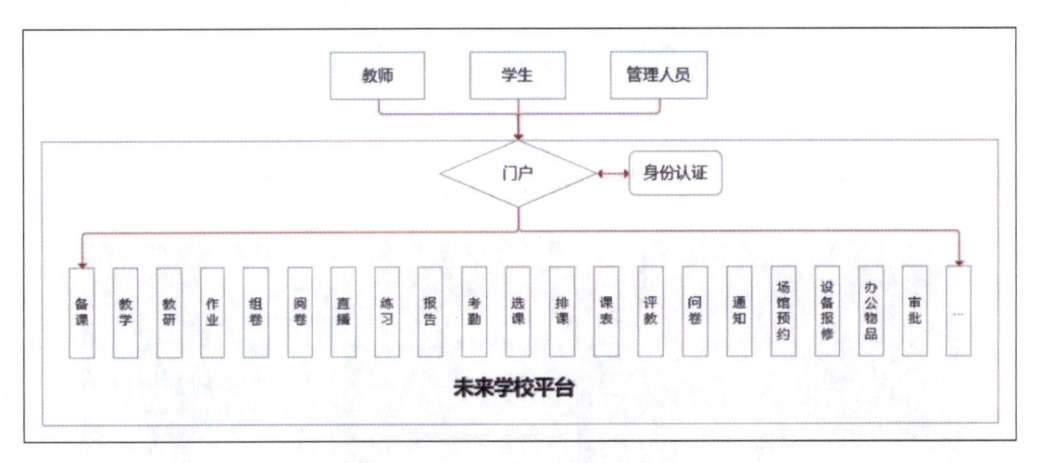

图附录二 –5　未来学校平台功能模块

（二）建设统一的基础平台和资源中心

未来学校平台将全集团内组织结构、角色身份、用户信息、数字教学资源等基础信息进行数据标准化处理，在规范统一的技术架构下进行底层应用基础结构的建设。

（三）有机整合可扩展的、融合 N 个信息化应用的系统

未来学校平台成为一个可扩展、可融合各业务系统的综合性应用平台，如图附录二 –6 所示，将过去使用的功能系统与新建设的功能系统集成统一在平台内，使师生和学校管理人员无需登录不同的功能系统进行操作。

图附录二-6　未来学校综合性应用平台

（四）实现线上线下联动，信息化融合应用创新

持续建设和完善线上线下融合（Online-Merge-Offline，OMO）教学模式。线上线下结合的授课方法和教学场景为疫情期间"停课不停学"场景的OMO授课模式打好了坚实的基础。

三、未来学校，智慧新生态实践成效

（1）通过系统整合和优化使用，提升了教师信息化应用的意识和能力。在集团搭建基础平台，并将各个应用场景的功能系统统一集成到未来学校平台后，教师可以根据教学场景的需求，直接寻找到其所需要使用的功能。

（2）解决了疫情时期和常态化防控时期的教学场景多样需求。教育集团内的课堂教学设计由以往的传统线下课堂的教学设计，逐步转变为可跨区域、跨学校以及脱离空间概念的新型课堂教学设置。跨区域课堂教学如图附录二-7所示。

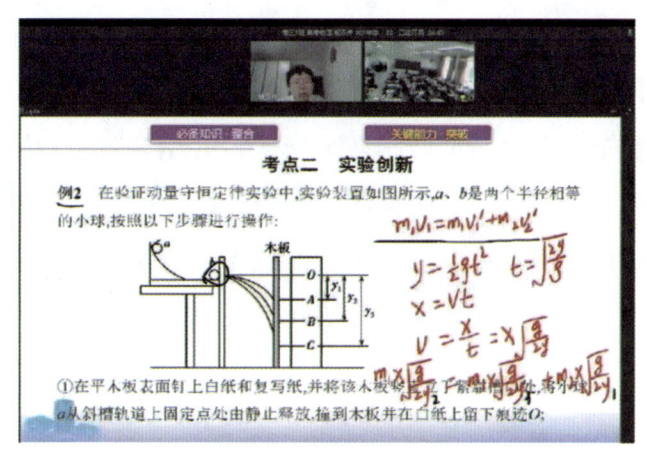

图附录二-7　跨区课堂教学

（3）通过系统整合和优化使用，提升了教师信息化应用的意识和能力。线上线下的融合教学模式，将圆明园校区优秀老师的课程同步传递至远端教室，学校由传统的教学教研模式转变为依托信息技术、设备设施、直播互动等工具的新形态的教学生态模式。

通过教育信息化的深入实践，具有一零一中教育集团特色的智慧校园建设进入新阶段。北京一零一教育集团以打造一流教育集团为目标，响应"双减"政策，依托"101未来学校"项目，充分发挥教育信息化建设的支撑和引擎作用，为全面推进教育现代化注入活力。

第三节　分层走班制下智慧校园建设的实践研究——以北京亦庄实验中学为例

（来源：《中国信息技术教育》2025年第03期特别关注：2024年度智慧教育优秀案例（上））

【摘要】 本书以北京亦庄实验中学为例，探讨了分层走班制下智慧校园建设的实践研究。学校通过引入智慧校园系统，有效支持了分层走班制教学模式的实施，满足了学生个性化学习需求，提高了教育教学质量。同时，学校在实践中不断摸索，通过日常系统维护更新、教师人工智能培训、技术指导辅助教学、人工智能与教学内容相融合等措施，不断提升智慧校园的稳定性和使用效果，体现了教育创新与实践相结合的特色。

【关键词】 分层走班制；智慧校园；教育创新实践

随着信息技术的飞速发展，教育信息化已成为推动教育现代化、提升教育教学质量的重要手段。北京亦庄实验中学作为一所积极探索教育创新的前沿学校，率先实施分层走班制教学模式，并结合智慧校园建设，致力于满足学生个性化学习需求，提高教育教学质量。本书旨在通过剖析北京亦庄实验中学在数智化校园建设、人工智能技术对分层精准教学的支持、人工智能融合教学等方面的实践，探讨分层走班制下智慧校园建设的实践效果与挑战。

一、数智化校园的建设

（一）建设背景与目标

在信息化时代背景下，传统教育模式具有教学资源和手段单一、难以适应个性化学习需求等局限性。通过数智化校园建设，打造智能化、个性化的教学环境，支持分层走班制教学模式的实施。建设目标包括：构建稳定、畅通、安全的网络环境，提供丰富多样的数字化教学资源，实现教育教学信息的快速传递与共享，满足学生个性化学习需求，提高教育教学质量。

（二）建设内容与实施

1. 构建数智基石，打造智慧校园稳定网络生态

学校以万兆主干交换网为核心、千兆接入为基础布线系统，在每一间教室设置了 11 个基础信息点及扩展功能点位。同时，完善开发平台及中间件、数据库等智慧校园平台服务系统，配备互动触控一体机、办公计算机、巡考监控设备、无线 AP 等基础设施，为校园信息化的应用打下坚实的网络基础。

2. 形成"管理驾驶舱"，实现精准化校园管理

北京亦庄实验中学注重通过大数据进行课程管理与评价，教师可以通过对教学诊断数据的分析反思教学行为，调整教学策略；学生可以根据学习数据记录和各类行为分析，建立合理的自我认知，优化学习方式，有针对性地进行自主学习。北京亦庄实验中学将数智化校园中的智慧管理、智慧学习、智慧生活、综合素质评价等相关数据进行集中采集和处理，再通过一定的大数据技术手段对学校的大数据进行分析、处理、挖掘，形成了学校的"管理驾驶舱"。区别于传统的表格式、文字式软件操作方式，"管理驾驶舱"采用了可视化交互式的软件操作界面，能够可视化呈现相关数据，便于学校管理者快速、便捷地掌握相关信息，从而确保学校各项信息化工作的顺利进行。

3. 创建自适应平台，实现个性化泛在学习

智慧学习环境下的教学更加关注学生的个性化学习诉求，而数智化校园的建设可以推动以学生成长为核心的智慧课堂的发展。智慧课堂既具有顺应教育规律、实现课堂迭代的科学属性和尊重技术思维、走向深度融合的技术

属性，也具有强化共享融合、优化文化氛围的文化属性，还具有活跃生生关系、构建超级场域的社会属性。基于学校已有的学生学习、考试及教育过程的数据支撑，智慧校园可以深度重建不同学习特征学生的学习过程，从而建设自适应学习平台，帮助学生依据个性化学习特征，设计学习过程，实现更加个性化的泛在学习。自适应平台整合学校录播系统中的精品课程，涵盖初高中主流学科及部分科学课程。按照资源建设的流程，将教师的教学理念融入教学资源，结合技术手段，丰富课程内容及表现形式。由此建立的网络资源开放平台能够通过数据分析，为教学活动提供最适合的资源支撑。

值得一提的是，在疫情防控期间，北京亦庄实验中学借助信息化手段启动了线上教育，要求学生利用各种途径完成日常学习任务。自线上教育开展以来，北京亦庄实验中学已开发了近百门线上课程，在线学习已达 35180 次，取得了良好的学习效果。

二、人工智能技术对分层精准教学的支持

（一）对学科知识图谱构建的支持

学科关键能力需要通过学科问题解决或任务完成来培养。因此，构建较为清晰的教育领域模型显得尤为重要。这一模型需要清晰地勾勒出学科知识的脉络、问题的核心以及能力的培养方向，并深入揭示知识与知识、问题与问题、能力与能力之间的内在联系。同时，知识与问题、问题与能力之间的映射关系也需得到精准刻画，这是推动精准教学顺利进行的关键所在。

以概念图、知识地图等为代表的教育领域模型，在学科教学中发挥着举足轻重的作用。它们能够将原本零散的知识点串联起来，形成逻辑清晰、结构完整的知识体系，从而有助于学生更系统地掌握学科知识，更有效地进行知识建构。通过这种方式，我们不仅能够为学生提供更为精准的教学指导，还能够为他们的学科素养提升和全面发展奠定坚实基础。

【实例】利用 TreeMind 树图生成人教版初中锐角三角函数章节的思维导图

提问： 请为我生成一份以树状图形式呈现的人教版初中锐角三角函数章节的思维导图，具体要求如下：

（1）该思维导图需严格遵循义务教育数学课程标准（2022年版）的要求，突出锐角三角函数章节的核心内容，包括但不限于锐角三角函数的定义、特殊锐角三角函数值的记忆与运用、锐角三角函数在解决实际问题中的应用，以及俯角、仰角、方向角等概念的理解与应用。

（2）在构建思维导图时，需充分展现锐角三角函数章节与其他初中数学章节之间的紧密联系。特别是要突出与相似三角形、勾股定理等章节的关联，展示这些知识点如何相互支持、相互补充，形成一个完整的知识体系。

通过这份思维导图，我希望能够更直观地理解锐角三角函数章节的知识结构，把握其与初中数学其他章节的内在联系，从而更好地掌握和运用相关知识。

在此基础上，教师可以进一步发挥创造力，将思维导图进行变形、变色、变内容，甚至添加新的元素，以便将其改造为更加贴近学生实际学习需求的思维导图。这样不仅能够增强思维导图的实用性和针对性，还能够激发学生的学习兴趣和积极性，从而更好地促进学生的学习发展。

(二) 对学生画像构建的支持

在精准教学中，一切行动靠数据，数据是驱动精准教学开展的核心动力，是精准教学顺利进行的基础保障。学生画像是用户画像在教育中的应用，其本质是对学生进行标签化的过程。学生画像能够精准描述学生的知识水平、认知能力、学习风格等方面的个体特征。学生画像构建一般包括学生画像结构设计、学习数据采集与预处理、画像计算生成、画像输出四个部分。学生画像的构建离不开学习大数据的支持，当前学生画像构建主要存在着两个问题：一是学习大数据采集的不够全面，尤其是学习行为数据难以系统、全面采集，产生了数据缺失和数据稀疏性，导致学生画像的精准度比较低；二是学生画像本质是学生特征标签化的过程，这些标签难以直接理解和计算，导致学生画像的语义性和可计算性大幅度降低。利用人工智能、物联网、大数据等技术建设智能感知环境，能够全场景、多流程、伴随式的采集学生学习行为数据和学习结果数据，解决数据稀疏性的问题。利用深度学习算法能够有力支撑学习大数据的计算与分析，提升学生画像构建的精准度。

利用知识图谱、自然语言处理等技术，能够对学生画像的标签进行语义关联和泛化，能够提高数据的可用性以及标签的可理解性，进而提升学生画像的语义关联性和可计算性。人工智能技术为学生画像的构建与应用提供了强力支撑。

学生画像作为一种数据可视化的表征形式，其呈现需要借助数据可视化技术。学生画像需要借助数据可视化技术将文本型数据和画像标签以柱状图、饼状图、雷达图等可视化的形式进行展现。在数据可视化方面，已经有很多成熟的数据可视化工具，如 Echarts、AntV、HighCharts 等，项目组采用镝数数据工具对学生画像进行可视化呈现。学生画像分为学生群体画像和学生个体画像，学生群体画像能够精准反映群体学生的知识、问题、能力形成情况，方便助学者及时了解学生的学习情况，为助学生动态调控学习过程，及时调整教学策略，进行有针对性的干预和指导提供依据。学生个体画像主要反映学生个人的知识、问题、能力形成情况，为学生个体及时了解自身学习状况，进行自我监测，调整学习行为，提高学习质量和效率提供有效参考。

（三）对学习路径推荐的支持

1. 基于历史数据，重构学习活动

通过收集学生过往的学习记录、成绩变化等信息，系统能够全面分析学生的学习特点和习惯。基于这些历史数据，教师可以重构学习活动，为学生量身定制个性化的学习路径。这一流程涵盖了学习目标的设定、学习资源的推荐、学习进度的安排等多个方面，旨在提高学生的学习效率和学习兴趣。

2. 基于单次数据，调整推进策略

单次学习数据同样具有重要的参考价值。通过分析学生在某一次课堂或作业中的表现，教师可以及时发现学生的薄弱环节，从而调整教学推进策略。例如，如果学生在某次作业中表现出对某个知识点的理解不足，教师可以针对这一知识点进行强化教学，或者在后续的学习中加大对该知识点的复习力度。

3. 基于累积数据，选择教学内容

随着学习数据的不断累积，系统能够形成对学生群体的整体认知。基于这些累积数据，教师可以对教学内容进行更加精准的选择和规划。例如，通过分析不同学生的学习进度和成绩变化，教师可以发现某些知识点是学生普遍难以掌握的，从而在教学计划中加大对这些知识点的讲解力度。这种群体学习路径规划有助于提高教学效果和教学质量。

4. 基于作业错因数据，实施个性化辅导

作业错因数据是反映学生学习状况的重要信息。通过分析学生的作业错误原因，教师可以了解学生对知识点的掌握情况，从而为学生提供个性化的辅导和学习路径推荐。例如，对于因概念不清而导致的错误，教师可以提供针对性的概念解释和练习题；对于因计算错误而导致的错误，教师可以加强学生的计算能力和练习量。这种个性化辅导有助于解决学生的学习难题，提高他们的学习效果。

5. 根据习惯数据分析，注重学生能力培养

学生的学习习惯也是影响学习效果的重要因素。通过分析学生的学习习惯数据，教师可以发现学生的学习偏好和学习方式，从而更加注重学生能力的培养。例如，对于喜欢自主学习的学生，教师可以提供更多的自学资源和在线课程；对于喜欢互动交流的学生，教师可以组织更多的课堂讨论和小组合作活动。这种基于学习习惯数据的教学安排有助于激发学生的学习兴趣和积极性，促进他们的全面发展。

6. 根据作业数据分析，精准设计后续教学流程

作业数据是反映学生学习效果的重要依据。通过分析学生的作业完成情况、得分情况等数据，教师可以对学生的学习状况进行精准评估，从而设计更加符合学生实际需求的后续教学流程。例如，对于作业完成情况较好的学生，教师可以设计更具挑战性的学习任务；对于作业完成情况较差的学生，教师可以加强基础知识的教学和巩固练习。这种精准设计的教学流程有助于提高教学的针对性和有效性。

7. 分析数据结果，精准布置课后作业

最后，通过综合分析学生的学习数据，教师可以精准地布置课后作业。这不仅包括作业的难度和题量，还包括作业的类型和形式。例如，对于某些需要重点复习的知识点，教师可以增加相关练习题的数量；对于某些需要拓展的知识点，教师可以设计更具创新性的题目。同时，教师还可以根据学生的个人特点和需求，为他们量身定制个性化的作业方案。这种精准布置的课后作业有助于巩固学生的学习成果，提高他们的学习质量。

【实例】利用蜜蜂家校小程序，将学生作业上传至小程序，AI可智能批改作业，进行学情精准分析，生成班级错题本和学生错题本。对于标签过的题目，可以结合学生学情和题目难度自动推送相应练习题。在一轮复习过程中，学生每章节每次作业和练习的数据都被记录下来，生成班级错题本和学生个人的错题本，随时可以导出原题再次练习。对于标签过的题目，可以结合学生学情和题目难度自动推送相应练习题。

（四）学生差异性分析

为了全面、客观地评估精准教学的实施效果，我们对比了正常复习与精准教学复习两种模式下学生在数学学习上的成果差异。然而，鉴于课题组成员的教学对象及研究精力有限，我们选取了一个初三的数二 S 班作为实验班级（共计 20 名学生），横向对比了其他三个数二 S 班学生的情况，同时纵向分析了该实验班级学生在实验前后的表现变化。在数据分析过程中，我们采用了科学的统计方法，尽量充分考虑了学生表现的复杂性和多因素性，力求准确衡量精准教学对学生学习结果的实际影响。

1. 纵向对比：精准教学班实验前后的表现差异

从数据对比中，我们可以明显看出，在实施精准教学前（即初三分班后的第一次期中考试），实验班级与其他平均班级的成绩差距较为显著。然而，在引入精准教学模式后，实验班级与其他班级的差距逐渐缩小，直至2024年3月的初三学科练习中，实验班级的成绩已与其他平行班相当，并且在优秀率方面表现最优。

2. 横向对比：精准教学班与常规班的差别

考虑到初三年级仅物理学科与数学学科的分层设置相同（即数学班的学生与物理班的学生群体保持一致），我们可以从物理与数学成绩的对比中，排除班级学习氛围等外部因素的影响。

基于 2024 年 3 月的学科练习情况分析，经过一学期的精准教学后，数学学科平均每人进步了 13.26 个名次，而相同分层情况的物理学科则平均每人退步了 2.3 个名次，如图附录二 –8 所示。这一鲜明对比充分说明了精准教学在一定程度上具有显著的成效，能够有效提升学生的学习成绩和名次。

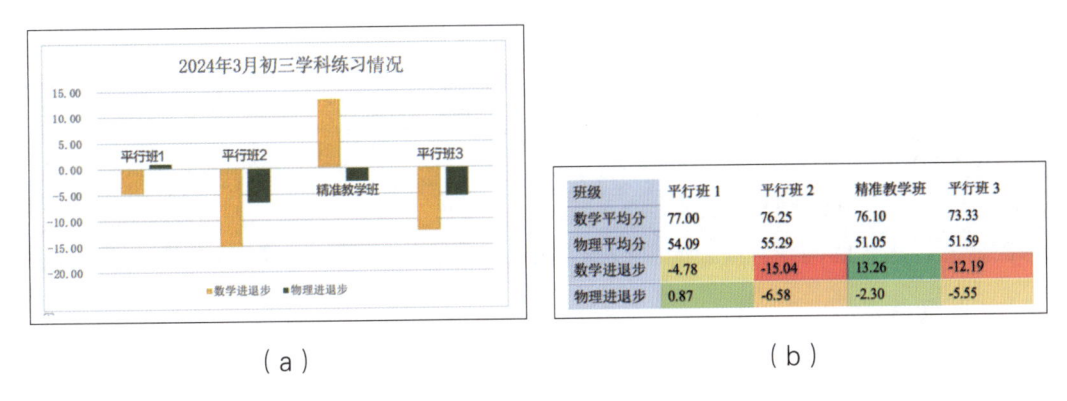

班级	平行班 1	平行班 2	精准教学班	平行班 3
数学平均分	77.00	76.25	76.10	73.33
物理平均分	54.09	55.29	51.05	51.59
数学进退步	-4.78	-15.04	13.26	-12.19
物理进退步	0.87	-6.58	-2.30	-5.55

（a）　　　　　　　　　　　　　（b）

图附录二 –8　2024 年 3 月初三学科练习情况

三、人工智能融合教学

（一）创新教学模式

学校积极探索人工智能与教学的深度融合，创新教学模式。通过引入智能教学系统、虚拟实验室等教学工具，教师可以开展更加生动、直观的教学活动。同时，学校还鼓励学生利用人工智能技术进行自主学习和探究学习，培养学生的创新能力和实践能力。

（二）优化教学资源配置

学校利用人工智能技术优化教学资源配置。通过智能教学系统，学校可以实时掌握各类教学资源的使用情况和效果评估结果，并根据实际情况进行调整和优化。同时，学校还可以利用人工智能技术开展在线课程、远程教学等教学活动，实现教学资源的共享和互补。

四、结语

综合来看，当前国内外关于人工智能与初中数学深度融合的研究仍处于探索阶段。未来的研究需要进一步深化理论与实践的结合，完善人工智能技术在教学中的应用策略，提高教学效果和学习效率。同时，还需要加强跨学科合作，共同推动人工智能与教学的深度融合，为培养具有创新能力和信息素养的新时代学生提供有力支持。

第四节　育英中学数字化赋能研教一体化治理新模式应用实践

（来源：2024年智慧教育优秀案例269）

【摘要】针对当前大数据技术参与学校教研之间缺乏有效融合，教师多习惯于传统的教研方式和教研工具，耗时多却效益不高的现状，育英中学以人工智能＋教育创新应用为抓手，多措并举，建立"训、学、评、研、管"五位一体全面精准推进机制，以评促教，借助数字化重塑命题评价体系，助推学校教育高质量发展。

【关键词】大数据；以评促教；学情分析；精准教学

一、背景

育英中学从2010年开始经历了近10年校舍的改扩建工作，全校师生多次借校址周转办学。由于周转校区面积有限，学校进行了减招，师资队伍虽然稳定但是缺乏年轻教师加入，因此教师结构不合理，平均年龄大。老教师们有丰富的教育教学经验，但是信息化应用水平尚不足，应对改革变化的速度减慢。如何激发教师专业自主发展的内驱力？如何将教师们已有的优秀经验系统化，成为利于传承的校本资源？如何培养一支勇于面对改革、不断自我突破提升的教师团队？这些都是摆在学校面前的重大问题。2019年11月，学校新建成的智慧校园投入使用，学校迅速扩大招生，班额和学生差异都变大。仅凭教师团队兢兢业业的无私奉献、相对传统的教育教学方法，在教学管理、教学效率和教学质量有效提升上，都遇到了瓶颈。校内呈现出新校园信息化硬件水平高与教师信息化应用水平相对滞后的矛盾、学生学习能力差异性变大与教师工作负担增加的矛盾。

从教育发展和改革来看，传统的教学模式已经无法很好地满足当前育人要求。当前无论是"双减"还是"双新"，都要求教师深入理解和把握学科的本质和功能，同时能够明确学生学习的真起点和真困惑，在有效帮助学生解惑的过程中，提升学生的综合素养。这也正好体现出教学中的难点：通过怎样的教研活动，让教师准确地知道教学起点（学情）和终点（学科阶梯教学目标）。

当下大数据技术参与学校教研之间缺乏有效融合，教师多习惯于传统的教研方式和教研工具，耗时多却效益不高。因此，学校存在教研实施路径模糊、评价滞后等问题。如何将大数据技术与学校教研进行有效融合，创新教研教学模式，是目前较为核心的问题。

有序有质的教学管理是学校管理的重要组成部分，是建立正常教学秩序、开展教学研究、提高教学质量的保证。然而，目前学校缺乏有效的数据采集与分析工具，致使日常管理多依赖教学经验，缺乏数据支撑，经验型、粗放型管理失之精准，如何依托大数据技术有效服务学校管理、改革教育教学是管理者的迫切需求。

二、目标与内容

近几年，作为海淀区新品牌学校，育英中学在抓紧硬件建设的同时，努力提升软实力，大胆改革，在磨砺中求发展。针对学校师生面临的核心问题，学校着力推动以学生为中心的校本教研转型，走研教一体化、科研兴校之路。

2022年以来，随着"双减"改革逐步深入，学校结合国家教育数字化战略和学校教育实际情况，深入推进智慧教育规模化、常态化应用，以构建教育环境智能化、教育资源优质化、教学应用创新化、信息素养高标化、教育治理精准化的"五化"智慧教育体系为指引，不断丰富和延展"智慧教育"

的内涵，以信息技术的迭代推动学校教育现代化水平，加快学校教育数字化转型。以人工智能＋教育创新应用为抓手，多措并举，构建大数据驱动下的"3+3+N"智慧教育模式，第一个"3"是由教育环境智能升级、"云＋端"一体化资源体系建设和教育治理能力提升三大模块组成；第二个"3"是以学情驱动贯穿课前、课中、课后三个课堂教学环节；"N"是聚焦"精准教学、语言教学、个性化学习、多元评价"等 N 个关键教育教学场景，助推学校教育高质量发展。

（一）建立"训、学、评、研、管"五位一体全面精准推进机制

针对前面所谈的难点，我校放眼未来，积极引入先进数字化技术，建设"人工智能应用示范校"，树立新的资源观，借力前行谋创新。我校成立了校企联合工作组，明确智慧教育建设目标，规划建设内容与进度，建立了"训、学、评、研、管"五位一体全面精准推进机制。以校长为组长、教学副校长为副组长，整体组织协调各类工作有序高效开展；以我校教学干部、年级组长、学科组长和科大讯飞项目组为核心成员，负责校本资源建设、学情精准分析、个性化分层辅导、课堂教学创新等工作的整体推进、组织与实施，实现提升有分层、管理有目标、评测有标准、模式有创新、成果有沉淀，教师信息能力显著提升，教学高质量发展，学生获得个性化发展。

（二）以评促教，借助数字化重塑命题评价体系

2020 年开始，北京实行新高考。新高考取消了考试大纲，教师组织备考只能依据课标和教材。开展命题评价研究能促使教师深入有效研究新课标、新教材、新高考，同时，能以评促教，改进课堂教学，提升学校教学质量。我校确定以基于大数据的命题评价体系研究为突破口，由教师主观化的"经验重复"转向人工智能辅助的"数据实证"；由零散的"问题研究"转向系统的"项目式研究"的校本教研转型。

我校采用"学科试点—重点拓展—全面启动—总结完善"的建设机制，如图附录二 -9 所示，逐步推进，初步建成全学科全学段的基于大数据的命题评价体系。探索的道路充满了未知与挑战，也充满了惊喜与收获。

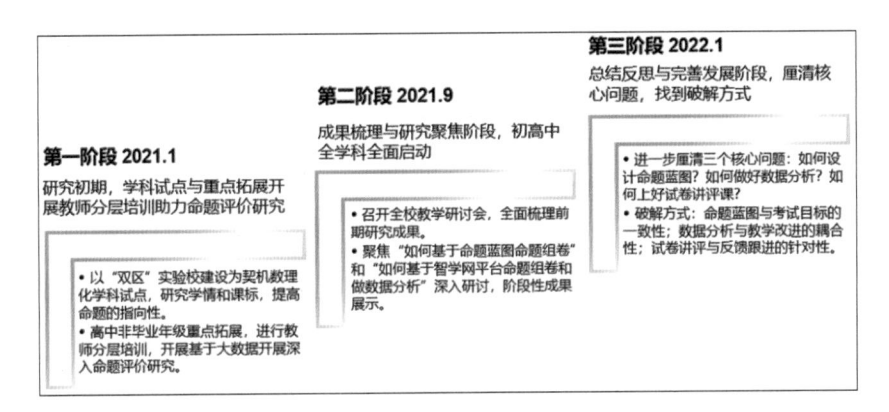

图附录二-9 "学科试点-重点拓展-全面启动-总结完善"的建设机制

第一阶段：研究探索数字化赋能教师与教学阶段。我校以"双区"实验校建设为契机，发挥校企合作优势，对教师开展分层分类研训：

（1）以备课组为单位进行技术应用培训。采用企业技术人员入校，手把手指导教师，再采用"新带老"的模式，带动整个备课组一起学习进步。

（2）基于各学科特点和个性化需求，开展学科融合的应用培训。教师们与企业的应用教研人员一起，进行命题组卷与信息技术的深度融合研究，从知识点分类的层级、答题卡设置的特点，到考试数据呈现的维度、分值下潜的深度等多个角度进行深入细致的研讨，力求让技术更完美服务于教学。

（3）以学科组为单位，认真研究考试数据，通过精准的数据分析，对学生的学习进行精准诊断、精准施策。通过分层培训和教师探索应用，教师深度解读报告、精准教学的能力得到了一定程度的提升。

第二阶段：成果梳理与研究聚焦阶段。基于大数据的命题评价研究聚焦在"如何基于命题蓝图命题组卷"和"如何基于智学网平台命题组卷和做数据分析"两个核心问题上。我们邀请专家为教师们指点迷津，同时也邀请先行先试的骨干教师分享优秀经验，交流关于命题和精准教学的实践与思考。

海淀区教师进修学校支瑶副校长做了题为《如何做好数据分析？》的讲座，针对教师们普遍畏难的试题蓝图规划的问题，指出具体的方法和建议，"蓝图"具有一定的主观性，个别之处"不恰当"并不影响大局，关键在于要内涵明确、标准统一。好的数据不仅能告诉我们试题质量如何，还能诊断学生能力素养发展水平和学生能力增值情况。做好数据分析，要有问题意识，要能提出有效、有价值的问题。

海淀教科院马涛主任做了题为《信息技术环境下的课堂教学与教师信息素养》的讲座，从"教学改革的课堂教学演变""新型教与学中的个体关注""新型课堂模式包含的内容"等三个方面，生动阐释了在学科内容和目标要求发生改变的前提下，信息技术在"全体学生融入学习""判断学生的个体状况""提供学生需要的学习内容"等方面所起到的重要作用。

高二物理组备课组长金阳教师，讲解了如何基于学科知识主题、能力水平和学科核心素养、难度、情境等设计命题蓝图，如何使用智学网便捷高效组卷。高二年级组长刘佰福教师分享了依托数据"精准诊断学情并对症下药""进行个体答疑辅导""对学生高考选科指导"的宝贵经验。

同时我们也推出了26节基于大数据分析的期中试卷讲评课，所有课程均沉淀为校本共享资源，并开展了专家点评指导、校本共享互评、教师总结反思等活动，基于大数据的命题评价体系初步形成。

第三阶段：反思总结、发展完善阶段。在不断研究和反思的路上，我们厘清了基于大数据的命题评价体系核心要关注的三个问题：如何设计命题蓝图？如何做好数据分析？如何上好试卷讲评课？也在探索和试错中找到了破解核心问题的关键：命题蓝图与考试目标的一致性；数据分析与教学改进的耦合性；试卷讲评与反馈跟进的针对性。

（三）精准分析，建立基于大数据的试卷分析和讲评体系

传统的试卷讲评课容易出现平均用力、针对性不强的问题。通过多维度、深层次的数据分析，教师能发现学生的真实问题，个性和共性问题，通过"学情精准分析—讲评精准分层—学生个性化反馈辅导"的教学模式，能提升试卷讲评课的效率和质量。

学校开展基于大数据的命题评价体系整体研究，以命题评价研究为切入口，促使教师深入研究新课标、新教材；指导教师系统分析数据，用"数据说话"。通过"设计命题蓝图→选题组卷→组织考试→有痕阅卷→数据分析→教学反馈"的全流程闭环管理，借助智学网提供的数据分析，推动了

课堂教学方式的变革，促进了教师的专业成长。

三、创新点

(一) 探索命题蓝图范本与数据分析标准流程

通过基于大数据的命题评价体系研究与实践，我们逐步探索出命题蓝图范本，便于统一评价标准、建立评价体系。命题蓝图范本包括：

（1）同一学科、不同年级应有统一的能力维度和水平划分，各学科教研组内部要统一标准，便于沟通、传承；

（2）命题蓝图核心要素（见图附录二-10）包含：题号、题型、分值、知识点、能力、情境、难度等；

图附录二-10 命题蓝图核心要素

同时，我们探索出数据分析的标准流程：基础数据整理→数据对比分析→发现问题→解决问题→教学反馈，如图附录二-11所示。

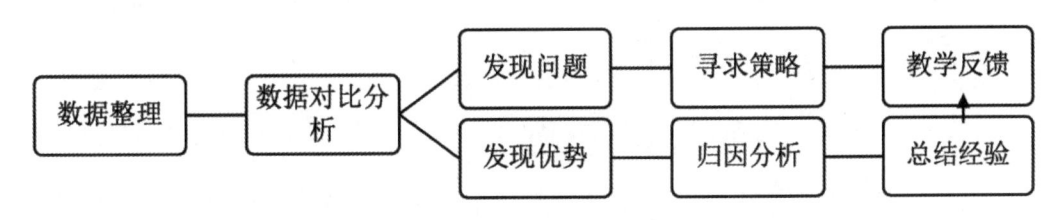

图附录二-11 数据分析的标准流程

经过实践和探索，教师们对数据的分析和使用更加精准，已经能从小题得分情况的分析发展到知识维度、能力维度等层面的研究，如图附录二 –12 所示。

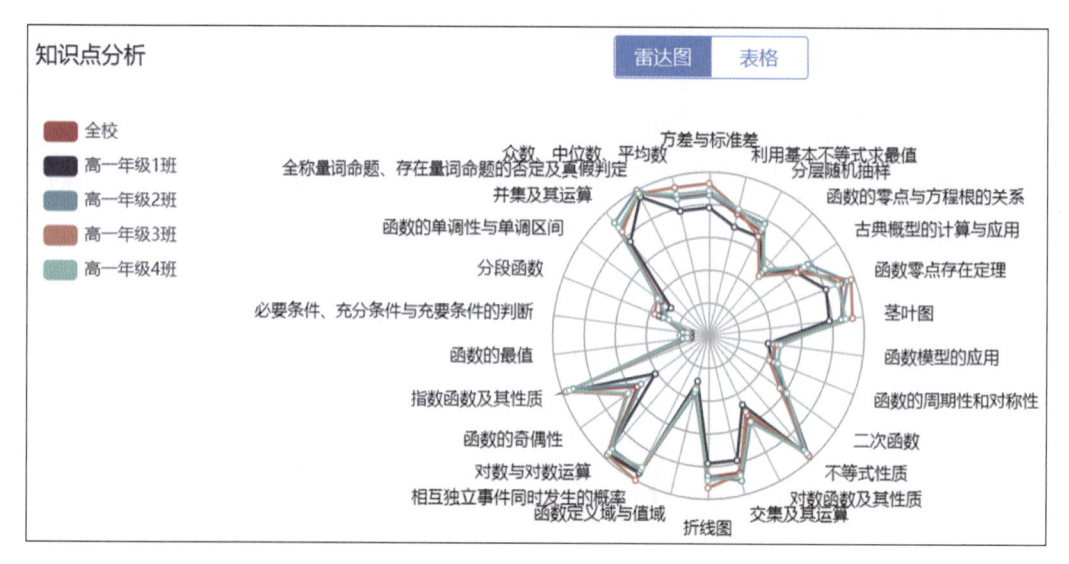

图附录二 –12 从知识维度分析学生表现

（二）形成数据赋能师生教与学的新型教学模式

我校抓住数字化赋能教学质量提升的先机，面对主要问题积极探索数字化背景下教学理念、教学内容、教学方法等各环节的变革与创新，促进信息技术与教学深度融合。通过探究与实践，形成了"学情精准分析 – 讲评精准分层 – 学生个性化反馈辅导"的教学模式，如图附录二 –13 所示。通过多维度、深层次的数据分析，教师能发现学生的真实问题，个性和共性问题，能提升试卷讲评课的效率和质量。

图附录二 –13 "学情精准分析 – 讲评精准分层 – 学生个性化反馈辅导"的教学模式

课堂上教师聚焦核心主干问题、共性问题，通过分析学生错因、纠正学生错误、梳理解题思路、形成经验方法、拓展应用的流程让学生思维外显，让师生深度交流。通过丰富多样的组织形式和资源供给，让师生互动、生生互动落到实处。

课后，针对学生个性化问题，教师采用一对一、一对多针对性辅导；学生借助个性化学习手册，完成班级共性问题、典型问题反馈和个性化精准推送习题。精准讲评与个性化指导，提高学生学习效率，减轻师生负担。

四、成效

在数字赋能高质量教与学发展的实践和探索中，我校围绕数字化赋能教学方式的变革，开展教"教—学—研"一体化专项数字化分层分角色培训16+N场（16场集中培训+N场自主学习），注重教师的专业发展和能力提升，培养具备数字化素养和教学能力的教师队伍。

在学校全面推动命题评价体系与精准数据分析，开展数字化创新实践的过程中，沉淀了覆盖初高中9大学科的校本资源128本，试卷3409套，76092道高质量试题。初中、高中9大学科开展精准化考试测验网阅考试793次，形成精品精准讲评课30余例，形成育中特色命题评价体系1套，数据处理标准流程1套，教学模式1例。

五、下一步考虑

在新时代背景下，技术支持下的学校的教研教学探索跨越了理想与现实的鸿沟。在未来，我校将继续探索技术给学校带来的无限可能，通过人工智能、大数据、物联网等新兴技术介入，让教研教学理念与模式产生结构性变革，真正实现"AI+"教研教学新模式，借助教师课堂教学行为数据的采集、统计、分析与课堂同步，智能实现经验初评、报告研读、数据再评、结论生成四环节，减轻工作量，多维度观察师生，实现精准教研教学。

第五节　人工智能赋能中学教育数字化转型的探索与实践——以天津市汇文中学为例

（来源：2024年智慧教育优秀案例272）

【摘要】 人工智能的迅猛发展与应用有利助推了中学教育数字化转型，本书以天津市汇文中学的探索与实践为例，从人工智能赋能教育数字化转型的学校环境、教学实施、智慧评价等方面深入探讨中学教育该如何从实际出发，充分发挥人工智能优势，赋能教育教学全领域、全过程、全要素的数字化转型，实现教育的可持续和高质量发展。

【关键词】 人工智能；数字化；中学教育

天津市汇文中学始创于1890年，是天津市最早的学校之一。作为一所完中校，学校现有初高中教学班62个，师生总数3500人，在如此庞大的学生群体下，如何实现"面向人人、适合人人"的教育目标，压力和挑战很大。实践证明：只有借助数字化方式，使其全面赋能学生学、教师教，才能在确保大规模教育的前提下，为每位学习者提供个性化、精准化的学习支持和服务。

一、人工智能赋能中学教育数字化转型的学校环境

人工智能时代，学习环境正从封闭走向开放，传统学习环境需要进行智能化改造升级。对于中学教育数字化转型来说，重点是要优化和升级基础设施、硬件设备、网络条件、智能工具等，持续建设智慧校园、智慧教室和智慧生活场所。

（一）完善智能化校园基础设施建设

当前，人工智能已成为智慧校园建设和升级的一大助力，打造智能化校园的建设与升级，构建具有人工智能元素的智慧教室、图书馆、实验室等，开发智能学习场域、搭建在线学习平台，建设学生友好型智慧校园，这都是在夯实中学教育数字化转型的物质基础。

智慧教室是智能化校园的主要教学场所，是一种能优化教学内容呈现、便利学习资源获取、促进课堂交互开展、具有情景感知和环境管理功能的新型教室。从多媒体教室到智慧教室发展的核心是硬件、平台和资源的更加智能化，这有利于增强师生互动。为增强数字化基础环境的适用性，天津市汇文中学全面升级学校硬件设备，持续建设智慧教室。智慧黑板的出现点燃了教师的信息化意识，促进了教师手指头和粉笔头都强。同时，鼓励每位教师用好手中的平板，实现黑板与平板同频共振，用教室信息技术环境倒逼教师改变。此外，学校优化特色课程环境，为实现人工智能课程的规模化、品质化输出建立科学发展中心，按使用特点将功能教室进行升级迭代，提升智慧环境水平，改造升级、深度应用。

智能化校园的有效运行，离不开良好的网络环境。学校应具备相应信息化环境下开展信息技术应用校本研修的必要条件，校园网建设完善，能实现无线网络全覆盖，网络运行安全有保障，可支持教师开展在线研修。天津市汇文中学实测宽带200兆，实现有线、无线网络全覆盖，全体教职员工台式计算机设备配置全覆盖，为学生配备可移动终端——校园卡，用于课堂互动、漂流书柜书籍借阅、归还等。以高速网络为核心的智能化基础设施满足了信息化教学、管理和服务需求。

（二）借助智能化校园平台实现综合治理的全面升级

为能够缓解教学平台和管理平台之间存在的孤岛现象，在中学教育阶段加强智能化校园系统平台建设，实现教学、管理一站式服务势在必行。打通教学管理系统、教学平台和学习资源库，构建智能化、一体化学校管理体系，有利于实现基于信息的教学管理、行政管理和校园管理等。

天津市汇文中学充分挖掘天津和平智慧校园的功能，让技术真正赋能学校的综合治理，让师生尽享数字技术的红利。例如，学校以天津和平"智慧校园"平台为依托，实现管理流程的数字化：教师业务档案、各种申请、场馆预约、借书系统等一系列无纸化管理已纳入数字化治理体系。以"智慧校园"平台为基础，全体教师协同推进完善天津市汇文中学数字化校本资源库建设，包括优质课资源、微课资源、习题库资源、作业资源、校本课程资源、信息技术培训资源、国家政策文件资源索引等，数量多、覆盖面广，实现数字化优质资源共建共享。另外，借助平台，学校进行了课程编排整合，对于图书馆、德育基地、美术馆、高校实验室等，实现了"走出去——看""站得住——听""留下来——记""回学校——思"的校内外课程资源的全面打通，为学生全面而有个性的发展提供了有力支撑。学校建有智慧校园安防系统，与公安部门联网，实现对校园视频监控、电子巡更、一键报警等控制，对安全隐患及时发现并跟踪检查、处理全过程。

通过统筹建设智能化、一体化教学、管理与服务平台，人工智能最大程度地优化了学校的教育教学资源、业务流程，方便了职能处室、年级组、师生个人的多维需求，使学校管理更加精准有效，促进了学校数字化转型和校园安全防范能力的提升。

二、人工智能赋能中学教育数字化转型的教学实施

《中国教育现代化2035》提出"利用现代技术加快推动人才培养模式改革"，推动智能技术深度融入教育教学全过程，"加强对信息时代学习者认知和学习行为规律的研究"，推广应用"智能学习空间"和"智能教育助理"，促进育人方式、教学模式改进，实现"公平、有质量的教育"，促进人的全面发展。人工智能的发展会对学校、教师、学生产生深远影响，有利于形成新的中学教育形态，助力教育数字化转型。

（一）提高站位，转变观念，做好顶层谋划

习近平总书记在致国际教育信息大会上的贺词中指出："因应信息技术的发展，推动教育变革和创新，构建网络化、数字化、个性化、终身化的教育体系，建设'人人皆学、处处能学、时时可学'的学习型社会，培养大批创新人才。"教育数字化是我国开辟教育发展新赛道和塑造教育发展新优势的重要突破口，习近平总书记的重要论述深刻揭示了教育数字化的内涵，为我们建设教育强国，推进数字化转型指明了方向和路径。

理念是行动的先导，如何更好解决理念统一、思想统一和行动统一的问

题,天津市汇文中学总结出教育数字化转型"一二三四"行动策略:一个聚焦,即立足育人目标,聚焦师生可持续发展,培养创新人才;二个加强,即一是加强队伍建设,包括管理团队的顶层设计和教师团队的数字素养提升;二是加强数字化发展的支撑,包括教室调配、师资调配、持续性教研、软硬件的配备、基础设施的完善等;三个方向,即学科与信息技术融合、人工智能教育基地、科技创新人才培养;四项变革,即教师观念变革、课堂教学变革、评价制度变革、教育环境变革。

(二)面向师生,立足实际,突出发展定位

学校应积极将人工智能有机融入课程,在教师日常研究和学生业余学习中,设置有关人工智能的知识内容、技能课程或应用模块。教育数字化转型在校园的落地,课程是关键。

首先,学校应自主研发课程实现数字化课程资源的丰富性。在原有课程体系运转良好、教师课程资源应用熟练的情况下,学校可以进行局部试点。天津市汇文中学从学校的重点、精品——科创项目之人工智能课程入手,先行先试。目前已开发四类课程:项目课程、竞赛课程、普及课程、融合课程。实施方式是"兴趣切入—社团推进—全员普及—学科融合"四级梯度模式。起初从科创兴趣小组入手,课程主要以项目课程为主,包括"DI"创新思维、3D打印、激光雕刻、无线电测向及定向等。后期以培养竞赛型人才为目标,团队现已开发无人机、VEX机器人、大疆机甲大师、无人机足球等竞赛课程,通过以赛促学,提高学生的工程思维和实践能力。

目前学校开展以基础理论和基本编程为主的全员普及课程,人工智能普及各年级学生。同时,依托人工智能示范校的建设,面向全体教师开设人工智能培训班,以此增强教师将人工智能与本学科教育教学融合的能力。此外,学校也在部分学科中进行了融合课程的探索。例如,体育学科中将无线电测向与体育中长跑相结合,通过智能机器人,完成对学生自我测试任务,既为学生单调的中长跑训练带来乐趣,又把对无线电和人工智能的学习应用到现实课堂,使体育训练更科学,更有针对性,反馈更及时。综合实践学科将人工智能语音识别功能和硬件设备相连接,实现语音识别助力垃圾分类,让学

生将所学到的知识应用于日常生活。

其次，教师参与课程开发与实践的积极性是课程生命力、品质化的决定性因素。由于一般中学规模大、专用教室少，想要实现人工智能等科创类项目从基础型到拔尖型的体系化培养，就必须要调动更多的教师参与进来，而且还要有相当数量的跨学科教师。这就需要多方联动挖掘"跨"教师破解师资少难题，学校应从跨领域、跨校域、跨场域、跨空间中挖掘更优师资。天津市汇文中学吸收各学科中热爱人工智能、数字化技术的教师加盟，进行专项培训。借助国家中小学智慧教育平台，组织教师参加网上特色科学教师研修班的学习，自学信息化技术，聘请专业人才到校授课，全员普及，让跨学科教学成为破解师资难题的法宝。同时积极吸纳学校外聘教练、区少年宫科技教师、兄弟校名教师、大学中在科技方面的知名学者、从事科技创新方面的毕业生等。

最后，学生积极性、主动性的激发，决定着课程实施的最终效果。天津市汇文中学在学生层面试行学长制，学生作为推进人工智能项目不可缺少的"师资"力量，能有效缓解教师辅导的压力。这种"同伴互助，共同成长"的模式，让科技特色更加鲜活和温暖。

三、人工智能赋能中学教育数字化转型的智慧评价

人工智能时代对人的综合素质评价提出了更高的要求，打破了以往单一维度、以分数为主的评价机制，更加强化对师生动态数据的感知、采集、分析和监测，为实现学生综合素质的多维度评价提供了可能性。对于中学教育阶段来说，各中学学校要适应教学与人才培养的需要，综合利用人工智能实现对学生的过程性、科学性的评价，积极探索基于信息化基础上的动态监测，形成基于大数据的智能性教育教学评价体制。

（一）挖掘技术赋能综合素质评价的育人功能

学生综合素质评价的实施效果是落实"五育并举"的关键。教育信息化的发展，使技术手段在教育领域的应用越来越广泛，为学生的综合素质评价

提供了新的可能。技术赋能教育可以为学生的综合素质评价提供更加客观、全面的数据支撑，提高评价的准确性。在中观层面，人工智能可以改善学习评价，为每个学生精准"画像"，记录学习计划和成长轨迹，识别学生的学习偏好、学习障碍等。在微观层面，人工智能可以对学生的知识和能力结构进行表征，可以基于对学生学习障碍的自动诊断，进行预测性分析和诊断性分析，还可以根据学生的兴趣、能力和学习障碍等，向学生推荐学习任务、学习内容、学习资源和学习策略。

天津市汇文中学在原有叙述式、碎片化的基础上，深入研究数字化的育人功能，在用好和平区智慧校园进行常态化综合素质评价数据部分项目采集的前提下，借助和平区作为天津市唯一的教育部"信息技术支撑学生教育综合素质评价试点区"工作，认真领会精神，周密组织，协同家长，通过在线完成相关测量表数据、视频、语音、游戏等可视化形式评估学生的心理健康、身体素质、自主学习能力、科学探究能力等多方面综合素养。同时，成立了相应的管理研究团队，借助完中校的特点，初步设计了六年的跟踪分析周期，充分挖掘数据背后的育人价值，在学生特长、爱好、认知能力、思维方式、学科优势、性格品格、职业规划、心理动态等方面，通过数字画像让学生看见真正的自己。

此外，利用智慧校园素质评价功能，实现了多元化、过程化、数据化评价，增加了评价的维度以及学生不在校时段活动数据的采集。学生根据要求填写数据，上传活动图片等素材，后台可按照日期、年级、班级、学生个人查看活动档案，并支持导出。人工智能助力教育，通过数据采集、精准诊断、及时反馈，根据学生素质评价具体情况，能为学生推荐合适的课程资源，满足学生的个性差异。

（二）构建技术赋能教师教育评价的导向功能

大数据、人工智能等新技术的出现，较好地解决了传统教育评价模式下难以解决的诸多难题，真正形成了智慧评价的有效途径。借助人工智能和教育大数据技术，科学评价教师，构建教师成长数据库，制定个性化发展方式，提升教师专业水平。

天津市汇文中学确定了"信息技术与教育教学融合创新"的研修主题，通过管理团队培训→学科组长引领→骨干教师实践→全体教师达成的"四步培训法"创新智能研修模式，为教师的精准培训提供研修服务。在校本研修活动坚持做到"三有"，即有活动安排、有活动记录、有时长保证，保证研修活动取得实效。学校加强研训学情的反馈公示，积极开展信息技术应用能力测评，制定详细具体、可操作的测评方案，对教师应用能力进行有效评价，帮助教师发展数字化时代新能力，为教师专业提升的方向提供技术支持。

此外，利用人工智能技术，建立科学多元的评价指标，对教师专业的评价可以体现在职业创造力、合作能力、职业素养等方面，促使教师专业发展不再是单纯的绩效考核。例如，科创教师团队的评价方式一看竞赛方面的组队数量和参赛成绩；二看人工智能整班教学是否达到人人会基本编程，并能展示成果；三看教师是否人人参与培训，并将人工智能技术与本学科融合；四看科技创新项目的普及的广泛性和辐射面；五看是否购买零配件、耗材自主研发组装。当然，在整个过程中最为重要的是教师能激发学生对科学未知的探索，播种科技创新的种子，鼓励学生将自己的理想融入祖国未来科技发展的愿景中，这是评价教师的最高境界。

四、结语

人工智能为中学教育的发展带来了巨大便利，人工智能时代的教育教学利用了数字化资源，不仅充分发挥了学生主体作用，提升了学生的数字化思维和数字化能力；还减轻了教师工作负担，改变了教学评价，促进了角色转换。作为中学教育工作者要顺应科技发展之大势，立足自主创新和教育自信，积极推动人工智能与教育的深度融合，促进教育变革，助推师生成长。与此同时，还应进一步研究人工智能对学校教育数字化转型的路径，认真思考中学生的培养方式、教与学的方式等，从而创新教学方式与学习模式，引导广大中学生争做担当民族复兴大任的时代新人，在实现中华民族伟大复兴的洪流中，踔厉奋发勇毅前行。

第六节　建设以师生需求为导向的分层分类教学平台助力广州人工智能教育普及

（来源：2024年智慧教育优秀案例232）

【摘要】 广州市中小学人工智能教学平台作为广州市推动人工智能教育的"1+8"举措中的"1"个平台，发挥着举足轻重的作用。广州市首先通过调研发现各区开课不足等问题，在软件层面通过系统设计提供以师生需求为导向的循序渐进、分层分类的教学支持平台，并搭载丰富的人工智能应用案例，为全市人工智能教育普及提供了有力的工具和技术支撑。

【关键词】 平台；学生；教学

广州市中小学人工智能教学平台作为广州市推动人工智能教育的"1+8"举措中的"1"个平台，发挥着重要作用。平台从2022年开始建设至今，紧扣师生需求和人才培养目标，结合人工智能学科知识本身的特点进行设计和实现，为广州市人工智能教育普及提供了有力的工具和技术支撑，体现了广州的探索思路和特色，为政府层面的人工智能教育平台和工具托底供应提供了有益的范本和参考。

一、全面调研，提供针对性的解决方案

随着人工智能技术的迅猛发展，人工智能教育在中小学的全面普及实践已进入"深水区"，如何合理规划人工智能环境部署，实现资源的最优化配置，确保普及高效顺利实施，成为政府层面亟待解决的问题。为了制定针对性的解决方案，我市于2022年对全市中小学校人工智能开课支撑环境开展了全面的调研，通过对全市1600多所中小学的学校管理者进行问卷调查、针对11区开展区级座谈、走访个别学校等，明确了全市具备人工智能开课环境学校的占比，厘清了各区人工智能开课环境存在的差异与特点，深入分析了阻碍各区人工智能开课环境建设的主要原因，进而对广州市中小学人工智能课程开课环境现状形成了较为客观的分析与判断。我市在调研中了解到的问题有：人工智能课程开课基本条件不够理想，师资配备尚显不足；整体人工智能硬件配置率较低，各区间差异显著；机房及硬件配置基本满足需求，

通用配套硬件有待完善；基本通用软件配置较为齐全，安装管理方式仍需优化；基本网络条件较为理想，网速有待进一步提升等问题。根据正常开课思路，全市中小学校人工智能知识教授所需要的软、硬件设施设备必须配齐配足才能符合开课的条件，但这个需要大量的财政资金投入，在当前教育投入有限的情况下难以实现。因此，我市除了在提高校园网络建设水平、夯实硬件基础设施、建设人工智能教师师资队伍等必须条件上做好支持保障外，重点采取的针对性的解决方案是由政府投入搭建"广州市中小学人工智能教学平台"，平台开发部署创意实验室、3D虚拟仿真实验室、Python实验室等关键功能模块，学校可提通过平台及虚拟环境正常开课，最大限度地降低学校对于硬件教具的维护和管理成本，降低对教学环境的要求，让全市学校可以高效率、低投入地开展人工智能应用场景体验和课程实验。

针对性解决方案的制定基于我市中小学校已经具备计算机教室、计算机及其硬件配置的普遍配置，大体能够满足人工智能平台的使用需求，计算机操作系统、内存规格、显卡类型、硬盘剩余空间等方面的达标率较高，能够支持人工智能平台的运行，可以较好地服务于各类人工智能教育教学活动的开展。在此基础上，通过提供全市统一的教学平台，为人工智能教育普及搭建软件基础，除WEB端无障碍访问以外，还提供了离线的教师和学生电脑桌面端，确保没有网络情况下课程也能正常开展。平台提供的功能主要包括支持常态化课堂教学的人工智能教学资源，提供师生进行在线学习、训练的工具，提供AI演示的案例和生成式AI大模型等。以此，平台可以支持教师课堂前、中、后不同阶段的教学，不需要在不同平台登录布置作业或预习，实现在一个平台一键登录满足不同需求。

二、通盘考虑，明确平台的总体设计思想

（一）功能设计以学生数字素养提升为导向

为了给广州市中小学师生提供合适的教学平台和工具，我市在明确中小学生人工智能素养的培养目标的前提下，结合人工智能学科知识本身的特点，对平台进行了整体功能设计。

小学阶段的人工智能课程教学侧重于指引学生认识和了解人工智能，特

别是在日常生活中应用广泛的人工智能技术,激发学生的学习兴趣和积极性。初高中学生则更注重人工智能知识的理解与应用,掌握一定的开发技术,通过让学生实践操作,体验人工智能,并在此基础上主动深入地探究学习,开发创新,制作作品。除此以外,人工智能是一门新兴的跨学科知识,其内容涵盖的学科范围广、原理深奥难懂、技术难度较高。基于以上认识,我市平台着重解决以下问题:降低人工智能教育普及的技术鸿沟,为人工智能知识的学习及应用提供适切的工具和科学的引导,为教师教学提供全过程的功能支持,多种工具切换帮助学生进行知识迁移,打通人工智能硬件连接为学生提供可视化、有趣的学习引导。

(二) 功能实现以应用场景全覆盖为前提

在明确上述主要建设目标后,平台被划分为4大主要功能:AI知识学习、教学教研支持、AI虚拟实验(编程工具)、后台数据监控,主要功能如图附录二–14所示。

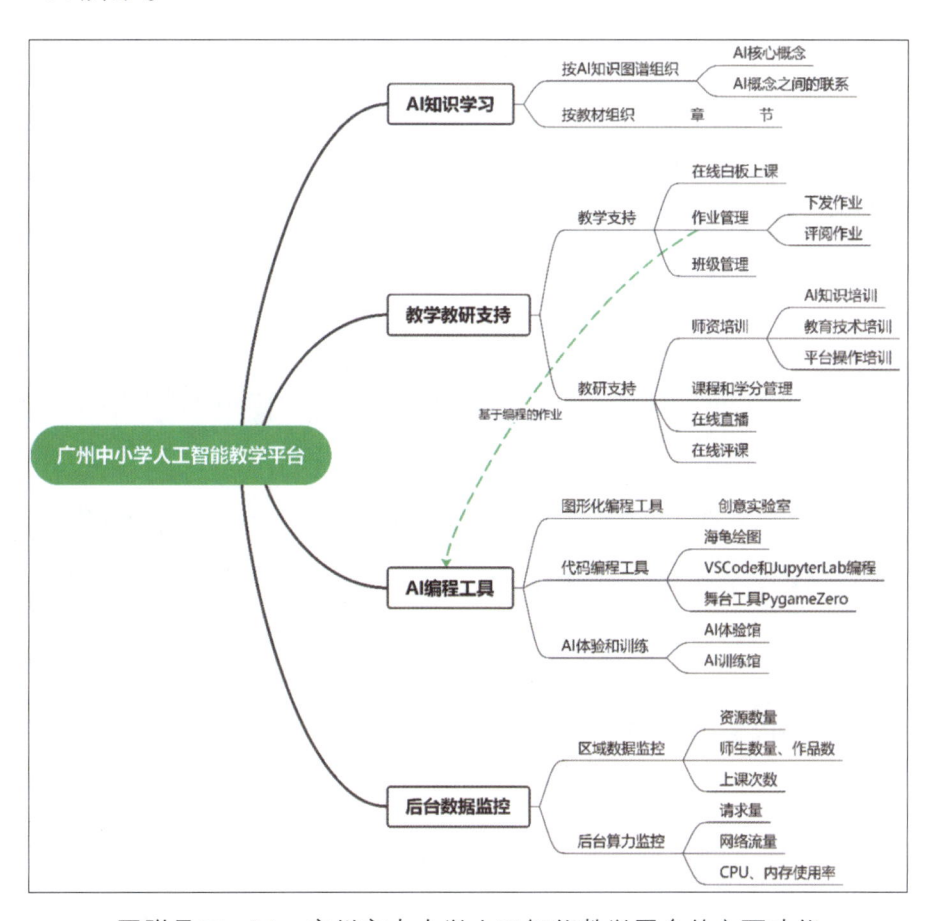

图附录二–14 广州市中小学人工智能教学平台的主要功能

上述功能对应不同的用户和应用场景，具体内容如下。

（1）AI 知识学习：主要为学生提供按照教材和知识图谱组织的人工智能知识的学习资源和功能。在系统的支持下，使学生可以根据自学需要进行人工智能知识的学习，既是对教材的补充，也为学生提供了课后拓展的平台支持。

（2）教学教研支持：主要支持教师使用平台进行课堂教学，如播放 PPT、视频、下发、批改作业等功能，使教师能在课堂实时调用平台承载的教材配套资源，采用在线白板进行课堂教学，直接通过布置任务调用各种编程工具，在不同编程工具中预设代码和问题情境；同时提供全市和各区开展人工智能教研互动的平台支持，包括报名教研活动、签到、线上评课、共享公开课相关文档等功能，全市人工智能教师均可在平台开展在线继续教育并登记学分，同时也可以对市和区的教研活动进行直播，扩大教研活动的参与面。

（3）AI 编程工具：提供分层分类的教学工具，如 AI 训练馆、AI 体验馆、虚拟仿真实验室、图形化编程工具、Python 编程工具等，满足不同层次和类型的学生学习 AI 工具的需求。

（4）后台数据监控：市教育局管理员具有数据监控和用户管理的功能，实时监控平台使用情况，包括前端登录数、活跃度、实时上课数、服务器后端 CPU 使用率、内存负载、网络流量等的监控，通过技术手段实时掌握教学大数据，分析平台使用率、活跃度、用户黏度、跳出率等问题，为监控教学实际情况以及服务器负载提供了数据支撑。

该平台实现了对我市人工智能教育场景的全覆盖，从课前到课后都实现了智能化操作，数据一体化采集为今后的平台发展决策提供了有效的参考。

（三）系统实现以算力均衡和实时响应为原则

由于要向全市 1500 多所学校供给资源和工具，稳定性和可用性是平台的算力要优先满足的条件，且平台访问存在数量大、上课时间集中的情况，要实现全市层面的人工智能教育普及，其计算力、算法和数据三大要素缺一不可。因此采取的开发技术均需要考虑上述条件，主要采用了容器、微服务架构、高速分布式 RPC 服务框架、多种数据存储类型等，以满足师生正常开课为基本原则，实时根据系统流量调整服务器算力，以响应交互为主要目标，同时兼顾各种权限设置以及网络安全保障，也为后期的系统运维和配置管理提供了基础的服务架构。同时融入系统的人工智能技术，如语音识别、人脸识别、口语测评、道路识别、颜色识别、手势识别等，支持学生、老师自定义训练数据集。

（四）系统部署以降低成本提高绩效为目标

在服务器端，系统整体采用云原生部署，平台根据请求量等情况支持自动扩缩容，后台通过域值告警实现对服务器算力的监控。在客户端，通过前期调研了解到我市学校机房配置基本能满足运行人工智能平台基本要求，因此客户端可以通过 WEB 和离线桌面程序进行访问，降低对客户端的要求，既减轻了我市中小学硬件配置的压力，也降低了人工智能教育普及的成本，提高项目绩效。部署在学校机房的客户端架构如图附录二 –15 所示。

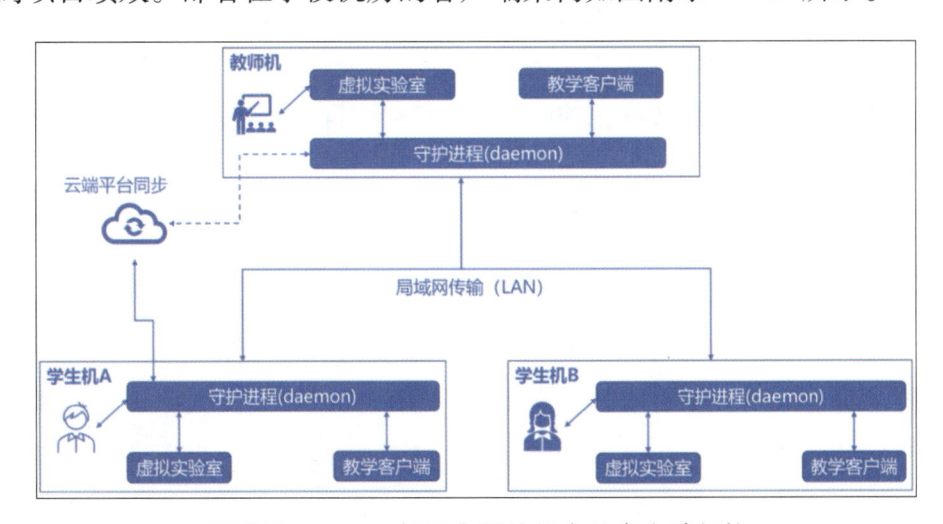

图附录二 –15 部署在学校机房的客户端架构

三、突出价值，呈现以知识图谱为主的教学资源

一个专业的网站，需能满足用户需求，具有高质量、有价值、多样化的

资源，且结构清晰，布局合理，易于导航。广州市中小学人工智能教学平台作为支撑全市中小学师生开展人工智能学习的网站，具有较大的用户访问量和使用黏性。在平台的推广应用中发现，对于网站承载的人工智能知识本身而言，只有和学生实际的生活体验产生联系才能有效地调动学生的主观能动性，促进学生进行知识的内化，而教师若了解人工智能知识体系结构以及和其他学科之间的联系，也更利于展开个人的专业知识的学习。鉴于此，广州市中小学人工智能教学平台以知识图谱为主要的方式呈现我市中小学人工智能教学内容，以人工智能相关核心概念来整合每节课的知识点，支持师生个性化的核心概念选择来达到对知识的学习。同时根据点击和浏览情况推送相关知识和概念，充分满足师生进一步深入拓展学习的需求，同时也将知识图谱内化到师生的知识经验体系中，从而达到促进师生自学和知识建构的目的。

我市平台部署的人工智能知识的呈现主要采取两种方式。第一种是按照我市教研院开发的人工智能教材进行组织，分为不同年级，不同年级又细分不同章节和课程，对于上课等课堂组织形式来说，可以快速定位到指定位置。第二种是为支持个性化学习而设立的知识图谱，该图谱既涵盖中小学教材的所有知识点，同时以概念的方式来关联每个知识点，让不同的知识点之间产生逻辑联系。如中小学教学课程以计算机视觉、自然语言处理为主进行细化，三年级体验智能门涉及的人工智能知识是"人脸识别"，同时初中的无人超市也涉及该知识点，该知识点所属大的概念是"计算机视觉"。因此，以"计算机视觉"作为上位概念，而下位概念则是"人脸识别""道路识别""手势识别"等，"人脸识别"知识点指向的课程也包括"道路识别""手势识别"两节课，而且这两节课对应的教学微课、编程代码素材、人脸识别的软硬件案例均会以超链接的形式链接到该知识点上，实现学习者自由选择，系统智能推送的目的。

四、尊重规律，配套循序渐进分层分类的教学工具

广州市中小学人工智能教学平台以教材内容和知识图谱作为知识体系支撑的基本结构，同时辅以循序渐进、分层分类的教学工具，体现平台教学的

适恰性和专业性。平台上各种工具和案例承载的不同的教学内容，为不同年级的学生考虑不同学习结果而提供不同的功能引导、代码案例和媒体素材，遵循从低年级到高年级的知识从浅入深，教学目标从简单到复杂，学生已有计算机理解和操作能力由弱到强的实际，契合不同阶段的学生思维发展水平，在小学阶段采取图形化编程环境，初中阶段使用图形化编程及代码编程环境，高中阶段采取代码编程环境，促进学生从形象思维向抽象思维的转变，支持非代码数据训练不同的模型，提供现实情境的问题引导，帮助学生理解机器学习的算法，降低学生学习机器学习知识的门槛，从而覆盖了不同类型学生的培养要求，实现循序渐进、分层分类教学。

在表附录二 –1 中，按照教学目标层次的从高到低，说明平台各主要编程工具对应的不同层次的教学目标。

表附录二 –1 平台主要编程工具对应的不同层次的教学目标

工具名称	实现教学目标的方法	教学目标层次高低
Python 实验室、硬件实验室	采用综合硬件和软件的方式，根据项目需求创造一个软硬结合的实体，并能根据系统需求，设计并实现一个算法，通过调整数据集及相关参数对算法进行优化，从而培养学生综合的创造性思维	↑
Python 实验室	运用代码工具深入 AI 原理去应用，能掌握 AI 库的基本用法来实现算法，通过数据训练，使制作的系统具备某一特定的智能交互功能	
AI 训练馆（机器学习）	用图形化的方法分析 AI 实现的原理，并评估其实施效果，使学生能理解并掌握算法的基本原理，理解人工智能系统不同要素之间的关系	
图形化编程工具、硬件实验室	利用已经封装好的 AI 能力积木块，用图形化编程工具实现对 AI 工业系统流程的浅层次理解和应用，可以制作具有一定智能交互功能的作品	
AI 体验馆、虚拟仿真实验室	把算法当作一个黑盒子让学生会用即可，达到使学生达到感性认知的目的即可，使学生能够体验人工智能的应用成果	

五、兴趣主导，创设体验性强逻辑清晰的情境案例

根据不同层次的教学内容和教学目标，平台选取贴近学生日常学习和生活经验的人工智能情境来设计动画演示案例，使学生在兴趣的引导下，通过与程序的不断交互逐步去感受、理解人工智能底层技术，把人工智能原理和技术的"黑匣子"像剥洋葱般层层展示算法的计算结果，引导学生去理解深奥复杂的算法原理，体验数据训练后进行分类预测的乐趣。平台提供的这些不同的工具和教学案例分别满足了小学生感知和体验智能系统的需求，也满足了中学生理解和改进 AI 系统的需求。

例如平台提供的虚拟仿真实验室内置机器人部件模型库，如风扇、控制器、交通信号灯、智能门等，学生可以根据系统设计要求，自行选择后构建智能系统的功能和形态；支持师生采用积木块和 Python 代码进行编程，通过判断语句、循环语句、函数等分支结构进行流程的代码转换，以实现特定的功能；最后，可以直接在虚拟场景中实时运行，查看系统程序执行效果，通过改变模拟数据的输入来进行虚拟程序的调试，它覆盖了搭建一个仿真系统案例的全流程。同时它具备道路识别、颜色识别、手势识别等模型训练能力，支持学生、老师自定义训练数据集。师生构建的智能机器人可以通过自带的 AI 能力进行模拟现实的系统体验、测试以及通过自定义训练集进行系统 AI 能力的改进。四年级下册的第 6 课"手势控制风扇"则在仿真实验室中提供了的手势控制风扇的硬件搭建和代码编程的教学引导，通过指导学生拖拽仿真硬件、补全程序代码、实时运行和调整程序，使学生能根据引导复刻一个智能风扇的软硬件系统，即时体验用手势控制风扇的开关的功能。作为课程的拓展，平台还提供 AI 猜拳的体验，直接打开电脑摄像头，点击"猜拳"按钮，系统就会识别摄像头捕获的手势，随机显示机器对手的手势，最后呈现猜拳结果的输赢。感性的体验加上理性的逻辑引导，提高了学生学习人工智能的兴趣。

六、主要成效

平台实现了全员参与人工智能教学的目的，为人工智能教育普及提供了

数字基座，截至目前，全市1504所学校在平台上的开课数达到了达到1470所，比例为97.7%，初步实现了人工智能教育普及的目标。随着近两年的应用推广，本学期教师在平台上的上课记录都能稳定在80%以上，已形成了基于平台的常态化开课规模，也培养了较好的用户交互习惯及用户黏度。我市以学期为单位定期在平台开展在线教研和线上学习，教研平台已成为市区校发挥影响力的窗口，并在不断新增和迭代优质资源，形成可持续发展的态势。教师在平台已有教学资源的基础上，根据个人需要上传了个性化的教学素材，学生在平台上的累计学生作品已达到241万多，其生成性资源随着时间的积累呈现出"量"的优势，优质的教学课例、优质的学生作品不断在各种比赛、征集活动中崭露头角，正实现从量变向质变的稳步推进。总之，平台的功能设计和系统架构为我市人工智能教育的推进提供了有力的技术支撑和托底保障，为解决前期调研发现的问题提供了积极的价值。我国人工智能教育仍处在起步阶段，我市在人工智能教育普及前期的尝试对日后的人工智能教育发展具有重要的参考意义。

第七节　智慧教育在课堂教学中的应用实践
（来源：2024年智慧教育优秀案例250）

【摘要】本书探讨了智慧教育在课堂中的应用实践，介绍了其概念、重要性以及数字化转型的意义和挑战。从技术与教育的结合出发，分析了技术对教育创新的影响，以及在课堂中的具体应用案例，如教学改革和虚拟实验。同时讨论了教学效果评价与优化，以及未来智慧教育的发展方向，强调了个性化教学和教育全球化的趋势。

【关键词】智慧教育；技术与教育；教学创新

一、引言

在当今数字化时代，智慧教育已经成为教育领域的热门话题。随着技术的迅速发展，教育也在不断探索如何借助科技创新来提升教学效果和学生学习体验。智慧教育作为这一趋势的产物，旨在通过整合先进技术和教育理念，为学生提供更加个性化、高效的学习方式。

智慧教育是指利用信息技术、大数据、人工智能等先进技术手段，以及现代教育理念，对教育教学过程进行全方位、多角度的智能化改革和创新。它不仅仅是简单地将技术引入教育领域，更是通过技术的应用，实现对教育资源的优化配置，提升教学质量，培养学生的综合能力。本书将深入探讨智慧教育在课堂教学中的应用实践。通过分析技术与教育的结合、教材内容与案例应用、智慧教育在课堂中的具体应用、教学效果评价与优化等方面，旨在全面了解智慧教育的现状与发展趋势，为教育工作者和决策者提供参考和启示。

二、技术与教育的结合

（一）技术在教育中的角色与重要性

在当今数字化时代，技术已经成为教育领域中不可或缺的一部分，扮演着重要的角色并具有深远的影响。首先，技术为教育提供了丰富多样的教学工具和资源，比如电子书籍、教学软件、多媒体教学等，丰富了教学手段，使教学更加生动、形象化，有利于激发学生的学习兴趣和提高学习效果。其次，技术为学生提供了更为便捷和灵活的学习方式，比如在线课程、远程教育等，不受时间和地点的限制，促进了教育的全球化和个性化。最后，技术还可以提升教学的效率和质量，比如数据分析技术可以帮助教师更好地了解学生的学习情况，从而进行针对性的教学，提高教学效果。技术在教育中的角色和重要性不言而喻，它已经成为推动教育变革和提高教学水平的重要力量。

（二）教育数字化转型的意义与挑战

教育数字化转型是当今教育领域的重要趋势，其意义和挑战需要深入探讨。数字化转型使教育更加普惠，能够为学生提供更加个性化、灵活的学习体验。通过技术工具，教师可以更好地了解学生的学习需求和进展，从而调整教学策略，提高教学效果。数字化转型还可以促进教育资源的共享和整合，让优质的教育资源更加普及，缩小城乡、地区之间的教育差距，实现教育公平。教育数字化转型也面临一系列挑战。其中包括技术基础设施的不足、教师数字化素养的提升、教育数据隐私与安全等问题。解决这些挑战需要政府、学校、教育机构和企业共同努力，加强对技术的投入和支持，加强教师的培训和发展，建立健全的法律法规和制度保障。只有这样，才能更好地推动教育数字化转型，实现教育的可持续发展和社会的进步。

三、教材内容与案例应用

（一）技术的发展与教育创新

1. 追溯技术的历史与教育实践案例

技术的历史是人类文明发展的重要组成部分，而技术的演变也深刻影响着教育的发展与实践。通过追溯技术的历史，我们可以发现许多与教育密切相关的实践案例。

古代文明时期，人类使用简单的工具和手工艺品进行生产和生活。例如，早期的石器制作技术不仅改善了人类的生存条件，也为教育提供了丰富的教学资源。教师可以通过展示不同类型的石器，让学生了解古代人类的生活方式和社会组织，从而拓展他们的历史意识和文化素养。工业革命时期，机械制造技术的发展极大地推动了工业化进程，也对教育产生了深远影响。例如，蒸汽机的发明带动了工厂系统的兴起，促进了劳动力分工和生产效率的提高。在教育方面，这种生产模式的转变也引发了对教育体系和教学方法的重新思考。教育家开始强调实践教学和技能培养，倡导教育与工作的紧密结合，以适应工业化时代的需求。

20世纪以来，信息技术的迅速发展进一步推动了教育的创新。互联网、计算机和智能设备的普及，为教育带来了全新的教学模式和学习工具。例如，网络课程、在线教育平台和教学软件的出现，为学生提供了更加便捷和多样化的学习途径，促进了个性化教学和学习效果的提升。

追溯技术的历史不仅有助于我们了解技术发展的脉络和演变过程，也为教育创新提供了宝贵的启示和借鉴。通过结合历史案例和当代实践，教育工作者可以更好地应对当前的教育挑战，推动教育的不断发展与进步。

2. 展望技术的未来与教学模式创新

随着科技的不断进步，我们对技术未来的展望充满着期待。未来的技术发展将深刻影响教育领域，为教学模式的创新提供更广阔的空间。

在未来，人工智能、虚拟现实、增强现实等新兴技术有望成为教育创新的重要驱动力。通过人工智能技术，教师可以更准确地了解学生的学习需求和能力水平，实现个性化教学。虚拟现实和增强现实技术可以提供沉浸式学习体验，让学生身临其境地参与到学习过程中，激发他们的学习兴趣和主动性。教学模式也将随着技术的发展而不断创新，传统的面对面教学将会与线上教育、混合式教学相结合，形成多元化的教学模式。教师将不再局限于课堂内的教学，而是可以利用互联网和移动设备，随时随地与学生进行互动和教学。教学内容和形式也将更加多样化和个性化，满足不同学生的学习需求和兴趣特点。

未来的技术发展将为教育领域带来巨大的变革和创新。教育工作者需要密切关注技术的发展动态，积极探索如何将新技术应用到教学实践中，推动教育模式的创新，为学生提供更优质、更个性化的教育服务。

（二）技术与设计在教育中的应用

设计原则在教育中的应用不仅仅是培养学生创造力和解决问题能力的重要途径，更是一种跨学科的综合性思维方式。以通用技术为例，设计原则在其中的应用不仅能够加强学生对通用技术原理的理解，还能够培养学生的创新意识和解决问题的能力。

在通用技术中，设计原则可以体现在技术设计的评价与优化中。例如，以苏教版《高一通用技术必修技术与设计1》第七章《设计的评价与优化设计方案》为例，本节课主要学习评价产品设计和最终产品的评价技巧，从技术的功用性、可靠性等方面入手优化设计方案。基于此，教师以"台灯设计"为主题举办赛事，要求学生为山区贫困地区的孩子设计一款专用于学习的台灯，分别在产品设计，成果展示环节开展评价活动，肯定创新性设计的同时，借评价结果提供台灯技术设计优化方向，遵循了哪些设计原则。在比赛中，请组长展示设计草图，说明设计理念和设计方案，重点说明设计方案的创新要点。教师肯定学生的创新性设计，强化学生参与技术创新设计的愉悦情感。

在比赛成果评比环节，各组组长带领产品上台，展示产品功能，说明设计思路，着重分享台灯的创新性设计。例如在台灯上加装电子表作为计时器，自动控制开关时间，设计可灵活调节台灯高度的木制支架等。教师与其他学生共同作为点评者从实用性、创新性、经济性、美观性等的设计原则出发，引导各小组针对评价方案完善台灯设计，使创新设计更加贴合贫困山区环境，思、用、评深度结合促进技术创新设计的发展。

通过对设计原则的应用，学生不仅能够提高他们的通用技术水平，还能够培养他们的团队合作能力和创新意识。设计原则在通用技术中的应用是一种促进学生综合素质提升的重要途径。通过案例分析和实践操作，学生能够深入理解设计原则的核心概念，并能够灵活运用这些原则来解决实际问题，从而提升他们在通用技术领域的竞争力和创新能力。

四、智慧教育在课堂中的具体应用

(一) 课堂教学改革与智慧教育

1. 教学工具应用案例分析

智慧教育的发展为教学工具的应用提供了更多可能性，以下是一个教学工具应用案例分析：在课堂上，教师通过智能白板和教学软件展示几何图形的绘制和变换过程。通过实时展示和操作，学生可以直观地观察几何图形的变化规律，并且可以通过智能白板上的交互功能，主动参与到图形的绘制和变换中。教师可以利用教学软件提供的多媒体资源，向学生展示各种实例，并与学生一同探讨不同图形的性质和变换方法。通过这种互动式教学方式，学生不仅能够加深对数学概念的理解，还能够培养解决问题的能力和创新思维。这种教学工具的应用不仅提升了课堂教学的趣味性和生动性，而且为学生提供了更直观、实践的学习体验。与传统的纸质教材相比，智能白板和教学软件的运用更加符合当今学生的学习习惯和认知方式，更好地满足了个性化、多样化的教学需求。

2. 虚拟实验在通用技术教育中的应用案例

在通用技术教育中，虚拟实验技术同样具有重要意义，为学生提供了更加安全、灵活和生动的学习体验。以下是一个虚拟实验在通用技术教育中的应用案例：

在网络通信课程中，学生学习网络拓扑结构和数据传输原理。教师利用虚拟实验软件展示不同类型网络拓扑的建立和数据传输过程。通过虚拟实验平台，学生可以模拟构建各种网络结构，如星型网络、总线型网络、环型网络等，并可以观察不同拓扑结构下数据传输的速度、稳定性等指标。学生还可以通过软件模拟网络中的故障情况，如节点故障、链路中断等，以及应对这些故障的解决方案。通过这种虚拟实验的方式，学生可以直观地了解不同网络拓扑结构的特点和优劣势，理解数据传输的原理和机制，并能够在实验中动手操作、调试网络，培养解决实际网络问题的能力。在通用技术的教学实践中，虚拟实验还可以应用于无线通信技术的学习。教师可以利用虚拟实验软件展示无线信号的传播特性和干扰现象，模拟无线信号在不同环境下的衰减和传输效果。通过虚拟实验，学生可以通过调整天线高度、信号频率等参数，观察无线信号的传播范围和覆盖效果，以及在干扰情况下的数据传输质量。通过这种虚拟实验的方式，学生可以深入了解无线通信技术的工作原理和应用场景，掌握无线信号的优化方法和干扰抑制技术。

虚拟实验技术在通用技术中的应用为学生提供了丰富的学习资源和实践机会。通过虚拟实验，学生不仅能够理论与实践相结合，更能够在安全环境下进行大量的实验操作，提高其实验设计和问题解决能力。虚拟实验技术将在通用技术教育中发挥越来越重要的作用，为学生的学习提供更加便捷、高效的途径。

(二) 智慧教育平台应用实践

在智慧教育的实践中，智慧课堂和智慧作业的应用为教学提供了更多可能性，以下是一些智慧课堂与智慧作业实践经验分享：智慧课堂的应用让教学更具交互性和个性化，教师可以通过智慧教育平台实时展示课件、发放作业，以及进行在线互动和评价。学生也可以通过平台提供的功能参与到课堂互动中，提出问题、回答问题，甚至是展示自己的作品或想法。这种交互式教学模式促进了师生之间的互动，激发了学生的学习兴趣和主动性。

智慧作业的实践则为教学评价和学生反馈提供了更便捷的途径。教师可以通过智慧教育平台布置作业、收集作业，并及时对学生的作业进行批改和评价。学生也可以通过平台提交作业、查看成绩和反馈。这种智慧作业的模式节省了教师和学生大量的时间和精力，提高了教学效率和反馈的及时性。

智慧课堂和智慧作业的实践经验表明，智慧教育的应用为教学提供了更灵活、高效的教学方式，促进了教学质量的提升和教育教学的创新发展。

五、教学效果评价与优化

(一) 学生综合素质评价

智慧教育的应用为学生综合素质评价提供了更全面、客观的评价方式。以下是一个基于智慧教育的学生综合素质评价案例分析：在一所中学，采用智慧教育平台进行学生综合素质评价，通过该平台，教师可以记录学生的学习表现、参与课堂互动、完成作业情况等数据，并结合学生的考试成绩、综合素质评价指标，进行全面评估。例如，教师可以通过平台统计学生参与课堂讨论的次数、提出问题的质量、作业完成的及时性等数据，综合评价学生的学习态度和主动性。学生也可以通过平台查看自己的综合评价情况，及时了解自己的学习状态，调整学习策略。

通过智慧教育平台的学生综合素质评价，不仅可以客观记录学生的学习表现和行为特征，还能够及时发现学生的优势和不足，为教师和学生提供针对性的教学和学习建议。教师可以根据评价结果，优化教学方案，采取更有效的教学策略，提高教学效果和学生综合素质的全面发展。

（二）教学过程的评价与优化

1. 优化教学方案的案例研究与总结

在教学过程中，优化教学方案是提高教学效果和学生学习体验的重要手段。以下是一个优化教学方案的案例研究与总结：

某初中教师在教授代数方程的课程中，采用了翻转课堂的教学模式。教师在课前录制了讲解代数方程的视频，并布置了相关的预习作业。学生在课前观看视频，自主学习相关知识，并通过预习作业进行巩固。在课堂上，教师通过提问和讨论引导学生分享他们的学习心得和疑惑，解答学生遇到的困难，并提供实际问题的解决方法和应用技巧。在课后，教师组织学生进行练习和作业，巩固所学知识。

通过翻转课堂的教学模式，教师实现了课堂教学内容的个性化和深化，提高了学生的学习积极性和参与度。学生通过预习和课堂讨论，主动掌握了知识，加深了理解，提高了解决问题的能力。教师也通过学生的表现和反馈及时调整教学方案，优化课堂教学效果。这种优化教学方案的案例研究表明，通过不断尝试和改进教学模式，可以提高教学质量，满足学生的学习需求，促进教育教学的创新发展。

2. 教师协同教研与专业发展经验分享

教师协同教研是教育教学改革的重要组成部分，也是促进教师专业发展的关键路径之一。以下是教师协同教研与专业发展经验分享：在一所中学，教师们组成了专题教研小组，共同研讨课堂教学中的难点和热点问题。每周定期召开教研会议，教师们分享教学案例、教学方法和教学资源，共同探讨教学中的挑战和解决方案。利用智慧教育平台建立教研资料库，记录和整理教研成果，为教师提供交流和学习的平台。

通过教师协同教研，教师们相互借鉴经验，共同探讨教学问题，促进了教学水平的提升和专业能力的发展。教师们也通过教研活动建立了良好的师生关系和团队合作意识，增强了教师的凝聚力和归属感。这种教师协同教研的模式为教育教学提供了更广阔的发展空间，为学校的教学质量和教师的专业发展注入了新的活力和动力。

六、结论与展望

(一) 智慧教育在课堂教学中的实践意义总结

智慧教育在课堂教学中的实践具有重要意义。智慧教育提供了更多元化、灵活化的教学方式，促进了教学内容的个性化和差异化，满足了学生多样化的学习需求。智慧教育为教学过程提供了更多数据支持，帮助教师实现教学效果的实时监控和评估，为教学优化提供了科学依据。智慧教育还为教师和学生提供了更广阔的学习资源和交流平台，促进了师生之间的互动与合作，推动了教育教学的深度发展。

展望未来，智慧教育将继续深化与教育教学的融合，不断探索创新教学模式和教学手段，提升教学质量和效率。智慧教育还将积极应对社会变革和科技发展带来的挑战，推动教育信息化水平的不断提升，为构建现代化教育体系做出更大的贡献。

(二) 未来智慧教育发展方向探讨

未来智慧教育的发展方向将以更加个性化、智能化的教育模式为主导。随着大数据分析和人工智能技术的不断发展，智慧教育将更加注重对每个学生的个性化学习需求的精准把握。通过对学生学习数据的分析，系统将能够准确预测学生的学习倾向和需求，从而为每位学生量身定制符合其个性化学习风格和节奏的教学方案。智慧教育将加强与其他领域的融合，包括科技、文化、产业等，打造全方位、多元化的学习体验。借助虚拟现实、增强现实等技术，学生将能够身临其境地探索历史古迹、艺术品等，从而增强学习的趣味性和深度。智慧教育还将注重教育资源的公平分配，利用智能化技术弥补教育资源不均衡的问题，确保每个学生都能够享受到优质的教育资源和服务。智慧教育将进一步推动教育的全球化发展。通过互联网和信息化技术的支持，教育资源将得以跨越地域的限制，实现全球范围内的教育资源共享与交流，为全球教育事业的共同进步贡献力量。未来智慧教育将以创新为驱动，以服务为宗旨，助力教育事业迈向更加辉煌的新时代。

第八节　数字化赋能五育并举智慧升级的"蒸湘"模式
（来源：2024年智慧教育优秀案例222）

【摘要】 五育并举是我国新时代人才培养的重要目标，也是促进教育现代化、素质教育深化发展的应有之义。蒸湘区以教育数字化引领教育现代化，通过夯实教育服务能力、课堂教学提质增效、数据驱动综合素质评价等措施，创新打造以数字化赋能"五育并举"的教育体系，努力推动人才创新培养，助力新时代基础教育高质量发展。

【关键词】 数字化；五育并举；综合素质评价

自2018年9月习近平总书记在全国教育大会上提出"要努力构建德智体美劳全面培养的教育体系"以来，各地都在开展基于"五育并举"理念指导下的实践探索，培养德智体美劳全面发展的社会主义建设者和接班人。随着教育数字化战略行动的落地实施，以数字化赋能"五育并举"、推动教育高质量发展，成为各地办好人民满意教育、培养时代新人的重要着力点。蒸湘区高度重视数字化教育改革，大力发展"智慧蒸湘教育"，让数字化技术赋能教育教学，通过优化教育服务供给、创新数字化教学应用、数据驱动综合素质评价等举措，助力学生全面发展，逐步构建起优质、公平、均衡的教育新生态，推动基础教育高质量发展。

一、优化供给，夯实教育服务能力

（一）优化教育环境

蒸湘区着力强化环境育人功能，不断提升五育活动效果。2023年，蒸湘区投资2450万元启动智慧教育项目建设，全面布局教育数字化转型，推动教育生态、学校形态和教学方式变革。

一是升级教育信息化基础设施，包括班班通设备升级、教师智能教学助手覆盖和智慧班牌系统、AI语言课堂建设等；搭建人工智能创新实验室，配备智能机器人、教学平板等，覆盖全区30所公办中小学，惠及师生23700余人；还在部分学校部署了智能体育教学系统、小学智慧阅读系统、心理健康教育系统、学生五育评价系统、中小学课后服务系统等应用，提高教育公共服务质量，为推动学生全面发展提供有效助力和支持，促进"素质教育"常态化开展。

二是建设互联网教育大平台，包括基础支撑平台、统一入口平台、大数据能力平台、教育资源平台、数据应用服务平台等，将区域内各类应用系统、数据互联互通，支撑蒸湘区各级各类数据汇聚和规模化治理。打造区域教育指挥中心，形成区域教育可视化、可量化、可分析的大数据决策管理体系。

三是共建共享优质教育资源，让优质资源覆盖更多场域、服务更多师生。依托教育资源管理平台，蒸湘区开展五育融合课堂优质课例评选活动，沉淀12门课程资源，覆盖人文类、科技类、美育类、劳育类、体育类及心理类，涵盖基础知识普及的系列素养课程，为师生提供数字教育教学资源，满足不同群体对优质课程的需求。

（二）优化课后服务

为满足学生成长多姿多彩的需求，蒸湘区印发《蒸湘区中小学课后服务工作实施方案》，构建中小学课后服务系统，在"全覆盖、广参与"基础上，注重"强保障，促发展"，采用"5+2"模式，增强课后服务有效性、吸引力，加快形成"一校一品，校校特色"，催生了课后服务之花"百花齐放"遍地"香"。

例如，作为拥有"全国书法教学实验学校""湖南省规范汉字书写示范学校"等多项荣誉的书法特色学校，蒸湘区实验小学秉持服务学生、尊重个性发展的理念，共开设60余门课后兴趣课，供学生自主选择。学校发挥本校老师书法专业特长，在课后服务时间开设专业书法班，对有特长和兴趣的学生进行书法练习指导，既培养了学生对汉字的感情，养成良好的书写习惯，又发展了学生的优势特长。

又如，大立实验小学聚焦儿童全面发展，在优势化课程资源的基础上，形成"一班一品"课后服务课程体系，例如三年级（4）班的书法、四年级（12）班的合唱团、六年级（5）班的朗诵等。这些课程体系不仅培养了学生的兴趣爱好，提升了学生的素养技能，还深化了学生学习兴趣课程的可持续发展性。

此外，蒸湘区将非学科类课后服务科目纳入学校教学常规管理，定期开展课后服务成果展演，定期考评。"一校一品"提高了课后服务的质量，激发了学生学习兴趣，最大限度发扬了学生的个性特长。目前全区所有中小学课后服务覆盖率100%，共开设60余门兴趣课，学生参与率91.21%。

二、创新应用，助力教学提质增效

（一）智慧德育，让内涵"深"起来

蒸湘区将数字技术嵌入德育过程，构建起适用于德育实践的智慧德育新样式，不断优化德育供给，提高德育的针对性和实效性。例如大立实验小学依托智慧班牌，各班班主任通过手机和电脑终端上传班级特色活动、班级风采、优秀作业等，有效展示班级风貌，还用"五育评价"进行红领巾颁章，规范学生行为，为学校班级管理、学生服务、文化建设等方面提供了强有力的支持。此外，每年秋季新生入学后，学校德育部门会组织开展一年级课堂文明礼仪评比活动。学校将课堂礼仪规则展示在电子班牌上，让学生学习规范的读写姿势以及课堂规范，时刻注意自己的行为。同时，电子班牌还可以展示一些与课堂礼仪相关的小故事或动画，引导学生学习和模仿，在潜移默化中影响学生的行为规范。评比活动完成后，学校将表现优异的班级活动，制作成相应的宣传视频，在全校循环播放，有效促进全校学生养成良好的文明习惯。

（二）智慧课堂，让教学"优"起来

蒸湘区深化数字赋能课堂创新发展，借助"人工智能+教育"平台，探索智慧教育与学科教学的深度融合，实现优质化教学，打造以学生为本的"高

效课堂"教学新模式。

在幸福路小学的课堂上，老师按照课堂生成数据和反馈推动教学。通过教师平板推送，老师们可以布置预习作业，再根据学生的掌握情况以学定教。如果只是个别差错，老师就会进行个别辅导。如果大部分同学都没有掌握，老师就会反思自己的教学方式，调整策略。

而在蒸湘区第二实验小学，老师利用智慧阅读教育平台，提高阅读活动吸引力，培养学生阅读兴趣。在电子阅览室内，孩子们围坐在电子墨水屏前，聚精会神地探索着数字阅读世界。他们通过触摸屏翻阅电子书籍，用耳机聆听有声读物，甚至与虚拟角色进行互动学习。智慧阅读平台系统的应用，打破了传统阅读的局限，将阅读从被动接受知识转变为主动探索和互动学习。在这个过程中，学生不仅学会了如何获取信息，更重要的是学会了如何分析、思考和创新。

数字技术与教学的深度融合，为学生提供更加灵活的学习方式和更加丰富的学习资源，有助于提升学生的探究热情，开阔学生的探究视野，激发学生的想象力，促进学生核心素养的发展。

（三）智慧体育，让学生"动"起来

以强健之体魄，筑强健之中国。蒸湘区发挥数字技术优势，不断加强和改进新时代学校体育工作，帮助学生培养运动兴趣、掌握运动技能、增强身体素质、养成体育品格。

体育课上，智慧体育的智能评测模式，解决了日常教学测评场景中教师测评效率低、负担重的问题。借助智能评测系统开展运动项目实时评测、精准评价，大大提高了课堂效率。依靠智能评测系统，采集学生运动过程，智能分析运动姿态与结果，给出个性化运动建议，帮助老师开展精准教学，落实因材施教。

课后，每天坚持阳光一小时体育锻炼时间、做好一套眼保健操，开展"共同呵护好孩子的眼睛"近视防控宣传，课间操、跑操形式多样、新颖有趣。

学生可借助操场智能体育系统自由开展测试与针对性训练，结合 PK、排行等模式，进行趣味运动，有效地激发学生运动积极性和参与性。例如，蒸湘区呆鹰镇中平小学推出"阳光体育活动"，举办"智慧大课间"——绳彩飞扬、智慧中平跳绳擂台赛。比赛按年级分为六个组别，分男女生两组赛次进行，比赛采用智慧体育 AI 测评系统，全程平板自动化计数、计时，比赛过程中能时时看到学生成绩更新，比赛结束后立即统计合格率、优秀率，提高比赛效率和观赏性，为体育活动和教学提供便捷、新颖的模式。此次擂台赛不仅激发了学生的锻炼热情，还为他们提供了展示才华的平台。

（四）科学教育，让创新"活"起来

蒸湘区注重青少年学生科学与技术素养提升，通过做好科学教育"四个加法"，培养学生科学志向，厚植家国情怀，向着科学素养提升、创新人才培育的航标全面迈进，助力"双减"行稳致远。

一是开展通识教育。通过建设人工智能创新实验室，配备智能机器人等方式，蒸湘区在中小学开展人工智能通识教育，让学生们沉浸式体验编程逻辑、算法应用、图像声音分类等人工智能教育，大幅提升学生的科学素养。例如大立实验小学成立人工智能社团，配备专业教师指导团队，发挥社团的中坚力量，每年举办校园科技节、编程比赛，对接蒸湘区现场创意编程比赛、衡阳市青少年机器人竞赛，为学校人工智能教学实践成果提供了展示舞台。

二是开展主题活动。一方面，以"科技活动周""全国科普日"为契机，开展"百名院士进校园，万名科技工作者上讲台""中国流动科技馆"等主题科普宣传展演活动；另一方面，定期举办"青少年现场创意编程竞赛""青少年科技创新大赛"等比赛活动，积极为中小学搭建竞技互动、展示创新能力的平台。例如 2024 年 4 月 25 日，蒸湘区举办第三届青少年现场创意编程竞赛，竞赛以"人工智能智创未来"为主题，设 Scratch 图形化编程和 AR 视界算法两个项目，并根据初中组和小学高、低年级组三个不同组别设置不同难度的挑战任务。来自 11 所学校 89 名参赛者个个激情澎湃、奋勇拼搏，展现出了新一代青少年的靓丽风采。近三年，师生共获得省市级科技竞赛奖项 260 余个。

三是开展合作交流。各学校持续深化与"乡村合伙人"合作交流，共商共建共享科普劳动实践基地（应用场景）7 处、科学教育样板课程 20 余节，组建 9 支由校内外自然科学教师、农技专家、"土专家"等组成的"自然科普讲师团"巡回指导。截至 2024 年 4 月，师生一起走进田间地头、厂矿企业学科学、勤劳动 20 余次，开展"科学＋劳动"课程融合新体验。

四是加强示范引领。目前，全区共有省市级青少年科技活动示范学校 3 所。蒸湘区实验小学荣膺 2023 年度"全国中小学科学教育实验校"，为全区科学教育质量的整体跃升树立典范。通过先进教学、资源共享、活动引领，有效提升教师专业能力，进一步激发全区各中小学生科学兴趣与创新思维，推动区域科教兴盛。

（五）智慧心育，让心理"亮"起来

心理健康是人全面发展的重要体现，也是蕴含在五育之中的内在要求。蒸湘区依托心理健康教育平台，开展心理健康普测工作，对全区 2.6 万多名学生开展心理健康筛查并建立台账，建立学生心理健康档案，做到一生一案。心理健康档案包含学生的心理档案、预警记录、咨询记录以及自主减压的记录。根据学生的心理档案，平台为每个学生提供个性化的心理辅导资源和建议。对于可能出现或已出现心理危机的学生，平台迅速对学生进行预警，学校心理健康专职教师和上级教育部门通过后台了解学生的心理动态，并根据学生心理健康档案具体情况，教师可以及时、有效地为此类学生提供心理支持和干预，帮助其走出困境，促进学生全面健康发展。目前，蒸湘区创建全国学校急救教育试点学校 1 所、全省营养与健康学校 1 所、省中小学心理健康教育特色学校 2 所。

（六）乡村美育，让教育"美"起来

近年来，蒸湘区不断提高对乡村学校美育工作的重视程度，持续加大教育投入，以改善办学条件为突破口，着力补短板、强师资、提质量，让乡村学校的美育工作有了翻天覆地的变化，也让城乡教育更加优质均衡。

一是统筹资源，改善办学条件。2020年年底，全区启动"'艺术童伴'——留守儿童关爱工程"，促进文明单位、城区学校对乡村学校进行结对帮扶，孩子们有了电子琴、合唱台、花架、美术素养包，学校美育资源不断丰富。

二是多轮驱动，助力教师成长。蒸湘区以集团化办学为抓手，让优质资源动起来，让孩子在家门口就能上好学校。2023年，蒸湘区以3所名优学校为主导，成立3个教育集团，推动形成县域内"美育共同体"，促进优质教育资源流动。同时，启动"四个一批"计划：邀请专家名师、公益组织、艺术机构，免费培训一批教师；选拔一批教师，前往长沙、深圳等地参与交流活动；组织教研活动和教学竞赛，提升一批教师的专业水平；面向社会聘请一批优秀人才，丰富教师团队。

三是植根本土，聚焦全面发展。美丽的乡村为学校美育提供了丰富的资源。乡村美术教师把孩子们带到田间地头，品味农耕文化；把乡土气息带回课堂，指导孩子们对野花、野草、石头等进行艺术加工，制成精美的艺术作品。雨母山镇东阳小学的童声合唱团、群益小学的黏土画、呆鹰岭镇振兴小学的衍纸美术、新阳小学的掐丝珐琅画……各个乡村小学形成了自己的艺术特色。艺术教育如同一束光，指引着孩子们探索艺术世界，让他们在色彩、旋律、节奏中发现美、感受美、创造美。

三、数据驱动，提升评价科学水平

蒸湘区积极探索新时代教育评价改革，启动数字化赋能学生综合素养评价专项建设，利用人工智能、大数据技术构建知识图谱，开展学生学习情况全过程纵向评价、德智体美劳全要素横向评价，构建学生全方位的能力"画像"，进而形成个性化、情境化和数据支持的教育新生态，努力提高教育质量和公平性。

（一）共融共建评价理念

一是党政干部共建"评价观"。举行新时代教育评价改革、数字化赋能学生综合素质评价改进报告会，引领区级、部门及镇街领导变革评价观。二是教育系统共探"改革观"。组织召开中小学校长专题培训会、专题研讨会，评价改革工作推进会、座谈会、现场会等 10 余场，开展数字化应用培训会 20 余场次，引导教育系统转变育人观念、育人方式。三是家庭社会共育"成才观"。将家校社共育作为社会治理重要内容，成立区级家校社共育专委会，建立专家团队、指导团队、讲师团队 3 支队伍并举办生涯规划讲座 5 场。

（二）创新智能评价工具

一是搭建了大数据精准教学云平台、教学全场景数字化采集系统、大数据监测管理系统，覆盖全区 30 所中小学、1166 名中小学教师、21424 名中小学生，打造全区教育数字中心，为学校、教师、学生评价数据采集监测夯实基座。二是建立了多元化的评价指标体系，将德育活动、学科课程、劳动教育、体艺素养、习惯养成融合统一，注重学生的综合素质和创新能力的培养，推动学生评价从单一的分数导向向全面发展导向转变。三是加强了学生评价的改革，通过引入学生自评、同学互评、教师评价等多元评价方式，注重学生的自主学习和实践能力的培养，提高了学生评价的科学性和公正性。

（三）优化评价结果运用

蒸湘区发挥评价结果的导向、鉴定、诊断、调控和改进作用，让每个学生都出彩。依托五育评价系统，对每位学生德智体美劳各方面的能力进行"数字画像"，呈现学生阶段性的五育成长报告，既能客观反映学生各个领域的表现，也能让学生和家长实时看到孩子成长的轨迹，还可以更好地帮助教师及时发现学生的能力倾向和缺点劣势，设计个性化教育教学任务，从而更有效地夯实学生成长之路的基础。以体育为例，通过采集日常教学、课后运动、体测、体育赛事等全过程数据，为每个中小学生生成体质健康档案，及时呈现学生体质健康总体状况，教师可以全面关注学生的身心健康和体育素养的变化，在尊重学生体质健康发展差异的基础上，突出对学生参与体育过程的个性化诊断、激励和指导。蒸湘区通过实施有温度的数字化教育评价，把每个学生当作独一无二的个体，充分发挥评价结果的诊断、预警和反馈功能，及时调整和改进教育教学，从而不断提高育人质量。

四、结语

随着数字化技术的发展，数字化在教学、学习、测试、评价和管理等教育环节中发挥重要推动作用，促进"五育并举"发展。蒸湘区以数字化赋能"五育并举"为重要着力点，将数字化技术与教育教学融合创新，实现规模化教育与个性化培养有机结合，提高学生全面发展水平。蒸湘区先后获批教育部"全国儿童青少年近视防控试点县市区"、"央馆人工智能课程"规模化应用试点区、湖南省"劳动教育实验区"，社区教育"心益缘—心理健康志愿服务"获教育部"终身学习品牌项目"荣誉称号。未来，蒸湘区将依托智慧教育建设，以数字教育改革为驱动，强化"五育并举"工作合力，着力构建"五育"协同育人的发展格局，发展更高水平、惠及全面、人民满意、结构合理、充满活力的高质量教育。

第九节 教育数字化转型中"因材施教"精准教学的学校实践

（来源：2024 智慧教育优秀案例 303）

【摘要】桂林市第十八中学利用八桂教学通平台，以"学校整体规划布局、各教研组协同推进、教师人人实践应用"的方式整体推进教育创新，形成了学校抓"总"、教研组抓"研"、教师抓"实"的发展格局，共享了教学创新实践，共绘了智慧教学的新篇章。

【关键词】八桂教学通；智慧教学；教师数字素养提升

八桂教学通是广西面向全区中小学校推出的基础教育数字化转型的重要举措，是构建优质均衡基本公共教育服务体系的有力抓手。桂林市第十八中学不断丰富已有的课程教学资源，将八桂教学通与落实双减工作、教研培训、日常教育教学和常规管理等有机结合起来，以"学校整体规划布局、各教研组协同推进、教师人人实践应用"的方式整体推进教育创新，形成了学校抓"总"、教研组抓"研"、教师抓"实"的发展格局。将共享教学创新实践，共绘智慧教学新篇章作为新时代数字化校园建设的重要内容，通过引领带动、部门联动，着力构建智慧教学的融合示范校园，推动数字化改革发展不断迈向新的台阶。

一、八桂教学通的使用与创新

学生在当今互联网日新月异的环境下，每天接触到的都是瞬息万变的资源。时代的信息化、数字化早已经改变了中学教学的学习方式和教学方法，要想真真切切的引导学生全方位的发展，就必须借助互联网辅助教学平台等开展教师备课教研和学生学习授课。在互联网信息化、数字化背景的驱动下，开展教学辅助平台授课是以学生发展为本，以单元模块主题为引领，以模块为单位，对教学内容、资源等进行适度整合，设计与学生生活实际相联系、能激趣、有层次、多样化的课堂教学，布置能够巩固、复习、发展、沟通、反馈、评价等功能的分层作业，促进学生的语言能力、文化意识、思维品质和学习能力等核心素养的培养和发展。八桂教学通的使用可以为中学教学带来丰富的学习资料和备课素材，优化学生学习体验，提升学习效果，实现城乡区域间的资源共享，也让抽象化的书本知识转化成生动形象、易于理解的内容，八桂教学通的使用不仅有效推进了中学数字化教材的使用以及多媒体交互式课堂的辅助，对于引领学生开展自主学习、合作探究等生生活动有着指导性意义，还为家校共育、师生课堂环境提供了丰富的资源和平台，为教学的均衡发展和资源统筹做出了较大贡献。桂林市第十八中学教师每周均使用八桂教学通平台备授课，教师备课授课能力整体得到明显增强，课堂教学质量更加高效，学校的教育教学现代化水平得到进一步提高。

（一）资源协同化

八桂教学通是以多版本数字教材为核心，在教学课程组织工具、教学课件工具、资源库、题库、学科工具库、课堂活动库、授课工具库等基础模块的支撑下为教师提供备课、授课以及教学管理等功能，支持课堂教学场景应用的数字化教学平台，帮助教师提升备授课效率，优化教学过程。八桂教学通不仅实现了教学资源的互通有无，让传统的课堂教学实现了学科的融合，还创新了教学的新模式,搭建了教育教学的新模式。桂林市第十八中学充分利用八桂教学通平台的教学资源,实现了校内外教学资源的共享。教师们可以方便地获取优质的教学课件、教学视频等资源,丰富了教学内容,提高了教学效率。平台提供了在线教学、互动讨论等功能,使教学方式更加灵活多样。教师们通过线上线下的结合,开展了翻转课堂、小组合作等创新性的教学活动,激发了学生的学习兴趣和积极性。八桂教学通平台支持在线作业、在线测试等功能,使教学评价更加科学、客观。教师可以通过平台收集学生的学习数据,进行精准的教学分析和个性化的学习指导。八桂教学通的教学课程模块支持教师更加灵活、更加开发、更加方便的组织课堂教学所需的全部素材,同时为教师提供数据库。学科工具、授课小工具是集教学资源库和授课工具为一体的备授课工具。并在平台中嵌入国家中小学教育智慧云平台,通过资源共享实现了中学教学课堂的资源协同化发展。八桂教学通是整合了人教版、外研版、湘教版等多版本数字化教材,同步供应给平台教师所使用,高效便捷地解决了教学中的实际问题,在校本资源库和平台提供的资料中可以找到符合学情的内容。同时,广西区内各校日常更新的资源,真正利用了互联网的信息化数字化解决了城乡教育资源协同问题,实现了资源的共享化和协同化。

(二)配套完备化

从每一本教材出发,到配套资源和共享资源,再到数字教材和音标等特殊工具的使用,无不彰显着互联网信息化数字化给中学教育教学工作带来的巨大便利。实现了资源同步、资源共享、资源再利用,同时,也对集约化完备化的内容教授提供了丰沃的厚土,利用图像等多媒体信息也带动了课堂中的教学。并通过手机和电脑两个端口设置了不同的应用接入,在移动授课模块中以教学课程、教材页面、教学课件的移动授课实现图片投屏、激光笔、虚拟鼠标、聚光灯、画笔橡皮、直播等大量实用性强的功能,辅助功能完备且齐全。使得学生从学习中汲取知识的同时,更加形象化直观化的深入探讨,增强了课堂的趣味性,调动了中学阶段学生学习的热情,更加有助于培养同学们依靠互联网信息化数字化达成学习目标的良好习惯。

(三)操作简易化

八桂教学通的操作极其便捷，模块清晰明确，对于备课、上课、上传校本资源等使用分门别类地进行了资源的分类整合，利于教学的顺利开展，教师完成相关的备课任务，学生可以自主合作利用平台进行课前课后预习、复习工作的开展。从登陆平台到主界面应用，旁侧主题栏显示清晰，指令明确，操作简单。模块操作为我的课程、教学课程、数字教材、教学课件、资源管理、学科工具、个人成长、活动、网络学院、国家中小学智慧教育平台、个人中心和个人信息管理共十二个节点。该平台以数字教材为核心，在教学组织工具、教学课件工具、资源库、题库、学科工具库、课堂活动库、授课工具库等基础模块的支撑下，为中小学教学提供备课、授课以及教学管理等功能，支持导出离线授课资源包，并配合数字教材满足教师在有互联网和无互联网的双环境下授课，满足了信息化环境下课堂教学的基本需求。支持课堂教学场景应用的数字化教学平台，帮助教师提升了备授课效率，也优化了其教学过程。

二、桂林市第十八中学举措与实践

为更好地实现共享教学创新实践，共绘智慧教学新篇章，桂林市第十八中学以"学校整体规划布局、各教研组协同推进、教师人人实践应用"的方式整体推进教育创新，形成了学校抓"总"、教研组抓"研"、教师抓"实"的发展格局。

(一)学校整体规划布局

为了推动学校八桂教学通规模化应用，桂林市第十八中学为推进教育数字化进程，授课中使用八桂教学通这个多功能融合的应用软件，对中学数字化教材资源应用与构建进行了系统化的研究，促进数字化平台的使用与构建，撬动了课堂教学变革，促进提质增效。学校结合实际课堂操作有针对性地提出应用的创新策略，以此实现共享教学创新实践，共绘智慧教学新篇章。

一是开展八桂教学通平台的应用培训，搭建了教师研修的新平台，有效促进了教学教研的数字化进程，并结合中小学教师信息技术应用能力提升工程2.0整校推进实施方案，通过对节点的选择开展全校范围内的教师研修，提升教师的信息化素养，推进全校数字化改革向纵深发展，探索构建教师专业发展的培训模式，有效整体提升学科教师的专业发展素养。

二是落实八桂教学通的使用制度，共享共建教育资源，要求全校教师每周必须登录，完成校本资源共享，利用平台开展备授课以及教师研修，鼓励使用八桂教学通开展家校合作，促进平台助力教学的实现。

三是探索人才培养的多元模式，创新"信息化数字化依托＋人才技能提升"的培养模式，与广西师范大学合作每年定期开展骨干教师和青年教师培训，并积极参加桂林市举办的国培计划骨干教师信息化能力提升、领雁计划等专项培训，促进教师信息化能力的提升。全校多达50人次参与到八桂教学通数字化论文征集活动，并在桂林市中小学信息化融合创新优秀课例征集评选活动和校级说课比赛、青年教师赛课中鼓励使用八桂教学通开展教学，形成了以研促教的人才能力提升新模式。

四是持续推进数字赋能中学教育，深入实施教育数字化战略行动，创建智慧校园建设，探索建立新型师生课堂生成机制，推动国家课程数字资源暨八桂教学通应用规模化工作进程，助推学校信息化教学锦上添花，教师教学质量明显提高。通过向八桂教学通借力，实现中小学师生数字化教育资源全覆盖，实现优质教育资源共享，努力缩小城乡之间、校际之间的教育差距，助力广西教学高质量发展。

（二）各教研组协同推进

桂林市第十八中学各个教研组具体实施教师研修服务，有针对性地进行培训反思，对于八桂教学通的使用情况进行后续追踪反馈，依托数字化的教研平台，通过每周的集体备课，从课程设计衔接、资源搜集共享、教学方法革新、评价机制应用，开展形式多样的教学研修活动，如同课异构、微课制作、教学反思、课题研究、案例研究、试题分析等，注重备课、上课、听评课的过程性指导，深入挖掘运用八桂教学通课堂教学的典型案例，精心打造精品课例。以点带面，线上线下同步发力，并及时关注教师教学需求，组内研修，找准学校区域内的薄弱环节和教师发展诉求，并对教师的实践效果进行跟踪评价，实现协同推进，共建数字化智慧校园。

同时形成了八桂教学通助力教师成长的"五大环节链"的实施路径，第一，自主备课，通过平台内的资源共享，搜集初期材料，设计教学课件，教学设计，模拟讲课的素材资源，上传至校本资源，及时通知本组教师提前了解备课的内容及谈论方向，形成第一环节的集体备课。第二，模拟讲课，可通过线上资源整合后，开展在线观课、议课，促进教师的成长，尤其是青年教师，以师徒结对的形式促进其能力快速提升。第三，协同改课，主备教师根据教师评议数据的反馈，对教学设计、教学课件等进行二次修改，与同一个教研组的教师继续打磨，形成有效共案。第四，课堂实施，利用八桂教学通开展班级的授课，充分利用课堂活动和游戏，调动学生的学习热情，积极示范引导，实现本节课目标的达成，同时以大单元角度思考本节课的环节所属意义，完成育人的闭环目标。第五，资源整理，根据两次备课和一次实践课堂，再次修改完善相关的教学资源，形成完成的教学设计、教学课件、教学素材、教学反思成长记录的资源包，并将其上传至资源共享，助力推进八桂教学通的规模化应用，保障资源的完整性。

同时，八桂教学通可以为区域内数字化教学研体系建构研究提供理论及实践依据，推动全区数字化教研教学改革向纵深发展，也为相对偏远的一线教师提供数字化在线教学实施策略和模式参考。平台中一线教师提供可直接使用在线教研课程资源库和精品课例集，提升教师的在线教研专业素养。提升教师教学、教研能力，探索构建教师专业发展线上培养模式，有效整体提升学科教师的专业发展素养，促进教学均衡化发展。

（三）教师人人实践应用

八桂教学通将数字技术充分与教师教育教学活动的各环节相融合，发挥技术优势赋能提质增效。在桂林市第十八中学这片沃土上，骨干教师们以其独特的教学魅力，不仅在教学设计上别出心裁，更在教学技艺上炉火纯青，他们丰富的教学经验如同一盏明灯，照亮了其他教师前行的道路。学校先后开展了一系列骨干教师技术培训和优秀课例展示活动，通过以点带面、以优带弱的方式，有效带动了整个教师团队的成长，让八桂教学通的应用在学校内实现了规模化。

与此同时，学校还积极举办青年教师赛课活动，鼓励教师们勇于摒弃传统的教学模式，拥抱新的教学理念，真正将八桂教学通融入日常教学中，常态使用、真实使用、创新使用八桂教学通，让信息技术最大限度地服务于课堂教学，使其成为提升课堂教学效益的有力工具。在这些活动的推动下，语文、英语等多个学科纷纷开展了数字资源应用专项课题教学研讨活动，营造出了一种浓厚的数字化教学氛围。

学校还注重校本课程的规划和开发，以满足学生多样化的学习需求，有效整合了区域内的教育资源。这种整体有效的数字化教育教学普及范式、模式和资源案例，不仅打破了时间、空间和地域的限制，更实现了教育资源的均衡化，让每一个孩子都能享受到优质的教育资源。在这个过程中，教学模式也得到了优化和整合，学校与八桂教学通平台共同打造了一个充满智慧和活力的校园，为培养更多具有创新精神和实践能力的学生奠定了坚实的基础，实现教育资源的均衡化，整合优化教学模式，共同打造智慧校园。

三、智慧校园数字资源建设与应用思考

（一）统筹推进，建立健全数字资源建设与应用工作机制

加强各部门间协同，落实工作职责，建立健全协同工作机制，明确数字化校园的实施要求，牵头教研室和各项负责人和管理员。校长牵头，指定专人作为学校管理员，组建学校信息化应用骨干团队，将推进数字资源建设和应用作为学校教育教学改革的重要内容，将推进数字资源应用与能力提升工程整校推进工作结合起来，建立适应学校发展需求的信息化教学应用新模式，形成范式推广，推动课堂变革，构建新课堂，促进课堂教学质量提高。

（二）加强顶层设计，制订校级工作实施方案和政策文件

采用四个重点着力"抓"，第一，抓理念，校级范围内甚至于全市全区

统一认识，有意识引领，明确统一的工作实施方案和政策文件作为理论支撑。第二，抓教师，继续推进骨干教师示范引领，青年教师组队帮扶机制，以赛带动，以激励教师常态化使用，做到教师全员参与并互相学习，做到"人人会用，人人用好"资源，实现数字化的提升。第三，抓教研，教研要落到实处，定期开展数字化信息化应用培训，完善制度，进行名师交流、客座访谈等活动。第四，抓示范，通过典型教师示范，组建各个示范点班级进行数据研究，观测改进，将取得的范式辐射更多示范校。

（三）打好组合拳，落地落实数字资源建设和应用工作

针对现有的平台资源，我们要持续优化与升级，不断做好补充与应用工作，确保资源的时效性与丰富性。将八桂教学通的使用纳入教育教学评价考核之中，使其成为衡量教学质量的重要标准之一。在学校范围内组织开展优质课例征集活动，鼓励教师们利用数字资源进行创新教学，展现他们的教学风采与成果。同时，论文评选活动也是不可或缺的一环，它不仅能够激发教师们的研究热情，还能促进数字资源在教学领域的深入应用。除此之外，以校级个人课题的形式，积极促进数字资源专项课题的立项工作。通过设立研修实践项目，为教师们提供一个学习与交流的平台，让他们在实践中不断探索数字资源教学的最佳路径。不仅能够提升教师们的数字素养，还能够推动数字资源建设与应用的深入发展。

四、结语

桂林市第十八中学在八桂教学通平台使用过程中的教学创新实践为我们展示了智慧教学的魅力和潜力。以"学校整体规划布局、各教研组协同推进、教师人人实践应用"的方式整体推进教育创新，形成了学校抓"总"、教研组抓"研"、教师抓"实"的发展格局的智慧教学，为提升教育教学质量提供了新的途径和思路，教学质量和效率得到了显著提升，学生的学习积极性和学习成绩都有了明显的提高，教师的专业素养和教学能力也得到了锻炼和提升。我们应积极拥抱智慧教学，不断探索和创新，共同绘制智慧教育的美好未来。然而，智慧教学仍面临一些挑战和问题，例如，如何进一步整合和

优化教学资源、如何提升教师的信息技术应用能力等。未来，我们应继续深化智慧教学的理论研究和实践探索，推动智慧教学的持续发展和创新，探索八桂教学通促进教学的新模式、新方法，从而助力桂林市乃至广西的数字化创新发展。

第十节 融合 AIGC 的区域教研转型创新
——历下区数字化协同教研实践探索

（来源：2024 年智慧教育优秀案例 308）

【摘要】本案例以建构主义学习理论为基础，基于自主可控的数字化教研平台，借助人工智能大模型，以"AI 灵感市集"助力教研转型创新，通过构建数字化教研服务体系，以"AI 智能体"重组教学资源、重构教研流程、重建评价体系。创新实践"425 数字化教研"路径，助力实施精准教研，形成精准测评的教师数字素养和教研发展新机制，以人工智能技术支撑个性化指导和辅助教育决策。

【关键词】人工智能大模型；协同教研；教研模式创新

教育部部长怀进鹏在 2024 世界数字教育大会的主旨演讲中强调，推进数字教育更智能化发展，以数字技术促进人的全面发展，实施人工智能赋能行动，积极推动"以智助学""以智助教""以智助研"。2024 世界数字教育大会倡议：合作推动教师能力建设。共建全球教师能力合作网络，推广包容有效的数字化教学法，研发智慧教师助手，探索开展数字化协同教研和"人机共育"，支持教师成为知识生产者、学习促进者和成长引导者，提升教师数字胜任力。在区域中小学教育中，融合人工智能大模型的数字化协同教研不仅能够实现教育资源共享，推动教育公平，促进教师数字素养和专业水平提升，还能提高教育质量，助力未来创新人才培养。希望通过本研究，能为中小学数字化协同教研提供理论指导和实践参考。

一、实施数字化教研的政策理论依据及必要性

（一）实施数字化教研的政策依据

党的二十大报告指出："推进教育数字化，建设全民终身学习的学习型社会、学习型大国。"随着义务教育课程方案和信息科技课程标准（2022版）的发布，对提升全民数字素养、夯实科技人才培养具有里程碑意义。

十四届全国人大常委会第二次会议民生主题记者会上，教育部部长怀进鹏提出："把人工智能技术深入到教育教学和管理全过程、全环节，培养一大批具备数字素养的教师。"

教育部数字教育集成化、智能化、国际化专项行动暨"扩优提质年"启动仪式：正式启动人工智能赋能教育行动，启动实施教育系统人工智能大模型应用示范行动，推动智能技术的教育、应用和创新，是回答"智能时代，教育何为"的时代命题的必然要求，也是为中国教育数字化转型注入新动能，推动教育数字化战略从"3C"走向"3I"的重要提质举措。

教育部《关于加强和改进新时代基础教育教研工作的意见》（教基〔2019〕14号）：创新教研工作方式，积极探索信息技术背景下的教研模式改革，是促进教育数字化转型的新要求。

《基础教育课程教学改革深化行动方案》（教材厅函〔2023〕3号）：推进数字化赋能教学质量提升，构建数字化背景下的新型教与学模式，助力提高教学效率和质量"的新举措，是实现教育数字化转型的新方向。

《教师数字素养》教育行业标准（2022）指出教师数字素养的五个维度：数字化意识、数字技术知识与技能、数字化应用、数字社会责任以及专业发展。其中专业发展中的"数字化研究与创新"是指教师围绕数字化教学相关问题开展教学研究，以及利用数字技术资源实现教学创新的能力，包括开展数字化教学研究，以及创新教学模式与学习方式。

（二）实施数字化教研的理论依据

（1）人本主义学习理论：该理论强调学习者的主体地位，关注学习者的

情感、动机和自我实现。它认为学习是一个主动、建构的过程，学习者需要在安全、自由、支持的环境中发挥自身潜能，实现自我成长。

数字化协同教研作为一种新型的教研模式，关注教师的专业成长。在人本主义学习理论的指导下，数字化协同教研注重营造开放、包容、支持的环境，鼓励教师和学生在数字化教研平台支撑下探索和创新，发挥人工智能技术优势，为教师和学生提供更加灵活、个性化、生成式的学习资源和手段。通过实施数字化协同教研，可以提高教师的教育教学水平，促进学生的自主学习和创新能力培养。

（2）建构主义学习理论：该理论认为学习是一个主动的、社交的、建构的过程，强调学习者的主动参与和建构知识的过程。它认为学习不仅是接收信息和记忆知识，更是通过思考、解决问题和与他人交流来构建自己的知识结构。

数字化协同教研强调教师间的互动和合作，强调生成式人工智能对教研的赋能，注重主动参与和自主学习的能力培养。基于建构主义学习理论，数字化协同教研可以通过 AI 智能体（灵感市集）、丰富的数字化学习资源（知识库）、"师师互动＋师机互动（AI 助教）"，创造开放的学习环境，促进教师间的互动与合作。

（三）实施数字化教研的现实意义

传统教研受制于物理环境、组织形式、评价方式的局限，往往存在合作教研文化缺失的现象，存在诸多短板。

（1）跨校教研，通勤成本较高。传统教研通常需要教师面对面地进行讨论和交流，但随着城市发展，教师聚集在一起时间成本大。

（2）职业惰性，教学内容（方式）迭代慢。有一定经验的教师，通常局限在已有知识范围和教学模式，缺乏主动更新学科知识和教学方法的动力。常规技术无法提供高效、有效且实用的教研辅助。

（3）资源松散，区域共享受限。受到技术的限制，区域优质资源管理以及共享困难，且基于区域学情的资源无法给教师后续的教研提供生成式内容支撑。

（4）形式随意，记录整理困难。教师在教研活动中，在交流碰撞中会产生大量的讨论和想法，但由于缺乏智能的记录、整理和提炼，宝贵的经验无法被长期保存和应用。

（5）时空受限，跨学科（地域）交流不畅。由于时间、空间成本，传统教研很难形成跨学科和跨地域的交流合作。

（6）经验主导，反馈评价主观。以听评课为例，由于缺乏对教师成长的有效记录，传统教研中的听评课局限于基于经验的口头点评。这种点评方式因为无法准确记录授课教师的成长轨迹，因此也只能就课论课。

综上所述，国家对创新人才的渴求，要求我们开展教育数字化转型，特别是基于AIGC技术支撑下的数字化协同教研。面对"数字原住民"，当代教师更应具备与时俱进、迭代更新的自我意识，及时拥抱新科技的愿望和能力，强大的共情力和洞察力。

二、区域融合AIGC的数字化协同教研实践探索

近年来，历下区中小学信息科技学科依托数字化工具，以"促强补弱、均衡发展，建用结合、素养提升，示范引领、迭代推广"为原则，创新开展融合AIGC技术的数字化协同教研探索，形成了四阶段、两主线、五环节的"425数字化教研"实施路径。

（一）平台建设

围绕国家教育数字化战略行动要求，融合国产自主软件金山协作及WPS365教育版进行二次技术开发，结合实际教研需求，重点围绕教研内容智能化生成（AI智能体及灵感市集）、"师师互动＋师机互动（AI助教）"、教师专业化发展跟踪记录（数字画像）、数字资源建设及呈现等，服务数字化教研关键应用场景。

（1）借助WPS365教育版教学空间AI功能，根据学科课程标准及教参，

基于语料训练技术，生成区别于通用大模型的教学类大单元活动设计、课时教学设计、课件等资源，方便教师备课及改进教学策略。

（2）借助表单功能，征集典型问题，发出需求并征集解决方案；借助金山协作的日历功能，将教研方案规划到分钟，并通过提醒功能追踪实施过程。

（3）借助金山视频会议及评价表单开展邀请式听评课、预约听评课、在线听评课和异时空听评课，降低时间成本，记录教师发展；借助人工智技术自动生成字幕、自动生成"待办"、自动定位会议关键节点；借助 AI 大模型总结提炼听评课及会议内容，方便会后内容整理和共享。

（4）借助教学空间的协同教研功能，实现协同共案、实时互动及 AI 助研，有效利用碎片化时间，提高教研效率和灵活度。

（5）借助金山云盘实现区域资源的云盘式存储和卡片式呈现，便于教师上传、检索和下载资源，从而形成区域教研教学资源库。

（二）总体框架

构建"跨端—多应用"数字化协同教研模式，建设自主可控的教研信息化应用平台，构建与课程标准相配套的基础教育资源体系。聚焦教研内容智能化生成、订单式问题征集、有组织在线听评课、智能协同共享、数字化资源建设及呈现等环节的数字化，探究教研全过程的数字化协同模式。

（1）教研内容智能化生成：借助教学空间 AI 功能，为教学设计、课件的制作提供灵感及技术支撑，便于初步形成较为专业的教学资源，提高教师备课效率。

（2）订单式问题征集：通过"表单"功能征集和公众号推送等预发布，根据投票反馈，遴选典型问题，确定月度、季度、年度的"数字化教研"主题。

（3）网络集体备课：通过"视频会议""共享文档"等功能，实现跨时空跨地域主备人分享，并借助人工智能技术自动提炼会议纪要。

（4）在线跟进指导：组建教学能手、中心组成员、骨干教师等为主的核心教研组，集中优质资源，发挥业务优势，通过"金山协作"在线即时研讨＋直播观摩＋留言互动形成生成性资源。

（5）智能协同共案：借助"协同教研"模块，实现虚拟教研组协同共案、实时视频会议及实时文字交流，并能随时调用AI教学助手，助力文档创作、优化及总结。

（6）远程听评课：结合多维评价量表，开展远程听评课，初步形成教师个性化的立体客观数字写实模型，同时形成一批生成性资源。

（三）应用案例

2023年以来，本研究已在历下区针对青年教师培养开展了实践，探索融合AIGC的数字化协同教研，创新实践数字化教研"D-CPER"新模式，构建四阶段、两主线、五环节的"425数字化教研"实施路径。

"D-CPER"数字化教研模式，即数字支撑（Digitalization）、协同共案（Cooperation）、课例展示（Presentation）、多维评价（Evaluation）、资源生成（Resource）。"425数字化教研"实施路径的"四阶段"：确定主题、活动设计、过程实施和总结评价。"两主线"：一条明线为以数字化手段贯穿教研活动全过程，一条暗线为以"评价"的可视化、科学化和长期性关注和追踪教师成长。"五环节"：自主备课、模拟讲课、协同改课、二次模拟讲课、资源整理。其中五环节具体内容如下。

环节一，主备教师借助WPS365教育版的AI功能进行自主备课，初步形成教学设计、课件、素材，并将其上传至金山云盘，供小组成员了解备课内容。

环节二，通过金山协作的视频会议功能进行模拟讲课，节约线下面对面教研的时间成本，提高教研效率。在开展线上观课、议课的同时，听课教师填写评价表单，从多个维度对模拟讲课进行评价，评价结果会推送给主备教师，便于主备教师根据评价建议修改自己的设计。

环节三，协同改课，主备教师根据指导点评及评价表单数据，对教学设计、课件进行修改并利用WPS办公软件的分享功能将其分享。小组成员利用空余时间对共享文档提出修改意见，通过反复修改，形成共案。协同共案的方式解决了异时空讨论的难题。

环节四，通过金山协作进行二次模拟讲课，听课教师除了即时评价外，再次填写评价表单，多次评课数据会被记录和对比，经过一段时间的积累，形成教师成长的"数字画像"。

环节五，主备教师根据二次议课和评价数据，对教学设计等进行最终修改，并撰写教学反思。形成完整的教学设计、课件、素材、教学反思的资源包，并将资源包上传金山云盘。从而形成区域优质教研资源库。

2023年以来，累计有500人次的教师参与到活动中，磨课68节，生成区域资源120余件，50多名教师从中受益，数字化教研活动大大提升了区域教师交流的频次和效率，提升了青年教师的专业水平。

（四）实践成效

本研究旨在通过人工智能大模型等数字化手段，促进中小学教师之间的交流与合作，提高教育教学质量。实践结果表明，数字化协同教研在以下方面取得了显著的成效：

（1）推动教研模式的创新：创新实践数字化教研"D-CPER"新模式，构建四阶段、两主线、五环节的"425数字化教研"实施路径。助力推动教研工作向更加高效、便捷、智能的方向发展，满足教育教学的实际需求。

（2）推动教育公平和效率的提升：数字化协同教研打破了传统教研的时间和空间限制，使得优质教育资源得以更广泛地共享。

（3）促进教师专业发展和数字素养提升：数字化协同教研为教师提供了更加丰富的学习资源和多样化的交流方式，提升了教师的专业能力、教育教学能力和数字素养水平。

2023年11月，《基于实证数据的教研转型创新——数字化协同教研的实践探索》入选第六届中国教育创新成果工艺博览会参展成果。2023年12月，历下区信息科技学科三位教师的数字化教研典型课例在中国教育学会中小学信息技术（科技）应用及教学案例征集活动中获奖。

三、下一步计划与展望

当前，我们正处于"未来已来"的时代，人工智能、虚拟现实、增强现实等新技术已接近发展的质变和突破的临界点，它们正加速融入我们的教育领域。

（一）赋能形式多样，促进教师个性化成长

发挥"政企协同"的优势，满足教师个性化成长需求，例如，针对教师不确定自己的教学设计是否恰当，又苦于没有学生可供试错的情况，借助人工智能大模型技术，开发虚拟教室，教师可以面向数字班级、数字学生进行试讲，数字学生跟随教师的引导，给出反馈，帮助教师确认自己的教学思路。

（二）赋能一体化教研，促进学段衔接

开展基于数字化教研工具的小初融合教研，从课程衔接、资源共享、教学方法、评价方式等方面入手，促进小初教师的交流频次和深度。

（三）赋能主题式教研，促进新课标落地

跳出"评课议课""集体备课"的小圈子，借助自主可控的数字化教研工具的定向开发优势，丰富技术支撑，开展形式多样的教研活动，如同课异构、教学反思、课题研究、案例研究、试题分析等。

"不能等待条件具备才去做"，教育数字化转型需要教育从业者走出舒适圈，充分发挥教师的集体智慧，勇于尝试和探索。下一步，我们将持续探索数字化与教育教学的深度融合，特别是人工智能大模型在教育全过程的应用，进一步助力学生成长和教师专业发展。

第十一节　利用国家中小学智慧教育平台，助推精准教学项目研究体系建设

（来源：2024年智慧教育优秀案例234）

【摘要】如何借助智慧教育平台丰富的场景支撑与强大的资源支持，来推动课题项目研究，我们探索出了"一核五径四层"的"154"模式。即以"精准课堂教学研究"为核心，充分借助智慧教育平台开展文献研究、行动研究与案例研究，以理论夯实、模式学习、课例研讨、软件应用、资源利用"五"条路径，围绕项目研究"学情精准、目标精准、内容精准、任务与活动精准、评价精准"等主要内容与模块，从"四"个层面——"点的突破""线的联结""面的形成""体的建构"开展项目研究。

【关键词】智慧教育平台；智慧精准课题项目

一、背景介绍

我校申请了湖南省首届基础教育教学改革项目《智慧教育环境下的高中语文精准教学策略与方法研究》(以下简称智慧精准项目)，探讨如何利用教育平台、智能化交互设备、云技术与大数据等智慧化平台与手段，在精准分析学生学业现状的基础上，对教学目标进行精准定位、对教学内容进行精准选择、对教学活动进行精准设计、对学生学习表现进行精准评价进而做出精准教学决策，使教学过程和教学结果可量化、可监测、可调控。

坚持需求牵引、共建共享、育人为本、集成创新的国家中小学智慧教育平台（以下简称为智慧教育平台），真正实现了"平台体系协同化、网络运维顺畅化、精品资源体系化、融合应用常态化"，为精准教学的实施、项目的推进和发展提供了丰富的场景支撑与强大的资源支持。

在具体实践研究中，我们充分借助智慧教育平台，来推动项目的深入研究，探索出了"一核五径四层"的"154"模式。即以"精准课堂教学研究"为核心，充分借助智慧教育平台开展文献研究、行动研究与案例研究，以理论夯实、模式学习、课例研讨、软件应用、资源利用"五"条路径，围绕项

目研究"学情精准、目标精准、内容精准、任务与活动精准、评价精准"等主要内容与模块,从"四"个层面——"点的突破""线的联结""面的形成""体的建构"开展项目研究。

二、具体实践

(一)利用专家资源,夯实精准教学理论基础

1. 专题研修,重点突破

智慧教育平台"教师研修"栏目有丰富的资源,项目组成员除了利用平台上"假期研修"开展主题研修外,主要借助"学科研修"模块进行了专题学习。平台上寒暑假教师研修专题,围绕"强化思想政治引领""加强师德师风建设""提升教书育人综合能力""提升教师数字素养""提升教师从业幸福感"等多方面内容展开,内容全面丰富,为教师开展项目研究奠定了坚实的思想基础与深厚的理论基础。

"学科研修"分科目"菜单式"的研修方式突出了教师的主体地位。其中《新课标的主要改进与突破在哪里》《高中语文学习任务群的特点》《例谈单元学习主题、目标的确定与表达》等讲座紧扣新课程改革背景下教师专业素养的提升,针对选修与选择性必修教材中不同任务群教学的教材特点、教材使用策略、教学理念的更新、考评方式的变革等进行了全面的解析与指导,让教师学习"有道可循";而像《例谈单元学习活动的设计与优化》《<变形记>学习共同体课例深度分析》《小微专题的开发与教学》等讲座,则通过典型案例的开发与设计,更多地从实操的层面对新课程、新教材的实施进行了指导,让一线教师"有法可依""有例可学"。

2. 任务驱动,选点自修

除了专题研修外,平台还有海量的资源,项目组成员运用"任务驱动"的方式开展学习,个人在教学中存在什么问题,或想突破什么专题,则采取"选点自修"的方式进行。项目组成员围绕"精准教学",进行了"思辨读写、精准教学目标、情境任务设计、课堂评价、作文教学、大单元教学"等专题

内容的学习，在搜索栏内输入相对应的关键词，则各种优质的学校案例、学科案例、课堂案例的视频、文档都会出现，再根据资源的标题与关键词进行选择性阅读与学习。通过这种专题学习，项目组成员对"精准学情、精准目标、精准内容、精准任务与活动、精准评价"的具体要求与策略有了更深入的理解，为课例研讨确定了方向，同时也制定了相关主题课例研讨课堂评价的基本标准。

3. 集体交流，共享生成

平台提供的资源可谓应有尽有，为避免"迷失其中"和"蜻蜓点水"，我们采取了专题式交流分享的方式进行了交流。项目组成员结合自己"选点自修"的专题，在广泛学习和深入研究的基础上，把学习内容进行整合与提炼，结合自己的教学，选择一个专题在项目组交流研讨会上进行分享，组员既倾听、学习，也交流、互享。这种共生共享的方式促进了经验的内化、迁移与拓展。

（二）观摩在线教研，学习精准教学研讨方式

2024年3月26日，教育部依托国家中小学智慧教育平台开展了首期在线教研活动，活动聚焦"依据课程标准用好现行教材落实核心素养"主题，对小学数学"圆"单元展开教学研讨。小学数学与高中语文精准教学有什么关系？在观摩过程中，我们主要"习得"开展项目教研活动的模式和方法，如其中的"三次研讨法"——第一次研讨，论证整体设计思路，讨论关键课；第二次研讨，完善整体设计思路，确定单元关键课，选定专题活动展示课；第三次研讨，完善单元整体设计思路和表达，确定各内容的课型与定位，就给我们项目组的研修研讨方式提供了基本思路。项目团队也在项目研究的课例研讨过程中迁移运用了"三次研讨法"——围绕某一内容，如"精准教学目标"，第一次研讨确定"是什么"——"何为精准教学目标"与其评价标准；第二次研讨确定"怎么办"——确定基本课例与其教学目标的精准确定与表达；第三次研讨确定"如何落实"——基本课例设计过程中如何落实精准教学目标。

（三）研修精品课程，开展精准教学课例研讨

他山之石，可以攻玉，而对于"他山之玉"，我们项目组对此更是"如切如磋，如琢如磨"。平台上的精品课资源，是经过"千锤万磨"层层选拔的精品资源，如何用好这些"宝藏"资源来指导我们的行动研究和课例研讨，来实现优秀教学经验的共享和增值呢？具体措施如下。

1. 开展"点"的突破

项目组成员坚持每天听（看）一节精品课视频，同时做好笔记和写好评课记录，并把笔记和评课记录在项目组群内进行分享打卡，一方面是为了相互督促，一方面是相互学习。有成员觉得听课相对容易，但写评课记录不太容易，正是这种"不太容易"，激励所有成员去思考与提炼"这一课"的价值，充分发挥"一节课"的精准示范作用。不要小看"一节课"，要知道，"一节课"可以成为教师成长的里程碑，可以折射出一个团队的教学理念，可以探讨一类课、一个领域的教学定位。我们可以从一节课里解决一个问题指明一个方向，总结一个经验，树立一个样板，发现一个问题……

2. 进行"线"的联结

当"点"的突破开展得比较深入的时候，我们就尝试进行"线"的联结。在评课与分享中，我们发现一些"好课"有它的共同点，比如设计结构上的精巧。一些课堂设计都喜欢采用对比法，必修下第六单元《促织》采用的是与《变形记》对比阅读的方式展开，先是探讨两篇文章的"变"与"不变"，再是探讨"变"与"不变"背后的东西：不合理的社会中"人"的生存困境；而选择性必修中册第二单元《荷花淀》的教学，则是在探究其文之"美"后，将之与《野狼峪白刃战》进行对比，探讨两者对战争表现上的不同风格与原因。它启发我们去思考何时开展对比阅读才最"恰切"？选用作对比的文本语料有什么要求？如一些课堂设计围绕目标采取的是层层深入式的设计，如《与妻书》，以"品味文之妙→感知情之深→体悟爱之博"层层推进；《装在套子里的人》，以"品析形象—分析死因—探究原因"来展开。还有一些课例采用的是"一字立骨"式、主任务统摄式……它启发我们去思考文本、目标与课堂结构设计之间的关系，以及如何以更精巧的设计来引导学生深入文本，

实现目标。

情境任务设计上的精深。在观评课过程中，我们把一些设计得特别好的情境任务的范例提取出来，如《祝福》采取的是"我为教材挑插图"的任务；《阿房宫赋》采用的是"我当讲解员，为游客解答问题：杜牧为什么不顾史实，要把'未成而亡'的阿房宫写得如此奢华气派"的任务；《与妻书》则设计了"为红色经典作品朗诵会推荐《与妻书》的海报拟写推荐语"的任务……它启发我们去探讨"好的任务"的标准是什么？设计"好的任务"有哪些策略和方法可以借鉴？

切入方式上的精妙。如《峨日朵雪峰之侧》采用的是将原标题与改后的标题进行对比的方式切入，《鸿门宴》则以作家王立群的"《鸿门宴》某种意义上，就是5个聪明人陪着1个糊涂人吃的1顿饭"来导入……该如何切入才既紧扣主题，又燃起兴趣？

文本解读上的精细。《答司马谏议书》的设计者在文本解读上有自己的看法，《答司马谏议书》既是驳斥司马光的一封回信，也是坚定神宗变法信念，驳斥众人非议指责的公开信。在这种理解之下，确定教学目标"根据文本内容进行合理推断"并引导学生深读文本，并利用表格法梳理"推断角度"与原因。在此基础上理解文章的"现实针对性"与作者的理性思维方式。

立足于"上一堂精准好课"的基础上，对好的案例进行"入乎其内打通融合"的质询、分析、探究与提炼，对教师精准教学专业技能有很好的提升作用。

3. 形成"面"的整合

"点"的突破与"线"的联结，都还只是站在"课堂"的立场视角去学习"一堂好课"的精准备课方法。除此之外，还要站在"课程"的高度上，进行"面"的整合。

备课组成员又试着从"大单元整合教学"和"任务群教学"的角度进行更全面和深入的研讨。我们项目组成员按年级进行了备课分工，每一个成员主备一个单元，在对课标任务群要求、学业质量描述、单元提示、单元学习任务、每一课的文本与学习提示、学情研究进行梳理与整合的基础上，再对标精品课

"微课展示"中"单元学习任务"引导课，对单元教学策略进行精准分析。

把"单元学习任务"的视频课进行挑选、剪辑，让学生作为单元学习的前置自主学习课。如在进行《陈情表》的设计时，要求学生带着"明确单元学习内容、学习任务与学习方法"和"重点了解点评法、骈句与散句的概念内涵"两个任务，自学"单元学习任务"微课，为单元学习作好知识铺垫，打好思维基础。

4. 实现"体"的建构

学习他人，更要建构自我。要借助"他山之玉"，建构起"自我的丘壑"，才能实现优秀教学经验的有效共享和增值。学习借鉴精品课资源，不仅要"入乎其内"，更要"出乎其外"，建构自我关于语文精准教学的理念、知识和策略体系。

项目组成员在学习、借鉴精品课资源的基础上，围绕"精准学情、精准目标、精准内容、精准任务与活动、精准评价"五个方面开展课例研究，在对优质资源进行经验提炼、经验聚集、经验追问、经验萃取、经验迁移的基础上，打造属于自己的智慧精准优质课例。

成员一起制定课例研究的评价标准，在主备人主备的基础上开展线上线下的多轮集体磨课，在公开展示课后一起评课，在反思与总结中建构属于自己的精品大单元课例资源，开发适合校情、学情的精品微课资源。

（四）应用平台软件，开展师生精准互动

学生是学习的主体，精准教学的起点在于"学生知道了一些什么"，"学生跟教学目标之间的距离是什么"。利用智慧中小学 App 发布预习作业，指导学生利用"课程教学"栏目中"学生自主学习"的模块内容开展自学，尤其是单元起始课的学习，配合课前学习任务单的练习，可以更清楚地了解学生的学习现状与学习需求。根据他们的疑点、难点以及需要提升的点，来确定、改进本节课的重难点，真正做到"以生为本"。在进行学情分析时，不仅要了解学生的共性学情，也要了解学生的个性学情，进行针对性的指导。

（五）利用相关资源，指导学生自主学习

除了利用平台资源开展备课外，还可利用平台丰富多样的资源引导学生自主学习。除了上文提到的利用"基础教育精品课"中的"微课展示"进行课前自学外，还可以引导学生利用"中国智慧教育读书平台"来开展整本书阅读活动，在"语言积累"单元学习时，就可以带着学生一起看平台上"中国语言文字数字博物馆"王宁教授的《汉字与中华文化》讲座，师生收获都非常大。读到小说《祝福》时，引导学生看"课后服务"栏目中的"影视教育"里的《祝福》电影，开展对人物形象塑造的对比分析。利用平台上"文化素养"中的书法学习视频带学生一起练字，在横平竖直的练习中感受祖国文字的美，练习写一手方正的中国字。

在使用平台资源要注意以下几个原则。

1. 聚焦性原则

平台海量的资源也会使人"乱花渐欲迷人眼"，迷失在"知识的海洋"不能自拔。在指导学生使用的过程中，教师要先"聚集"教学目标与任务，对资源进行筛选、提炼与整合，在聚焦的过程中使资源利用有效化。

2. 建构性原则

运用任务单的形式，引导学生带着"任务"来观看视频、阅读文章；利用他人的思想、知识来丰富自己的头脑，建构自己的知识库，在建构的过程中实现资源利用最大化。

三、实践反思

项目组充分意识到，智慧教育是信息化大数据时代发展的必然要求，精准教学是"双减"背景下减负提质的实践需要，智慧环境下的精准课堂是"三新"背景下学生核心素养提升的路径选择。为了实现教学决策数据化、评价反馈即时化、交流互动立体化、资源推送智能化、自主学习个性化，就要充分地发挥智慧平台与智能化设备的作用。

国家智慧教育平台的上线是教育数字化战略行动取得的阶段性成果。平

台建设提供了精准的用户服务，适应教学需求，提供了丰富的场景支撑，汇聚了多种资源形式；资源建设体现了全面育人，确保了资源的精品化、专业化、体系化。以上五个方面，既是利用国家中小学智慧教育平台助推项目研究体系建构的一些基本方法与路径，也可以利用智慧教育平台开展校本教研的基本方法与路径，在使用过程中，要注意以下几点。

勿贪多求全，要重选择提炼。10个板块，53个栏目，很容易让人产生眼花缭乱之感。运用平台场景、资源不要贪多求全，要根据自我备课、教学与学习的需求，加以选择与提炼。

莫蜻蜓点水，要重研习内化。关注优质资源，不仅要知道其"是这样"，还要更多地结合课程理念、教育教学专业观念进行深入的思考"为什么是这样"，不断由现象深入到本质，探寻新课程背景下语文精准教学的规律、策略与方法，提升自己的教育教学能力。

忌生搬硬套，要重整合建构。平台上的资源是经过反复打磨，广泛遴选、好中选优的精品化资源，但使用时不能生搬硬套，而要采用"拿来主义"，适合自己的校情、学情以及自我发展的实情来进行选择，要对资源进行整合与建构。

国家智慧平台促进了项目组成员新理念的生成、新素养的提升。在智慧环境下，信息技术不再是一种辅助工具与手段，而是教育变革的关键力量。信息技术既是教学环境，也是学习资源，还是交互手段，更是学习方式。我们深知，教师不能停留在对信息技术的"消费式"教育上，而要充分利用信息技术在课堂上开展"创生式"教育。在平台应用过程中，培养全体备课组成员开阔的教育理念理解力、高超的信息数据运用力、坚强的课堂变革影响力、持续的专业发展学习力，为教师成为智慧空间倡导者、智慧学习引导者、智慧课堂的创生者打下了坚实的基础。

我们将更加以人为本，进一步用好国家智慧平台资源，共建共享，多方协同，以学定教，以评定教，向更精准、更加可持续发展迈进。

第十二节　基于数据的人工智能教学工具应用，赋能区域数字化课堂教学变革

（来源：2024 智慧教育优秀案例 306）

【摘要】 宁夏银川市兴庆区教育局紧抓数字化转型的重大战略机遇，拔高站位深化认识，立足全局统筹谋划，放眼未来推动变革，通过"UGBS"合作机制联合华中师范大学和互联网企业，以"人工智能＋教育"的信息技术应用为杠杆，探索在智慧课堂、智慧作业、个性化学习和过程性评价等全方面融合应用，形成可复制、可推广经验，实现智慧教育优质教育资源普惠共享。

【关键词】 人工智能；区域数字化课堂变革；个性化学习

作为引领新一轮科技革命和产业变革的重要驱动力，人工智能催生了大批新产品、新技术、新业态和新模式，也为教育现代化带来更多可能性。兴庆区以教育部怀进鹏部长在世界数字教育大会提出从联结为先、内容为本、合作为要的"3C"到聚焦集成化、智能化、国际化的"3I"为指引，探索"人工智能＋教育"在课堂采集数据、伴随记录、师生画像、精准教学等全方面融合应用，借助数字化转型的契机，通过"数据赋能"，提升区域教育整体数字化应用水平，发挥教育数字化在教育现代化中的价值。

一、突出应用服务导向，探索个性化学习

2022 年，兴庆区开始着手实施基于数据驱动的智慧课堂精准教学项目，借助华中师范大学吴砥教授团队和宁夏本土互联网企业的助力，以"UGBS"合作模式共同研发"数字课桌"人工智能学习终端，由教师为中心的知识灌输，转变为以学生为中心的互动探究，先后建设一批以学生端为核心的新型智慧教室，发挥学生数字终端的数字化连接能力，大数据沉淀能力，教学评测能力。在课堂上，通过数据的精准量化，帮助教师更加公平的关注每一位学生的课堂表现。在课后，硬件终端连接更广阔的素养课程资源，激发自主学习兴趣。根据学生终端资源使用的记录，探索人工智能根据每个学生的需求和进度，扩大自主学习范围，通过分析学生数据以确定优势和劣势并调整

适当的学习活动。

银川市兴庆区实验二小教育集团现有 7 个校区，在数字化课堂教学、资源供给、场景应用、流程变革、多元评价等方面做了多元探索。建设了"智管中心、智学中心、智能中心、智读中心、智玩中心、智造中心"的六个智慧教学中心平台。学校探索资源与技术融合应用，主动与企业、机构等科研力量结合，共同研发数字化终端"数字课桌"，把教师备案手册、学生学习手册、多媒体课件等资源成果放入其中，让技术和课程资源深度嵌入教育装备。推进"云"端可用的数字化资源流动起来，去适配到每一个学生的"端"，实现"线上资源+线下互动+整体性学习体验"。学校以结构化、标准化优质课程资源为基座，整合智慧课堂教学数据，围绕教学过程和优质教学资源探索数据评价在教学中的应用，通过数字课桌、智慧作业等软硬件结合的教学工具，实现教学行为跟踪挖掘、教学数据回溯分析、学情科学监测评价等全数字化解决方案。学校管理层高度重视以智慧校园为核心的综合教育信息化建设，落实优质数字资源和教学应用供给水平全方位提升的基本任务，通过架构标准化、结构化智慧课堂教学框架，把"博雅校园文化体系"、"博雅课程管理体系"及"博雅德育评价体系"作为抓手，构建以数字化教学、数字化学习、数字化管理、数字化教研为主要内容，以信息化基础设施和教师队伍为核心的"4+2"的数字校园结构。

二、扩大优质资源共享，改进数字空间的可访问性

人工智能工具可以创建适应性学习环境，以满足存在学习差异的学生需求，但需要规范化的可定义的数字教学框架。兴庆区以优质课程资源为核心建设优质教育资源数字化，形成实验二小博雅智慧课堂、十五中"3571"课堂等 15 种"互联网+"特色课堂教学新模式，并进行系统的整合，把教学过程中的要素都进行数字化改造，让"云"资源变成可用的数字化的资源，去适配到每一个学生的"端"。把技术和课程资源深入嵌入教育装备、教师备案手册、学生学习手册、教师课件 PPT 等资源，实现数字课程资源和学生个体"端"的互通，课堂教学和硬件实时互动融为一体；实现国家智慧教育平台汇集的海量资源触达每个学生终端。基于学校自身的标准化、结构化

教学资源，探索使用通用人工智能工具，建设专题知识问答资料库，为学生提供即时支持并在课余时间回答问题。为此，兴庆区建设基于教学数字化提升的学情大数据处理中心，实现资源校本化、特色化、数字化，提升学生个人化的数字化档案建设，以技术工具的强化应用，赋能教育数字化共生生态。

（1）智能学生作业采集。采集学生每日作业学情数据，即时生成每个学生专属的错题集，帮助学生学习和掌握薄弱知识点，避免机械、无效、重复性作业，切实减轻学生过重作业负担。

（2）优化形成分层分类作业。组织教研人员对作业题库进行分层标注，提供学期多册常用教辅习题，解决精准选择习题资源难题，实现作业布置分层次、弹性化和个性化。

（3）精准分析学情数据。让 AI 成为每名教师的教学助手，智能化全自动完成过程性评价分析、作答时长闭环分析、分层分类学情分析、课时学情分析、单元学情分析、知识点学情分析、能力/素养维度学情分析。通过人工智能找到每名学生的薄弱环节，从而精准推荐个性化学习内容，让他们学习更高效、更有信心。

兴庆区实验三小打造了一批具有本校特色、针对性，以学生为中心的"行知互联网＋教育育人中心"八区七室创新实验场，全方位助力高效智慧课堂与创新智慧教室的建设，全面提升学生的创新素养能力。该实验场配备了中小学生必读书籍、中小学生必备古诗词、爱国教育红色故事、安全教育知识科普以及宁夏历史故事等资源，学生可以根据自己的学习需求和兴趣，选择合适的学习资源进行学习。截至目前，学校自主上传总资源数已达 3000 多份，学生点击使用次数超过 5 万次，提升了学生学习兴趣，"为学生连接更多可能"。

通过课堂互动功能，激发学生的学习兴趣和参与度，学生通过数字课桌与老师和同学进行互动交流，分享学习心得，解答疑惑，从而加深对知识的理解和记忆。截至目前，数字课桌帮助教师课堂互动 3000 余次，设置考试及测验 800 多次，更好地管理了学生的学习任务和进度，实现了课堂管理的自动化和规范化，节省了教师的时间和精力，优化了教学流程，减轻了教师负担，并提高了教学质量与数字技术素养。数字课桌根据学生的答题情况和学习进度提供即时个性化的反馈，学生可以及时了解自己的学习表现，发现和纠正错误，改进学习方法，有针对性地提高学习效果，促进个人成长和发展。

三、推动教育变革创新，创新数字化教学流程和模式

银川市兴庆区探索建构了基于数据驱动的"SMART"智慧课堂教育教学模式。按照"应用为王、示范引领"的工作要求和思路一体化推进建设与应用，在探索创造数字教育新形态进程中，聚焦学生学习、教师教学，以高质量的结构化教学资源为基础，实现课前数据标准化、课堂数据采集实时化、课后学情数据化。

一是完善了服务课堂的数据支持系统（System）。在传统教学流程的信息化应用中，补充基于教学数据量测的软硬件系统组件，增设"数字课桌""智慧作业"等数据单元基础设施，实现了大量的数据沉淀，形成数字课堂的完整应用系统的完整构建。

二是构建了区域教师教学的数字化、标准化教学数据模型（Model）。结合中国千百年来"博学之、审问之、慎思之、明辨之、笃行之"的文化底蕴，创新推出了"学—问—思—辨—行"的结构化课堂，重点是借助信息技术实现课堂流程标准化，而且教学资源全部按照统一的"学—问—思—辨—行"结构化设计，这样就可以把教学过程中教师的教学行为和学生的学习行为完整地记录下来，以多维度数据记录实现精准、科学的教学数字化测量。

三是引入了华中师范大学博士团队探索基于数据的教学评价（Assessment），以数字课桌为核心应用的混合式课堂，提供了可量测教学数据来源，实现了教学评价的数字化构建。教育数字化数据治理中心引领学校整体发展，破解学校教育教学发展中面临的教学量化难、课程调用难、学生行为评测难、学生评价单一等现实问题。

四是扩大了基础教育优质资源（Resources）。加大数字资源研发，探究编写出了覆盖语、数、外一至六年级的教案和学生课前预学单、课中自主探究单、课后达标检测单为主的"一案三单"48册标准化教学资源。这些资

源全部在宁夏教育云平台共享，既为广大教师教学提供了统一的模板，又实现了优质教育资源传承应用，涵盖一线教师的教学全流程。在具体教学过程中，因为资源有清晰的思维框架，具有可复制性和借鉴性，所以就让教师在系统化成长中先"有法"，在常态化课堂教学实践中再"得法"，最终达到游刃有余的"教无定法"，从而架起了教师专业升级的"立交桥"。

五是引入了服务于学习个体发展的定制技术（Technology）。教育教学与数字化教材、智能化教学装备的融合应用，让传统教学和线上教学相得益彰。把学校自主研发的教师备课手册、学生学习手册、教师课件等校本资源，以及"云平台"上的精品课程资源嵌入数字化终端"数字课桌"，让教学内容精准触达每个学生。让"云"资源变成可用的数字化的资源，去适配到每一个学生的"端"。

兴庆区实验二小三十小校区已按以上"SMART"智慧课堂精准教学实践体系建设完成8间数字课桌智慧教室。所有教师都按照标准化资源、结构化课堂和数据化评价进行智慧课堂教学，借助数字化教材、智能化教学工具和装备，应用智慧课堂新型教学模式，实现信息化建设应用提级、运行提效。让技术和教育相融合，践行"跳出教育看教育、立足全局看教育、放眼长远看教育"，积极推动"互联网+"对教育改革发展和教育现代化的作用，开创未来教育数字化转型的新局面。下一步，学校也将创新课程建设，让技术赋能数字化建设，实现优质教育资源在更大范围内普惠共享，推动学校教育向高质量发展迈进。

面对AI时代物理空间和数字空间并存的形态，兴庆区实验二小运用信息技术工具连通物理的课堂空间和虚拟的数字资源空间。以提升学生素养能力为目标，打破知识边界，改变教师的教学模式和学生的学习模式。这不仅克服了只有数字黑板的课堂的局限，还把教师和学生连成了学习共同体，实现课堂全部学生同一时间回答互动问题的全覆盖，实现弹幕、在线举手、随机点人等多种课堂互动的实时性，实现教师课堂教学行为的记录的全过程。固定式常态化终端解决了传统Pad设备收发管理对课堂教学的干扰，提升了课堂数字化工具的应用成效。

四、提升教师数字素养能力，突出共性教学和个性发展相结合

一是携手打造高质量、有温度的"人工智能+教育"生态，让技术"授业、解惑"的同时，坚持教师"传道"的主体地位。实施"校长信息化领导力、学校信息化团队指导力、教师信息化教学应用力"培训工程，创新教师"345"研训模式，开设教师专业能力培训提升项目73项，年均轮训教师7000余人次。以师资队伍信息素养提升推进教育数字化改革与课堂教学有机融。搭建"课堂变革"教师教学竞赛平台，组织中小学"推变课"竞赛，展示课堂应用成果，形成兴庆区校长、教师信息化能力培养模型，即"培训学习—专家引领—转变意识—提高技术—课堂实践—达成素养"的全员研训达标体系。

二是结构化课程助力教师避免AI焦虑。人工智能的发展给学校师生教学关系带来了一个新的挑战，AI教师替代教师承担的教学内容大多限于事实性知识、概念性知识。通过持续开展伴随式教师培训和教研活动，帮助一线老师课堂应用结构化的教学资源，让技术适配课堂教学环节，切实为师生提供能用、好用的数字化资源。加大数字化优质教育资源研发，成立中小学全学段作业优化设计研发小组，编写覆盖全学段语、数、外学科的教案和学生课前预学单、课中自主探究单、课后达标检测单教学资源48册。打造"给宁夏儿童的素养大课"600节，研发16套优质数字化课程资源，累计上传"宁教云"平台各类数字化课程资源20余万件。成立云名师工作室，建设云课程社区，发挥名师资源辐射带动作用，实现优质师资互联互通。

三是引入科研机构和企业，对课堂进行数据量化和解构分析，共研共建基于技术的系统化变革智慧课堂；对当下教学信息化中知识零散化、数据碎片化、评价罗列化等难点，整合智慧课堂教学数据，提升数据评价在教学中的应用。开展"UGBS模式"的交流合作，创建17所标杆校，建成银川市兴庆区未来教育创新学院，形成了集"互联网+"教学、培训、研究和治理于一体的大数据综合治理中心。发挥中心的平台功能，积极探索共研课题，一方面要利用人工智能赋能数字教育，实现因材施教；另一方面更强调人工智能不是替代人类，而是培养掌握人工智能的新人才。例如，根据人工智能自动执行管理任务的特点探索智能批改或安排课程，探索学生和

教师可以使用 AI 写作工具完善学习工作，不因自动生成的 AI 内容影响作品的原创性等。

五、结语

在数字化时代，AI 作为教育变革的催化剂，正以其独特的方式赋能区域数字化课堂教学。基于数据的 AI 教学工具，通过精准分析学生的学习行为和能力，为每个学生提供个性化的学习路径和资源，极大地提升了教学的针对性和有效性。随着 AI 技术在教育领域的深入应用，我们见证了教学模式的创新和教学流程的优化。AI 助教能够根据学生的学习进度和理解程度，实时调整教学策略，确保每个学生都能在适合自己的节奏下学习。同时，通过智能分析学生的学习数据，教师可以更准确地把握学生的学习状况，及时调整教学计划，实现教学内容和方法的个性化。此外，AI 教学工具还能够为教师提供丰富的教学资源和教学策略，帮助教师从繁重的备课和批改作业中解放出来，将更多的精力投入到教学创新和学生指导上。这不仅提高了教师的教学效率，也让学生享受到更加丰富多元的学习体验。

展望未来，随着技术的不断进步和教育需求的不断变化，基于数据的 AI 教学工具将更加智能化、个性化。它们将更好地融入教学过程，成为教师和学生的得力助手。我们相信，AI 教学工具将为区域数字化课堂教学带来更加深远的影响，推动教育的持续创新和发展。

后 记
POSTSCRIPT

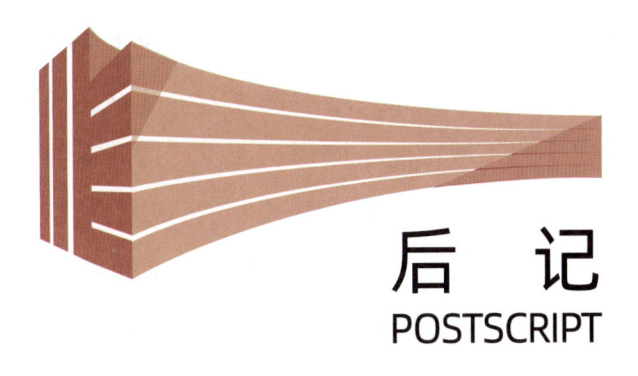

在智能化浪潮席卷全球的今天，我们正站在第四次工业革命的历史交汇点上，人工智能作为核心驱动力，正深刻改变着社会的每一个角落。教育，作为培育未来人才的摇篮，其变革与创新显得尤为重要。《新时代人工智能学校建设方案》一书，正是在这样的时代背景下应运而生，旨在为教育领域的数字化转型提供一套系统、前瞻的解决方案。

回望过去，国家层面对于人工智能教育的重视与推动，为本书的撰写提供了坚实的政策支撑。从《教育强国建设规划纲要(2024—2035年)》到《教育部等九部门关于加快推进教育数字化的意见》等一系列政策文件的出台，不仅明确了人工智能在教育领域的重要地位，更为其发展指明了方向。本书紧密围绕这些政策导向，深入剖析了人工智能如何助力教育变革，如何构建适应新时代要求的教育体系。

展望未来，人工智能学校的发展前景令人振奋。随着技术的不断进步与应用的深入，我们有理由相信，未来的学校将更加开放、包容与智慧，从数智教室解决方案到AI学生智慧教育终端，从"书院中心"拔尖创新人才培养方案到心理健康一体化解决方案及AI志愿填报一站式解决方案，从食育融合健康管理方案到校园安全巡检解决方案，我们将致力于推广人工智能学校"AI+教育"创新范式——构建 1 套"331"实效教学法与数智教室深度融合的系统方案，锻造两支专业化队伍（人工智能校长与智能型教师）、实现 3 大领域赋能（课程、课堂、课题全维度创新）、精准对接 4 方需求（学生成长、家校共育、教师发展、社会期待）、强化 5 育融合实践（德智体美劳数字化渗透），构建 AI 赋能的全面培养体系，全方位驱动基础教育阶段人工智能教育向规模化、高质量应用迈进。

本书详细阐述了如何通过人工智能技术实现教育的个性化、智能化与公平化，不仅是对当前人工智能学校建设实践的总结与提炼，更是对未来教育发展的前瞻与探索。我们期待，通过本书的出版能够激发更多教育工作者对于人工智能教育的关注与热情，共同推动教育领域的数字化转型与升级。

在此，感谢所有为本书撰写提供支持与帮助的同仁与专家。正是由于你们的智慧与努力，才让本书得以顺利出版。同时，期待广大读者能够从本书中获得启发与收获，共同为新时代人工智能学校的建设贡献力量。

让我们携手并进，共创教育美好的未来！

编者

2025 年 5 月